KB152546

이토록 쉬운 경제학

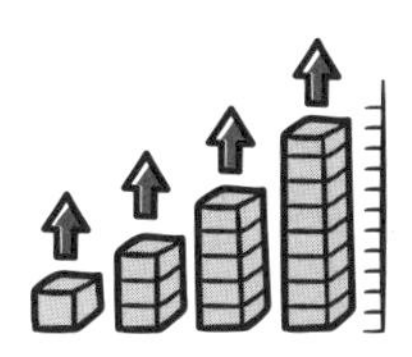

이토록 쉬운 경제학

영화로 배우는 50가지 생존 경제 상식

강영연 외 지음

한국경제신문

프롤로그

경제학이라는 '가보지 않은 길'을 떠나고픈 당신에게

누구나 방 한쪽 구석에 놓인 벽돌이 있다. 진짜 벽돌은 아니지만 벽돌처럼 무겁고 두터운 책이다. 공부할 결심으로 서점을 찾은 당신이 야심차게 사서 들고 나왔지만, 채 몇 페이지 넘기지 못하고 덮어버린 책이 한 권 정도는 책장에 꽂혀 있을 것이다. 보통 그 책들의 표지에는 이런 단어들이 쓰여 있다. '경제학' 'Economics.'

바야흐로 경제의 시대다. 디지털 경제, 수소 경제, 사회적 경제, 플랫폼 경제 등 무수한 수식어와 함께 경제라는 단어가 신문, TV는 물론 유튜브까지 점령하고 있다. 퇴사와 경제적 자유를 꿈꾸며 남들 다 한다는 주식투자를 하는데도 어쩐지 늘 '손절'만 한다. 옆자리 김 대리는 경제학 공부를 한다고 하고, 경제와 삶은 뗄 수 없다는 명사(名士)의 강의도 듣지만…… 다시 벽돌 책을 꺼내 들기는 무섭다.

경제학은 '가보지 않은 길'과 같다. 가보지 않은 길의 끝은 어디인지도, 어떤 장애물이 있는지도 모른다. 경제학도 마찬가지다. 학술 용어는 어렵고 경제 현상은 복잡해 보인다. 그럼에도 가보지 않은 길을 가야 한다면 길눈에 밝은 길잡이가 필요하다. 함정은 어디에 있는지, 지름길은 어디인지 잘 아는 사람과 함께라면 한결 더 편해진다. 경제를 더 쉽게, 더 재밌게 독자들에게 전달하고 싶은 마음이 간절했던 〈한국경제신문〉 기자들이 당신을 위한 길잡이를 자청했다.

이들은 영화라는 친숙한 허구의 힘을 빌려 딱딱하지 않으면서도 유익한 현실의 경제 이야기를 매주 토요일에 '영화로 읽는 경제학 원론'이라는 코너를 통해 연재했다. 세계적으로 인기를 끈 대작부터 잘 알려지지 않은 독립영화까지 다양한 작품 50편을 아울렀다. 2013년에 동명으로 연재해 책으로 엮은 《시네마노믹스》보다 더욱 풍부한 이야기를 담기 위해 서로 다른 부서의 노련한 이야기꾼들이 모였다. 금융부, 정치부, IT과학부, 증권부, 디지털라이브부, 생활경제부, 지식사회부 등 각자의 영역에서 활동하는 필자들은 더욱 정교하게 표와 그래프를 활용하며 각양각색의 시선을 담았다. 2020년 2월 15일에 개봉한 이 코너는 2021년 1월 30일에 막을 내렸다.

무거운 벽돌을 두고 가벼운 차림으로 떠나자. 길잡이로 나선 필자들은 영화를 지팡이로, 경제 원리·현상·사상을 나침반으로 삼고 당신을 안내한다. "지금까지 이런 맛은 없었다, 이것은 갈비인가 통닭인가." 영화 〈극한직업〉에서 형사들의 치킨집이 대박을 친 까닭은 '독점적 경쟁시장'을 만들었기 때문이다. 영화 〈소공녀〉의 주인공처럼 아무리 가격이 올라도 담배를 놓지 못하는 친구는 담배의 '수요 탄력성'이 없는 것이다. 미지의 감염병이 퍼진 사회를 그린 영화 〈컨테이전〉에서 묘사된 생필품 사재기처럼, 현실에서도 등장한 마스크 사재기 현상은 '합리적 기대 이론'으로 설명할 수 있다. 고스펙 취업준비생이 영화 〈엑시트〉의 용식이같이 취업을 좀처럼 하지 못하는 이유는 '구조적 실업' 때문이다. 타고 다니는 버스는 아닌 것 같은 '메타버스' 경제가 어떤 폭발적 가능성을 안고 있는지 영화 〈레디 플레이어 원〉이 보여준다.

따분하고 어렵게만 느껴지던 경제 이야기를 영화로 술술 풀어내니 독자들의 반응도 열광적이었다. 기사가 온라인에 업로드될 때마다 댓글 수백여 개는 기본이었다. 페이스북, 블로그 등 SNS에서도 기사를 공유해 경제학을 공부하는 사람들이 나타났다. "유익하고 재미있으면서도 몇 번이고 생각하게 하는 글을 읽었다" "경제만이 아니라 모르고 있던 보석 같은 영화를 알 수 있었다" "본 영화인데도 다시 보고 싶어졌다" "이런 띵작(명작)을 나만 보기 아깝다" 등 뜨거운 반응에 이번에도 책을 출간하기로 했다.

수많은 영화가 끝나도 우리의 인생은 계속 상영 중이다. 경제를 보다 가볍게 말하고 싶은 이 책으로 인해 당신의 인생이라는 영화가 더 풍요롭길 바란다. 그리고 꽉 닫힌 해피엔딩에 다다를 수 있길 바란다.

CONTENTS

5장 마케팅과 경쟁

6장 기업윤리

7장 정책실패와 경제위기

8장 기술진보와 재난

LOAN ECONOMY MONEY

DIAGRAM GRAPHIC CHART UP

CREDIT CARD DOWN

1장

빈곤

- 우리는 왜 가난해지는 걸까

— CINEMANOMICS —

기우 가족은 어떻게 가난해졌나

〈기생충〉 계층이동의 경제학

반지하와 계단 밑의 피 튀기는 일자리 싸움

엄마, 아빠, 아들, 딸. 가족 넷은 이렇다 할 벌이가 없다. 반지하에 살면서 피자 상자 접는 아르바이트를 하는 게 전부다. 봉준호 감독의 영화 〈기생충〉에 등장하는 주인공 가족은 '반지하 인생'을 산다. 평균보다는 조금 낮은 곳, 하지만 창문으로 들어오는 빛을 보며 계단을 오르는 날을 꿈꾸는 삶이다.

주인공 가족에게 계층이동의 기회는 별안간 찾아왔다. 첫째 아들 기우(최우식 분)의 명문대생 친구 민혁(박서준 분)이 자신이 하던 고액 과외를 맡아달라고 부탁하면서다. 글로벌 정보기술(IT) 기업 최고경영자(CEO)인 박 사장(이선균 분)의 딸을 가르치게 된 기우는 한 계단씩 꿈에 가까워진다. 동생부터 부모님까지 차례로 박 사장 집에 취직시키며 소득을 늘린다. 그렇게 기우 가족은 박 사장 가족과 점점 비슷해지는 것 같았다. 기괴한 사건이 벌어지기 전까지는.

기우 가족이 처음부터 가난했던 건 아니다. 기우는 대입 4수생이지만 영어만큼은 문제없이 과외를 할 정도다. 여동생 기정(박소담 분)은 미대 진학을 꿈꾸는 재수생이다. 아마도 남매는 어릴 때부터 영어와 미술 교육을 받았을 것이다. 처음부터 반지하에 살았다면 가능하지 않을 법한 일들이다. 가세가 기울기 시작한 건 아버지인 기택(송강호 분)의 대만 카스텔라 가게가 쫄딱 망하면서다. 기택은 사업 실패 후 치킨집, 대리주차, 대리운전까지 다양한 직업을 전전하다 백수생활에 정착한다.

기택의 대만 카스텔라 가게는 반짝 유행을 타다 실패한 가맹점사업의 전형이다. 대만 카스텔라 이전엔 벌집 아이스크림이 있었고, 최근엔 핫도그와 흑당버블티 열풍으로 되풀이되고 있다. 유망한 틈새상품을 파는 가게가 인기를 모으면 여기에 편승하려는 사람이 급격히 늘어난다. 공정거래위원회에 따르면 대만 카스텔라가 한창 인기를 끌던 2016년 프랜차이즈 브랜드 종류만도 8개월 만에 4개에서 16개로 급증했다. 공급 과잉은 과당경쟁으로 이어진다. 순식간에 늘어난 비슷한 가게들에 실망한 소비자가 어느 날 발길을 끊으면 그걸로 가게도 끝이다. 제대로 된 분석 없이 앞다퉈 뛰어든 가맹점 사업의 최후다.

투자의 세계에서도 비슷한 일이 일어난다. 2013년 노벨 경제학상 수상자인 로버트 실러(Robert Shiller) 미국 예일대 교수는 이를 '비이성적 과열'이라고 표현한다. 실러 교수는 인간을 합리적인 경제인으로 가정하지 않는다. 주식시장이나 부동산시장의 이상 가격 급등 현상을 보면서도 거품을 키우는 게 인간이라고 본다. '나는 거품이 꺼지기 전에 나올 수 있다'거나 '집값은 절대 내려가지 않을 것'이라는 비이성적 판단 때문이다. 2017년 말 비트코인 등 가상화폐의 가격이 폭등할 때도 실러 교수는 빨리 많은 돈을 벌 수 있다는 환상이 만들어낸 비이성적 과열이라고 꼬집었다.

기택은 명문대 재학증명서를 위조해 과외를 구하러 가는 기우를 보며 말한다. "너는 계획이 다 있구나." 기우의 계획은 학력 위조로 돈을 벌겠다는 '비이성적 계획'이다. 대만 카스텔라 가게를 차렸던 시절엔 기택에게도 계획이 있었을 것이다. 대만 카스텔라 가게 앞에 늘어선 줄이 영원할 것이라는 비이성적 판단을 기초로 헛된 계획을 세웠을지도 모른다. 기택과 기우 부자가 세운 비이성적 계획은 비극이 돼 아래로 달려내린다.

끊어진 계층 사다리, 복원할 수 있을까

반지하로 떨어진 기우 가족은 끊임없이 계층이동을 꿈꾼다. 계층이동을 시도하는 과정에서 예기치 못한 '약자'끼리의 갈등이 빚어지고 한 계단 올라갔다는 착각도 잠시, 다시 계단을 내려와야 하는 냉혹한 현실 등 다양한 영화적 설정이 등장한다.

경제학에서 한 사회의 계층이동이 얼마나 활발한지를 알아볼 때 사용하는 지표 중 하나가 '세대 간 소득탄력성'이다. 부모와 자녀의 소득이 얼마나 비슷하게 움직이는지를 나타내는 지표다. 1에 가까울수록 소득이 대물림되는 경향이 강하고 0에 가까울수록 부모의 소득이 자녀에게 미치는 영향이 적다.

한국의 세대 간 소득탄력성은 다른 나라와 비교했을 때 낮은 편이다. 계층이동이 상대적으로 활발하다는 뜻이다. 2017년 이진영 한국경제연구원 부연구위원의 연구 결과에 따르면 한국의 세대 간 소득탄력성은 0.29로 도출된다. 부모의 근로소득이 10% 늘면 자녀의 근로소득은 평균 2.9% 증가했다는 얘기다. 영국(0.50), 미국(0.47), 일본(0.34)보다 낮고 뉴질랜드(0.29), 스웨덴(0.27)과 비슷하다.

어찌 보면 영화에 등장하는 여러 가지 갈등의 이면에는 일자리 다툼이 존재한다. 현실에서도 삶은 결국 일자리 문제로 집약된다. 괜찮은 일자리를 잡아 기득권 울타리에 진입하는 순간, 계층이동의 기회가 열린다. 반면 어떤 이유에서건 일자리를 잃어 울타리 밖으로 내쳐지는 찰나, 삶은 무너진다. 기택 가족의 반지하 인생도 사업실패로 기택이 일자리를 잃으면서 시작된 것이다. 아들 기우를 통해 운 좋게 다른 일자리 기회를 얻게 된 기택. 하지만 그 자리는 이미 또 다른 약자(운전기사와 가정부)가 차지하고 있다. 한정된 일자리를 둘러싼 약자 간의 갈등은 다음 수순이다. 일자리를 빼앗고 지키기를 둘러싼 피 튀기는 싸움이 벌어진다.

계층이동의 문이 점차 좁아지고 있다는 신호는 곳곳에서 나오고 있다. 문제는 무너진 계층 사다리를 어떻게 복원할 것이냐다. 경제학자 사이에서도 극명히 엇갈린다. 기회보다는 결과의 불평등에 주목하는 경제학자들은 분배를 강조한다. 이른바 윗돌 빼서 아랫돌 괴기다. 부자나 대기업으로부터 '부유세'나 '자본세'를 떼어내 약자에게 돌려주자는 주장이 그런 사례다.

반면 주류 경제학자들은 기회의 평등에 주목한다. 경제적·사회적 약자에게 일할 수 있는 유인책을 제공해 스스로 일어설 기회를 주자는 것이다. 보편적 복지가 아닌, 약자들을 대상으로 한 선별적 복지 안전망을 구축하자는 것도 이들의 주장이다.

하지만 〈기생충〉에서는 계층 갈등의 해법을 지극히 영화적인 설정으로 몰아간다. 영화의 절정은 한낮의 살인사건으로 치닫는다. 계층을 오가는 사다리가 무너졌다는 느낌을 받았을 때, 권력층인 박 사장 가족이 홍수로 모든 걸 잃은 기우 가족의 상황에 조금도 관심을 보이지 않았을 때, 심지어 그들의 냄새를 혐오하는 표정과 태도를 내비쳤을 때, 영화에 등장하는 가족들은 저마다 비극을 맞는다. 계층 간 단절이 사회를 어떻게 망가뜨릴 수 있는지에 대한 은유다.

〈표 1〉 국가별 세대 간 소득탄력성

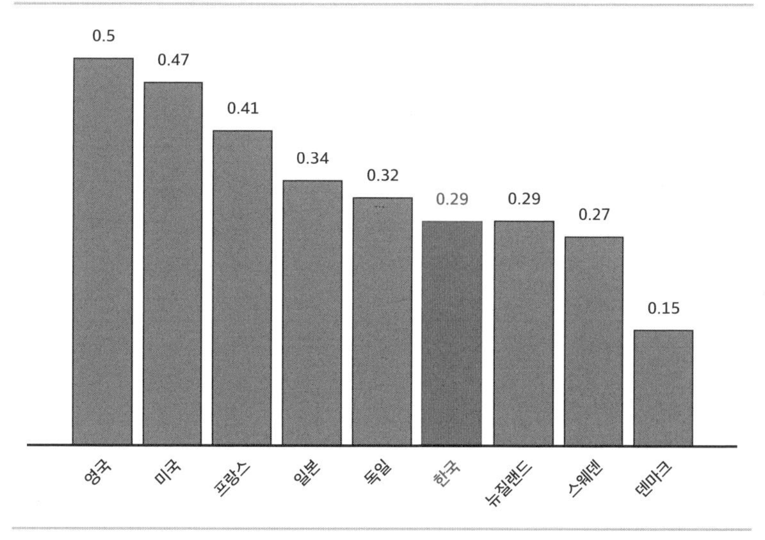

자료 : 한국경제연구원

그 집을 사려면 월급을 547년간 모아야 한다고?

"아주 근본적인 대책이 생겼어요. 돈을 아주 많이 버는 거예요."

기생충의 마지막 장면. 기우는 돈을 많이 벌어서 박 사장의 저택을 사겠다고 다짐을 내뱉는다. 봉준호 감독은 인터뷰에서 "기우가 임금을 꼬박 모아 그 집을 사려면 547년이 걸린다"고 했다. 불평등에 대한 감독의 인식이 드러나는 대목이다.

영화에서 주인공인 백수 가족과 부잣집인 박 사장 가족의 경제적 불평등은 계단이라는 상징으로 표현된다. 기우가 과외를 하러 박 사장 집에 갈 땐 끝없는 계단을 오르고, 홍수로 집이 잠겨 반지하 방으로 돌아갈 땐 끝없이 계단을 내려간다.

불평등은 경제학자들이 오랫동안 매달려온 연구 주제다. 불평등을 측정하는 지표도 다양하다. '지니계수'는 그 가운데 경제학자들이 즐겨 쓰는 소득 분배 지표다. 지니계수는 0에 가까울수록 평등하고 1에 가까우면 불평등하다.

통계청 가계동향조사에 따르면 한국 도시 2인 이상 가구의 지니계수는 1992년 0.245로 저점을 찍은 뒤 꾸준히 높아졌다. 지니계수와 함께 대표적인 분배 지표로 활용되는 소득 5분위 배율(상위 20%의 평균소득을 하위 20%의 평균소득으로 나눈 값)은 2018년 이후 빠르게 높아지고 있다.

소득 불평등과 계층이동의 상관관계를 밝힌 개념도 있다. 캐나다 오타와대 교수 마일스 코락(Miles Corak)이 〈대대로 이어지는 불평등〉이라는 연구에서 발표한 '위대한 개츠비 곡선'이다. 가난한 농부의

〈표 2〉 위대한 개츠비 곡선

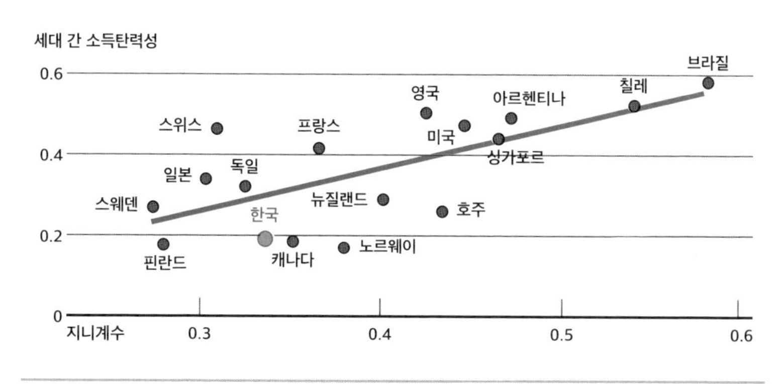

자료 : 마일스 코락(2012년), 세계은행

아들로 태어났지만 상류사회에 입성하겠다는 의지로 뭉친 주인공이 등장하는 소설《위대한 개츠비》에서 이름을 따왔다.

위대한 개츠비 곡선은 소득 불평등이 심할수록 세대 간 계층이동이 어려워진다는 점을 보여준다. 가로축에 소득 불평등 정도를 알려주는 지니계수, 세로축에는 세대 간 소득탄력성을 표시해 국가별로 점을 찍으면 경향성이 드러난다. 2012년 백악관 경제자문위원회 위원장이었던 앨런 크루거(Alan Krueger)가 소개해 유명해진 개념이다.

범죄와 가족 해체를 부르는 실업 태풍

〈어느 가족〉 가난의 경제학

피 안 섞이고 가난해도 행복했던 가족

"가게에 진열된 물건은 아직 누구의 것도 아니잖아. 망하지 않을 만큼만 훔치면 돼."

일본 도쿄의 일용직 노동자 오사무(릴리 프랭키 분)는 아들 쇼타(조 가이리 분)에게 좀도둑질을 가르친다. 둘은 매일 마트와 구멍가게를 돌며 '세트 플레이'로 음식과 생필품을 턴다. 다 쓰러져가는 낡은 판잣집에는 할머니 하쓰에(기키 기린 분)와 오사무의 아내 노부요(안도 사쿠라 분), 쇼타의 누나 아키(마쓰오카 마유 분)가 기다리고 있다. 가족들은 훔쳐온 식량으로 끼니를 때우며 "샴푸는 왜 잊었냐"는 핀잔까지 건넨다.

영화 〈어느 가족〉(원작명 〈좀도둑 가족〉)은 어느 도시 빈민층 가족의 이야기를 그린 영화다. 진짜 피가 섞인 가족은 아니다. 제각기 사회에서 만나 우연히 가족의 형태를 갖춰 사는 공동체의 이야기다. 일본 영화계의 거장 고레에다 히로카즈 감독은 2018년 칸 영화제에서 이 작품으로 황금종려상을 받았다. 실제 일어난 사건을 바탕으로 사회가 등 돌리던 일본 빈곤층 문제를 수면 위로 끌어올렸다는 평가를 받았다. 봉준호 감독의 〈기생충〉이 칸을 휩쓴 뒤 하위 계층의 삶을 다룬 유사 영화로 재조명되기도 했다.

영화는 이들이 어떻게 가족이 됐는지 상세하게 설명하지 않는다. 5명 모두 피가 섞이지 않았다는 사실만 보여준다. 오사무는 건설 일용직으로 일해 수입이 안정적이지 않고, 노부요는 공장에서 쥐꼬리 월급을 받는다. 아키는 유흥업소에서 아르바이트를 한다. 교과서를 보고 있어야 할 쇼타는 학교 문턱조차 밟지 못한다. 월세를 낼 형편이 안 되는 이들에게 하쓰에의 집과 연금은 유일한 버팀목이다. 여기에 훔친 식음료와 생필품을 함께 나누는 것으로 이들은 하루하루를 근근이 버틴다.

'빈곤'은 어떻게 정의할 수 있을까. 경제학에서는 사회가 바라보는 관점에 따라 '절대적 빈곤'과 '상대적 빈곤'이 있다고 정의한다. 절대적 빈곤은 인간이 살아가는 데 최소한 유지돼야 할 생활 수준을 산정한 금액보다 소득이 적은 경우를 말한다. 세계은행은 절대빈곤선을 하루에 1.9달러(약 2,200원)로 정하고 있다. 반면 상대적 빈곤은 소득과 상관없이 각 사회의 공동체 구성원 대다수가 누리는 최소한의 생활 수준을 영위하지 못하는 상태를 뜻한다.

일본의 최저임금을 감안하면 오사무 가족은 절대적 빈곤 상태는 아닐 수도 있다. 그러나 일본사회 대부분의 사람과 비교하면 영락없는 상대적 빈곤 계층이다.

입에 겨우 풀칠하며 살아가는 이들에게 어느 날 또 한 명의 가족이 생긴다. 여느 날처럼 물건을 훔쳐 돌아오는 길에 발견한 꼬마 유리(사사키 미유 분)다. 이들은 홀로 있던 유리를 잠시 놀아주고 돌려보내려 했지만 집에서 학대를 받으며 자랐다는 사실을 알게 된다. 결국 유리를 거둬들여 자식처럼 키우게 된다. 경제적 이익과는 반대되는 선택이었을뿐더러 사회적으로는 범죄 행위다. 이들은 사회를 등지고 자신들만의 가족을 꾸려나간다.

웃음을 잃지 않던 가족에게 불행은 조금씩 스며든다. 오사무는 다리를 다쳐 건설 현장 일을 더 이상 할 수 없게 됐다. 노부요는 공장에서 권고사직을 당한다. 회사가 어려워져 노부요와 다른 동료 중 한 명만 고용을 유지할 수 있는 상황이 됐기 때문이다. 평소 친했던 노부요의 동료는 실종된 유리를 데리고 있다는 사실을 알리겠다고 협박한다. 노부요는 유리를 지키기 위해 직업을 포기한다. 가족에게는 고정 수입이 완전히 사라진 셈이다.

이들을 벼랑 끝으로 몬 것은 일자리의 박탈이다. 실업은 크게 '경기적 실업' '마찰적 실업' '구조적 실업' '계절적 실업' 등으로 나뉜다. 새로운 일자리를 찾는 과정에서 생기는 마찰적 실업을 제외하고는 모두 비자발적 실업이다. 노부요가 공장에서 잘린 것은 경기가 침체돼 일자리가 줄어들어 생기는 경기적 실업에 해당한다. 오사무는 부상으로 인한 실업이었지만, 건설 일용직은 계절에 따라 수요가 달라져 계절적 실업이 잦은 대표적 일자리 중 하나다.

불행은 여기서 끝나지 않는다. 가족이 추억을 쌓기 위해 바다로 여행을 다녀온 뒤, 하쓰에가 눈을 감는다. 그의 죽음이 안타깝지만 사망이 공식화되는 순간 연금이 끊길 게 걱정된다. 이들은 각자 작별 인사를 건넨 뒤 집 앞마당에 하쓰에를 묻는다.

마음이 불안해진 오사무의 도둑질도 날로 과감해진다. 구멍가게가 아니라 남의 차 유리를 깨고 비싼 물건과 가방을 턴다. 꼬마인 유리에게까지 도둑질을 가르치는 그의 모습을 보며 회의감을 느끼는 건 쇼타였다. 오사무는 심지어 "이건 워크셰어(work-share)야"라며 정당화한다. 결국 쇼타는 유리를 지키기 위해 일부러 티 나게 물건을 훔쳐 도망가다가 다리를 다쳐 입원한다. 경찰이 출동하면서 이들 가족의 숨겨진 비밀이 사회에 드러난다. '어린 소녀 유괴'와 '할머니 암매장'을 저지른 가족의 이야기는 전 언론에 대서특필된다. 노부요는 죄를 모두 뒤집어쓴 채 체포된다.

빈곤 해결 최선책은 현금 지급보다 자립환경 조성

고레에다 히로카즈 감독은 실화에서 영감을 얻어 이 영화를 제작했다. 가난한 가족이 연금을 계속 받으려고 할머니를 암매장한 유령 연금 사건이다. 일본 같은 선진국에서 일어난 일이라는 점에서 사회적 파장이 컸다.

일본은 빈부 격차는 비교적 적지만 그에 비해 계층이동은 쉽지 않다. 자녀 세대가 부모 세대의 소득 수준에서 벗어나기가 어렵고, 빈곤이 대물림될 가능성이 비교적 높다고 볼 수 있다. 경제적 문제에 대해 공공의 역할보다 개인의 책임을 더 중시하는 문화 탓이라는 분석도 있다.

가난한 가족에겐 불행도 대물림됐을까. 모든 죄를 덮어쓰고 수감된 노부요는 면회를 온 쇼타에게 친부모를 찾을 만한 실마리를 건넨다. 유리는 학대받던 집으로 돌려보내진다. 쇼타는 오사무를 뒤로 하고 고아원으로 돌아가는 버스에서 나지막이 "아빠"라고 속삭인다. 유리는 오사무 가족에게 배운 노래를 흥얼거리며 이들을 기다린다.

감독은 자식마저 '훔쳐' 만든 가족의 절절한 이야기를 통해 '진짜 가족'의 의미를 묻는다. 피가 섞이지 않았다고 해서 이들을 단순히 '경제 공동체'라는 말로 표현할 수 있을까.

〈어느 가족〉의 가족 구성원들은 결국 뿔뿔이 흩어질 때까지 빈곤 상태를 벗어나지 못했다. 그 누구도 제대로 된 일자리를 구하지 못했기 때문에 하쓰에 할머니의 연금에 의존하는 게 최선이었다. 이들은 왜 가난에서 벗어나지 못했을까. 정부가 이들에게 현금을 쥐여줬다면 빈곤을 떨쳐낼 수 있었을까.

세계 각국의 정부와 많은 경제학자는 빈곤을 해결하기 위한 방법을 오랫동안 고민해왔다. 가장 손쉽고 직접적인 방법이 현물 지원이다. 정부에서 매달 생활보조금을 주거나 상황별, 계층별로 일시적인 지원금을 주는 게 대표적이다.

학계에서는 이보다는 간접적인 지원이 더 효과적이라는 분석도 많다. 교육·의료 등 전반적인 시스템을 구축하거나 특정한 행동을 유도하는 방식으로 자립할 수 있는 환경을 만들어줘야 한다는 것이다. 물고기를 던져주기보다는 물고기 잡는 법을 가르쳐주는 게 현실적이라는 논리와 같다.

<표 1> 빈곤층 지원의 넛지 효과 (단위 : %)

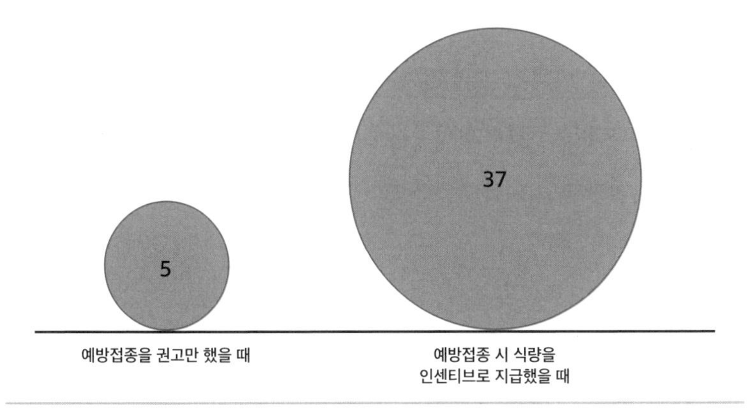

자료 : 《가난한 사람이 더 합리적이다》

2019년 노벨 경제학상 공동수상자인 아브히지트 바네르지(Abhijit Banerjee)와 에스테르 뒤플로(Esther Duflo) 미국 매사추세츠공대(MIT) 교수 부부는 저서《가난한 사람이 더 합리적이다》에서 "선심성 정책만으로는 진정한 의미의 빈곤층 복지를 실현하지 못한다"고 지적했다. '넛지 효과(nudge effect)'를 활용한 간접적인 지원이 훨씬 효과가 좋았다는 게 이들의 설명이다. 넛지는 강요 없이 부드러운 개입을 통해 상대의 변화를 유도하는 것을 말한다. 가난 문제 해결의 실마리를 찾기 위해서도 적절한 인센티브를 줘 스스로 일하도록 하는 동기부여가 필요하다는 게 이들의 주장이다.

두 교수는 빈곤율이 높은 개발도상국에 직접 거주하며 이 이론을 증명했다. 예를 들어 인도에서는 빈곤층의 건강 문제 해결을 위해 예방접종률을 높이기 위한 실험을 진행했다. 예방접종을 무조건 독려·강제하는 대신 접종하러 올 때마다 주식인 렌틸콩을 상품으로 나눠줬다. 그 결과 접종률이 5%에서 37%까지 일곱 배가량 오르는 등 큰 효과를 보인 것으로 나타났다(표 1). 이들 부부는 "빈곤층이 왜 저축을 하지 않느냐는 비판적 목소리도 있지만 상당수는 은행에 계좌 개설 자체를 할 수 없는 상태"라며 "저소득층이 이용할 수 있는 은행을 설립하는 등 전반적인 시스템 지원이 필요하다"고 주장했다.

주거급여 인상? 월세도 딱 그만큼 오르는걸

〈플로리다 프로젝트〉 주거복지의 경제학

집이 없어 모텔에 살지만

주인공은 여섯 살 말괄량이 소녀 무니(브루클린 프린스 분). 미국 디즈니월드 인근 모텔인 매직캐슬에서 엄마 헬리(브리아 비나이테 분)와 둘이 산다. 모녀는 1주일치 방세도 제때 내기 어려운 형편이다. 하지만 매직캐슬 친구들 사이에서 대장 노릇을 하는 무니는 늘 씩씩하게 동네를 휘젓는다.

무니에게 매직캐슬과 동네 뒷골목은 디즈니월드 못지않게 즐거운 놀이터다. 단짝 친구 잰시와 누구보다 마음이 잘 맞는 엄마 헬리만 있다면 무니는 무서울 게 없다. 〈플로리다 프로젝트〉는 맹랑한 꼬마 무니가 매직캐슬에서 벌이는 크고 작은 사건들을 담아낸 영화다.

"여기 사는 아저씨는 맨날 맥주 마셔. 이 방 아줌마는 병에 걸려서 발이 엄청 부었어. 여기 아저씨는 가끔 체포돼." 영화 초반 무니는 옆 모텔에 막 이사 온 또래 친구 잰시에게 매직캐슬 사람들을 이렇게 소

<표 1> 주거환경이 열악한 비주택 가구 수 (단위 : 가구)

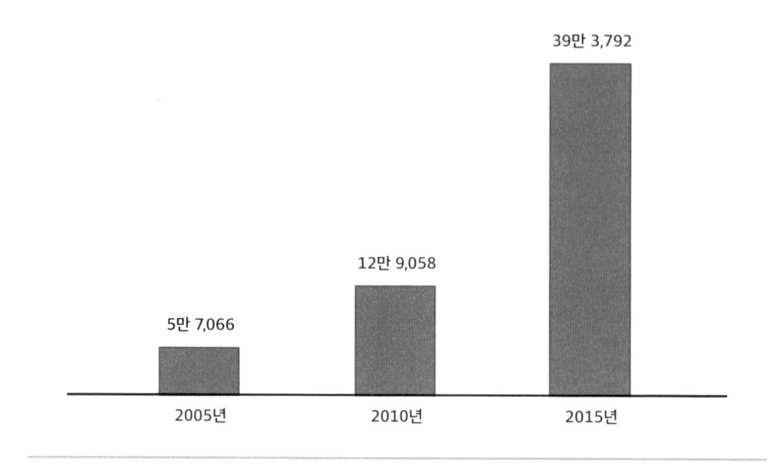

* 고시원, 숙박업소, 비닐하우스 거주 가구 등
자료 : 통계청 인구주택총조사

개한다. 환한 연보라색으로 색칠한 화사한 모텔. 하지만 이곳에 머무르는 사람들의 사정은 그리 밝지만은 않다. 보증금으로 낼 목돈이 없는 이들이 주 단위로 방세를 지불하며 거주하는 곳이기 때문이다. 한국에도 무니처럼 주택이 아닌 곳에 사는 인구가 39만 가구가량 된다(표 1). 대부분 고시원이나 모텔에 거주하는 주거 취약계층이다.

반면 매직캐슬 맞은편엔 디즈니월드 관광객들을 위한 리조트와 고가주택이 늘어서 있다. 엄마 헬리는 이곳 사람들에게 가짜 향수를 팔면서 생활비를 번다. 이렇게 고소득층과 저소득층의 주거지역이 분리되는 것을 '주거 분리' 현상이라고 한다. 통상 고가주택 지역은 꾸준히 보수가 이뤄지면서 높은 가격을 유지한다. 반대로 저가주택은 수리를 못해 쇠락하면서 주거 분리가 고착화하는 경우가 많다.

<표 2> 주요 주거복지 정책의 작동 원리

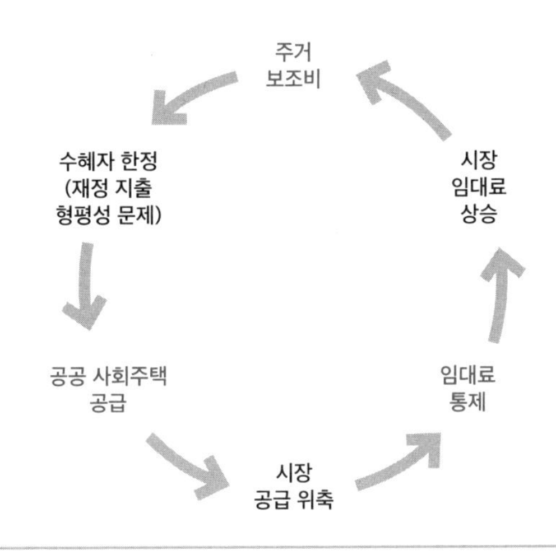

자료 : 한국사회주택협회

저가주택이 재건축·재개발을 거치면서 고가주택으로 탈바꿈하는 사례도 있다. 이를 '상향여과(필터링 업)'라고 한다. 하지만 영화 속 매직캐슬은 상향여과를 누리지 못한다. 외벽에 핀 곰팡이를 가리기 위해 밝은색 페인트로 여러 번 덧칠할 뿐이다. 매일같이 벽에 페인트를 칠하는 관리인을 향해 동료는 묻는다. "사장이 해충 해결할 돈은 없대요?"

헬리와 무니 같은 사람들은 왜 매직캐슬로 모여들까. 이런 일종의 불량주택촌은 주택 자체의 문제라기보다는 거주자들의 낮은 소득 영향이 크다. 그래서 정부는 주거 취약계층의 실질소득을 높여주기 위해 빈곤완화 정책을 편다. 일정 소득 이하 가구에 지급하는 주거급여가 대표적이다. 이렇게 임대료나 집수리비용을 지원하는 현금성 복지 정책을 '현금보조'라고 한다. 전세자금대출 같은 임대료 융자사업도 현금보조 중 하나다.

하지만 현금보조는 임대료 인상이라는 '풍선 효과'를 낳을 수도 있다. 정부가 임대료를 지원한 만큼 임대인이 임대료를 올려 지원 효과가 줄어드는 식이다. 한국도시연구소 조사에 따르면 서울 쪽방촌의 한 달 임대료 평균액은 주거급여 액수와 1,000원 단위까지 일치했다.

정부가 주거급여를 인상하자 건물주들 역시 월세를 올렸다. 임대료상한제를 통해 일부 막을 수는 있지만 정부의 직접적인 가격규제는 전·월세 공급을 위축시키는 또 다른 부작용을 낳을 가능성이 크다.

현금보조와 달리 실제 필요한 재화와 서비스를 지급하는 '현물보조'도 있다. 대표적인 게 공공임대주택이다. 다만 현물보조는 현금보조에 비해 형평성을 달성하기 어렵다. 무니의 낙 중 하나인 라즈베리빵을 나눠주는 푸드뱅크 역시 식품 현물보조의 일종이다. 현금보조를 옹호하는 사람들은 현물보조가 비효율적인 데다 받는 사람의 자존심을 상하게 한다고 주장하기도 한다. 매직캐슬 주인이 모텔 앞에 주차한 푸드뱅크 트럭을 보고 "남들 보기에 좀 그렇다"며 불만을 표하는 게 이 같은 인식을 대변한다.

질 낮은 일자리로 내모는 복지정책

"이번 주 방세 아직 못 받았어요." "몰라서 안 줬겠어요?"

또 방세가 밀린 엄마 헬리는 초조해진다. 주거보조금을 받기 위해 복지센터를 찾지만 필요한 근로시간을 채우지 못했다며 거절당한다.

"헬리, 미안하지만 보조금 못 줘요. 제발 주 30시간 이상 일하는 직장을 찾아봐요."

빈곤완화 정책의 대표적 부작용 중 하나는 수혜자의 근로의욕을 꺾는다는 것이다. 예컨대 최저생활 수준을 유지하기 위해 월 100만 원이 필요하다고 보고 정부가 100만 원을 맞춰 보조해준다면 이 금액 아래로 돈을 벌던 사람들은 일할 마음이 줄어들 가능성이 크다. 1만 원을 더 벌면 정부 보조금이 1만 원 감소하기 때문이다.

이 같은 문제를 줄이기 위해 도입한 게 '근로연계복지'다. 헬리처럼 근로 능력이 있다고 인정될 경우 보조금 대상에서 제외하거나 액수를 삭감하는 방식이 대표적이다. 저소득 근로자에게 세금 환급 형태로 지원하는 근로장려세제(EITC), 근로 기회를 알선하는 자활사업도 있다. 수혜자의 근로의욕을 북돋고 경제적 자립을 유도한다는 취지다.

반면 근로연계복지가 질 낮은 일자리로 빈곤층을 몰아넣는다는 비판도 있다. 주거보조금을 받는 데 실패한 헬리는 항변하듯 외친다. "이 빌어먹을 동네 쥐 잡듯 다 뒤졌는데 아무 데서도 나 안 써준다고요."

이후 헬리의 상황은 더 꼬인다. 고급 리조트에 들어가 가짜 향수를 팔다가 관리인에게 들켜 쫓겨난다. 여기에 무니까지 사고를 친다. 버려진 펜션 단지에서 친구들과 놀다가 큰불을 냈다.

낭떠러지에 몰린 헬리의 선택은 한 장에 400달러(약 44만 원)에 달하는 디즈니월드 입장권을 훔쳐 암표로 되파는 것. 갑자기 생긴 여윳돈에 모녀는 잠깐의 행복을 누리지만 신고를 받은 아동정책국 직원들이 곧 매직캐슬에 들이닥친다.

직원들 눈에 범죄를 통해 생계를 이어간 헬리는 엄마 자격이 없다. 아동정책국은 무니를 헬리로부터 격리해 위탁가정에 맡기겠다고 통보한다. 위탁이 뭔지도 모르는 무니는 그저 엄마와 떨어지는 게 속상할 뿐이다. "안 갈 거예요. 엄마랑 잰시랑 여기에 있을 거예요."

이 장면에서 관객들의 심경은 복잡해진다. 모녀의 상황을 고려했을 때 모텔에서 삶을 이어가는 것보다 안정된 가정에 위탁되는 게 현실적으로 무니의 미래에 나을 것이라는 사실을 안다. 하지만 헬리는 서툴고 무능력한 엄마였을지언정 무니에게 결코 나쁜 엄마는 아니었다. 헬리가 아동정책국 직원을 향해 할 수 있는 일은 "내 새끼 뺏어가지 마라"는 절규일 뿐이다.

영화의 마지막은 아동정책국 직원을 피해 도망친 무니가 매직캐슬 건너편 디즈니월드로 무작정 달음박질치는 모습이다. 친구 잰시의 손에 이끌린 무니는 디즈니월드 근처에 살았지만 그동안 가볼 꿈도 꾸지 못했던 그곳에 판타지처럼 당도한다.

영화는 무니 앞에 환상 같은 '꿈의 궁전'을 보여주며 위로를 선사한다. 낭떠러지에 놓인 사람의 허리에 생명끈을 묶어줄 방법이 있다면 무니의 미래가 어둡지만은 않으리라는 작은 낙관을 전한다.

유명 관광지 되면 좋을 줄 알았는데

영화 제목인 〈플로리다 프로젝트〉는 1965년 디즈니가 대형 테마파크를 건설하기 위해 미국 플로리다주 올랜도 부동산을 매입할 때 붙인 개발 프로젝트 이름이다. 올랜도에 디즈니월드가 들어서면서 이 지역은 천지개벽을 했다. 유니버설스튜디오, 시월드 등이 줄줄이 개장했고 도시 풍경 자체가 달라졌다.

디즈니월드 내 테마파크만 6개, 호텔은 31개다. 테마파크 중 하나인 매직킹덤의 하루 평균 방문객은 5만 6,000명(2018년 기준)이나 된다. 디즈니월드 하나로만 20만 개가 넘는 직접·간접 일자리가 창출됐다. 전통적 농업지역이던 올랜도는 미국을 대표하는 관광 메카로 급부상했다. 이렇게 관광산업이 발전하면서 도시 전체가 관광객을 위한 테마파크로 변하는 현상을 '디즈니피케이션'이라고 한다.

안타까운 것은 이 단어엔 부정적인 뉘앙스가 더 많이 담겨 있다는 점이다. 도시가 고유의 정취를 잃고 관광객만의 놀이터로 변해버린 사례가 적지 않기 때문이다. 당장 원주민들은 소음과 사생활 침해 문제를 호소한다. 상점이 들어서면서 땅값이 오르고 임차료를 감당하지 못해 도시 밖으로 밀려나는 상황도 생겨났다. 쏟아지는 관광객 때문에 주민이 변두리 싸구려 모텔촌으로 쫓겨나는 현상을 '투어리스티피케이션'이라고 부른다.

인구 85만 명의 네덜란드 암스테르담은 연 1,800만 명에 이르는 관광객 때문에 시의회가 도심지역의 에어비앤비 영업 금지를 결정했다. 1인당 하루 10유로(약 1만 3,000원)의 '관광세'까지 부과했다. 스페인 바르셀로나 주민들은 오버투어리즘(과잉관광) 문제를 해결하겠다는 공약을 내건 시장을 뽑았고, 이탈리아 베네치아에선 "관광객 꺼져라"라는 팻말을 든 시위가 벌어졌다. 1950년대 18만 명에 이르던 베네치아 주민은 현재 5만 명 수준으로 줄어든 상태다.

플로리다 프로젝트는 과거 디즈니의 개발사업 이름과는 다른 뜻으로 쓰인다. 플로리다주에서 주거 취약계층에게 보조금을 지급하는 지원정책을 이렇게 부른다. 중의적 제목의 이 영화는 관광산업 활성화 이면의 그림자 또한 살펴야 한다는 메시지를 담고 있다.

영화를 찍은 션 베이커 감독은 "화려한 디즈니월드 건너편에 다른 세상이 있음을 떠올렸으면 한다"고 말했다.

아무리 아껴도 집 못 사니 욜로족 된 건 아닐까

〈소공녀〉 무주택 청년의 경제학

월세 오르자 방 빼고 위스키를 택한 미소

“쌀 좀 남는 거 있어? 집에 쌀이 떨어져서.”

영화 〈소공녀〉의 주인공 미소(이솜 분)는 젊은 가사도우미다. 몇 푼 안 되는 일당으로 단칸방 월세를 감당하느라 쌀을 사는 것도 빠듯하다. 그래도 포기하지 못하는 게 있다. 담배 한 갑과 몰트바에서의 위스키 한 잔이다. 멋없는 새치가 생기는 걸 막기 위해 따로 약도 지어 먹는다. 거기에 남자친구 한솔(안재홍 분)만 있으면 세상은 살 만하다. 그러나 갑작스레 월세와 담뱃값이 오르면서 그동안의 삶이 틀어지고 만다.

2018년 개봉한 〈소공녀〉는 고전 소설 《소공녀(A Little Princess)》와 이름이 같지만 전혀 다른 이야기다. 영화의 영어 제목은 ‘Microhabitat(미소서식지, 미생물 등이 사는 환경).’ 집 대신 자신만의 작은 취향을 선택한 청년 미소의 이야기를 그린 영화다.

쥐꼬리 월급으로 월세와 담배, 위스키 값을 모두 감당할 수 없게 된 미소는 남들과 다른 선택을 한다. 최소한의 짐만 싸서 집을 뛰쳐나온다. 대신 과거 밴드를 함께했던 친한 친구들의 집에 돌아가며 머무르기로 한다.

미소는 왜 유랑민이 되기를 선택했을까. 갑작스레 물가가 올라서다. 집주인은 월세를 올렸다. 설상가상으로 2,500원이던 담뱃값은 하루아침에 4,500원이 됐다. 정부가 담배에 붙이는 세금을 높였기 때문이다. 정부는 왜 담배에 붙는 세금을 올렸을까.

대부분의 사회에서는 흡연에 대해 부정적인 인식이 많다. 담배를 피울수록 흡연으로 인한 질환에 걸릴 확률도 높아진다. 간접 흡연으로 인한 피해도 많다. 흡연자가 늘어날수록 정부의 건강보험료 등 사회적 지출은 늘어날 가능성이 크다. 이렇게 특정 경제주체의 행동이 다른 주체에게 부정적 영향을 주는 것을 '외부 불경제'라고 한다. 술,

<표 1> 정부가 기대한 세금 인상 이후 담배 수요 곡선

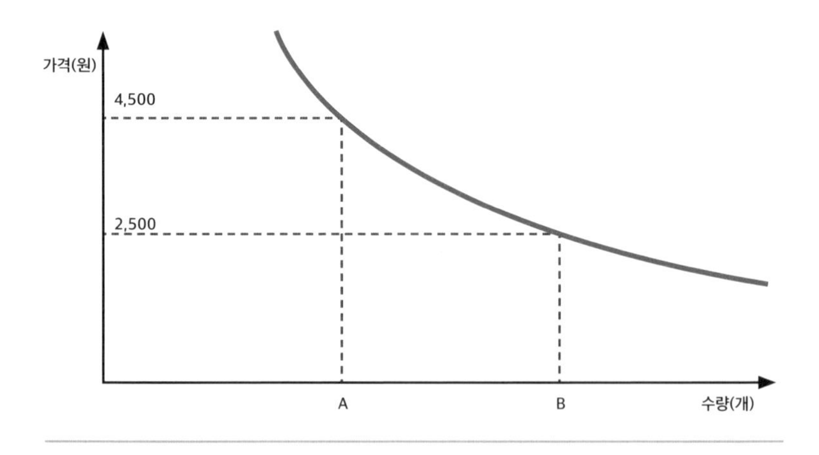

담배, 패스트푸드를 생산하는 기업의 활동이 대표적이다. 이런 경우 정부는 외부 불경제 효과를 줄이기 위해 세금을 높이기도 한다. 일종의 '죄악세(sin tax)'다.

〈표 1〉에서 정부가 기대한 것은 세금을 높여 수요를 줄이는 것이다. 담뱃값을 높이면 그만큼 담배 소비량이 줄어들 것이라는 계산이다. 그러나 실제는 그렇지 않은 경우가 많다. 영화 속 미소 역시 집을 떠나면서도 담배는 놓지 못한다. 에쎄를 500원 더 싼 디스로 바꿀지언정 말이다. 정부의 계산과 달리 담배의 '수요탄력성'이 낮았던 셈이다. 수요탄력성이란 가격에 따라 수요가 변하는 정도를 의미한다. 미소에게 담배와 위스키는 수요탄력성이 없는, 즉 가격이 올라도 포기할 수 없는 재화였다.

경제학 법칙 무너뜨린 부동산 폭등

미소는 최소한의 짐만 싸서 나와 친구들의 집을 전전하며 산다. 이들의 면면은 화려했다. 대기업에 다니는 문영, 부모님의 단독주택에서 사는 록이, 결혼해 번듯한 가정을 꾸린 현정, 자가로 아파트를 마련한 대용, 부잣집에 시집간 정미까지. 이들은 모두 오랜 친구인 미소에게 "얼마든지 지내다 가라"며 남는 방을 내어준다.

그러나 곧 친구들의 속살이 하나둘 드러난다. 겉은 번지르르했던 친구들의 한구석은 모두 곪아 있었다. 번듯한 집에 시집간 것 같았던 현정과 정미는 남편과 시부모의 등쌀을 하루하루 견디며 살고 있었다. 대용은 결혼을 위해 집을 마련했지만 결혼하자마자 이혼한 상태였다. 남은 것은 월급에 버금가는 주택담보대출이었다. 문영은 회사 쉬는 시간마다 링거를 맞으며 버텼고, 록이는 부모님의 간섭에서 여전히 벗어나지 못했다. 오히려 이들에게 그때그때 위로의 말을 건네는 쪽은 미소였다.

미소의 친구들은 왜 그렇게 힘든 현실을 버텼을까. 경제학적으로는 '기회비용'이 적은 쪽을 선택했다고 해석할 수 있다. 친구들은 하나같이 집이나 회사가 주는 안정감이 더 컸기 때문에 자유라는 기회비용을 감내한 셈이다.

결국 미소가 각 집에서 지낸 시간은 그리 길지 못했다. 어느 집에서도 가시방석 신세를 면치 못했기 때문이다. 정미는 자신의 집에 머무르는 미소에게 "요즘 담뱃값이 올랐다던데, 집이 없을 정도로 돈이 없으면 나 같으면 독하게 끊었겠다"고 일침을 놓는다. 미소는 "알잖아. 나 술, 담배 사랑하는 거"라고 답한다. 정미는 "그것 때문에 집도 하나 못 구해가지고, 우리 집에 와 지내면서 다 이해해주길 바라는 네가 뭔가 잘못됐다는 생각 안 드니?"라고 꼬집는다. 그러나 미소는 한결같다. 월세를 아껴 여윳돈이 생기자 디스 대신 더 비싼 에쎄를 피울 뿐이다.

정미와 미소의 삶은 왜 이렇게 다를까. 경제학자 케인스는 고소득자와 저소득자의 소비를 비교하면서 '한계소비성향'이라는 개념을 언급했다. 한계소비성향은 추가로 발생한 소득 중 소비되는 금액의 비중을 뜻한다. 저소득자일수록 한계소비성향이 크다고 케인스는 정의한다. 예를 들어보자. 월수입이 100만 원인 사람은 소득이 10% 늘어나면 10만 원을 다 소비할 확률이 높다. 생필품이나 식음료를 사는

데 곧장 지출하는 금액이기 때문이다. 하지만 월수입이 1,000만 원인 사람은 소득이 10% 늘어나면 100만 원을 다 쓰지 않을 가능성이 더 크다. 대신 이 금액을 저축하거나 투자하게 된다. 이런 한계소비성향 때문에 소득이 많은 사람은 자산이 더 빨리 늘어난다.

그러나 케인스도 예측하지 못한 부분이 있다. 케인스는 한계효용에 대해 설명하면서 경제주체가 소비를 늘리는 요인으로 ① 자산 증가 ② 물가 하락 ③ 이자율 감소 ④ 미래 소득 증가 등을 들었다. 이 같은 요인이 맞아떨어질 때 개인이 돈을 더 많이 쓰게 된다는 설명이다. 미소의 삶에는 이들 중 어떤 것도 없다. 집이 없으니 자산이 증가할 일은 없다. 물가는 해마다 오르고 비정규직인 가사도우미 월급도 크게 늘리 없다. 그래도 미소는 마지막까지 담배 한 개비에 몰트위스키 한 잔을 손에서 내려놓지 못했다.

미소가 '현재의 소비'를 택한 건 아등바등 살아봤자 자신의 힘으로 집이라는 자산을 얻을 가능성이 현저히 낮기 때문일 수도 있다. '욜로(YOLO, You Only Live Once)' 문화도 이와 무관하지 않다. 어차피 열심히 돈을 벌어도 집을 사기는 어려우니 차라리 포기하고 현재를 즐기겠다는 태도다. '소확행(소소하지만 확실한 행복)' '스몰 럭셔리(작은 사치)' 등도 그런 일환이다. 부동산 폭등 때문에 경제학 법칙이 더 이상 먹혀들지 않게 된 셈이다.

미소는 결국 친구들의 집을 영영 떠난다. 마지막 장면에서 미소는 한강변에 텐트를 치고 산다. 텐트 속에서 백발이 된 채 서울을 멀리서 바라보는 것으로 영화는 끝이 난다. 텐트를 전전하면서도 담배와 위스키를 포기하지 못하는 미소의 모습은 관객들에게 일종의 판타지다.

그러나 현실의 청년들에게는 잡지도 못할 만큼 값이 오른 '서울 집' 역시 판타지이긴 매한가지일 듯하다.

신혼집 위해 사우디로 간 한솔 돈 벌었어도 집값은 천정부지

영화 후반 미소의 남자친구 한솔은 웹툰작가의 꿈을 포기하고 사우디아라비아로 떠난다. "5,000만 원을 벌어 돌아와 집을 마련하겠다"는 약속을 남긴 채. 시간이 흘러 한솔의 약속은 지켜졌을까. 둘은 새 집에서 행복하게 재회했을까.

그렇지 않을 가능성이 높다. 집값이 그 사이 천정부지로 더 올랐기 때문이다. 영화의 배경은 2014년이다. 국내 부동산가격은 2014년을 기점으로 본격적인 오름세를 보였다. 경기 부양을 위해 정부가 부동산 대출 규제를 완화한 것이 계기였다. 현 정부 들어서는 상승세가 더 가팔라졌다. 2017년 6월 서울 평균 아파트가격(KB부동산 시세 기준)은 3.3㎡당 1,967만 원에서 2019년 12월 2,845만 원까지 올랐다. 3년 반 만에 44.6%나 급등했다.

정부가 각종 규제를 쏟아내는데 부동산가격은 왜 계속 오르는 걸까. 정부는 대출을 조이고 조세 부담을 높이는 방식으로 부동산 수요를 억제하고 있다. 정부는 이 같은 대책을 통해 〈표 2〉의 주택 수요 곡선이 왼쪽으로 이동할 것으로 기대했다. 이 경우 부동산가격은 떨어진다. 그러나 이 같은 대책의 약발은 매번 반짝 효과에 그쳤다.

<표 2> 부동산 규제 이후 공급 곡선의 이동

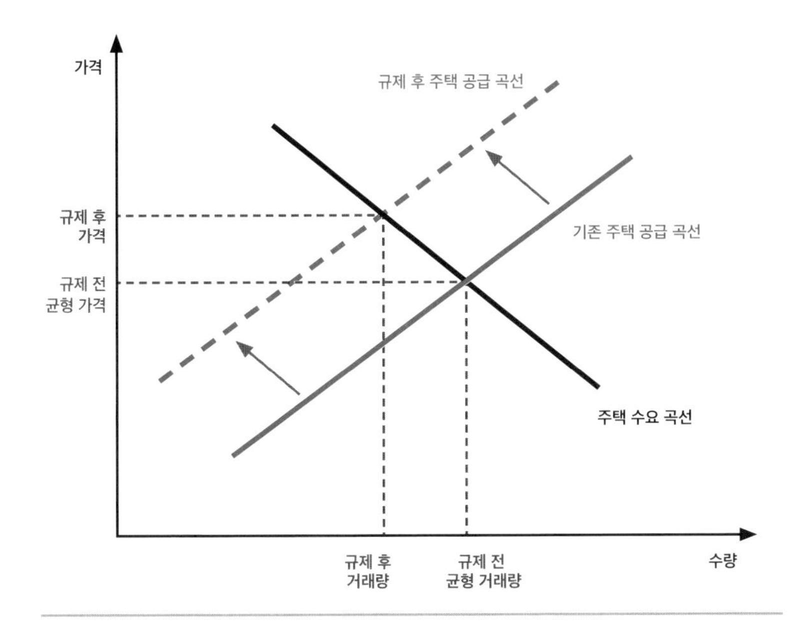

공급을 늘리지 않은 채 수요만 억제하는 방식이 시장을 왜곡하고 있다는 게 전문가들의 지적이다. 정부는 분양가상한제, 초과이익환수제 등으로 재건축·재개발을 억제하고 있다. 서울시는 재건축 때 층수 제한도 강화했다. 이 때문에 공급은 계속 쪼그라들었다. 그러나 내 집 마련을 하려는 수요는 줄지 않았다. 〈표 2〉에서 수요 곡선은 정부의 기대와 달리 반대로 이동했다. 수요는 계속 늘어나는데 공급 곡선만 왼쪽으로 이동하면서 가격은 더욱 오른 것이다.

세금 인상은 다른 부작용까지 수반한다. 집주인이 세금상승분을 고려해 전·월세 가격을 올려 세입자의 부담이 커지는 것이 그런 사례다. 경제학원론에서는 이를 '조세 부담의 귀착'이라고 부른다. 수요를 줄이기 위해 세금을 더 걷는 정책이 예상치 않은 결과를 낳을 수 있다는 얘기다.

한솔의 내 집 장만 꿈도 신기루에 불과했을 가능성이 높다. 약속대로 5,000만 원을 벌어왔다고 하더라도 단칸방 전세조차 들어가기 어려운 금액이기 때문이다. 집값이 천정부지로 오를수록 청년들의 좌절감은 그만큼 커진다. 이들에게는 영화보다 영화 밖 현실이 더 잔인할지 모른다.

리키는 왜 과로의 굴레에 빠졌을까

〈미안해요 리키〉 긱 이코노미의 경제학

플랫폼이 만든 일자리

"고용 계약 같은 거 없고 목표 실적도 없어요. 출근카드도 없고 알아서 일합니다. 자신 있어요?" "그럼요! 이런 기회를 얼마나 기다렸는데요."

영화 〈미안해요 리키〉는 리키(크리스 히친 분)가 택배기사로 일하기 위해 면접을 보는 장면으로 시작된다. 리키의 새 일자리는 법정 근로시간 기준도 없고, 정해진 월급도 없다. 대신 배송한 건수에 따라 수수료를 받는다. 회사 매니저는 리키에게 "채용되는 게 아니라 합류하는 것"이라고 강조한다. 금융위기 때 직장을 잃고 일용직을 전전하던 리키는 이 기회를 생명줄처럼 붙잡는다. 열심히 일한 만큼 보상을 얻을 것이란 희망에 가득차서다.

리키의 가족은 4명. 마음씨 따뜻한 아내 애비(데비 허니우드 분)와 고등학생 아들, 중학생 딸이 있다. 새로 시작한 택배일은 리키에겐 가족을 지킬 유일한 방법이다. 리키는 아침 7시 30분부터 밤 9시까지 쉬

<표 1> 플랫폼 노동 개요

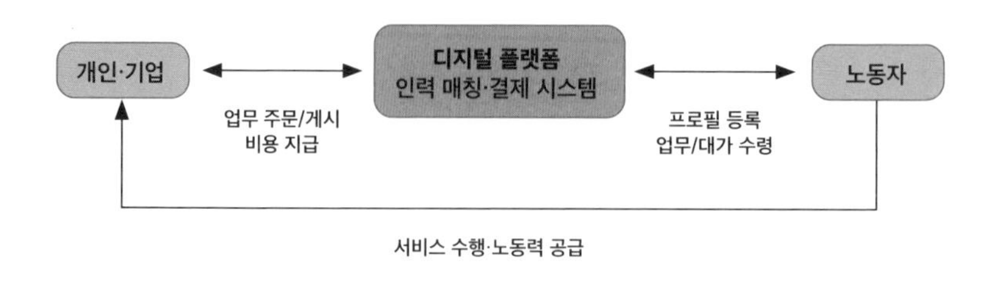

자료 : 한국은행

지 않고 일한다. 미술에 재능이 있는 아들을 대학에 보내고, 착하고 똑똑한 딸도 남부럽지 않게 키울 돈을 마련하기 위해서다.

"당신은 고용된 기사가 아니라 서비스 제공자"라는 매니저의 말에 리키는 한껏 고무된다. 그가 택배일을 시작하면서 가장 먼저 받은 것은 손바닥만 한 단말기다. 매니저는 신신당부한다. "이건 심장 같은 겁니다. 시스템에 등록돼 배송이 완료될 때까지 추적되죠. 배송 경로도 짜줄 거예요." 단말기는 디지털 플랫폼을 상징한다. 리키에게 사무실 같은 전통적인 작업장은 없다. 대신 단말기를 통해 외부에서 업무를 수행한다. 리키가 찾는 택배 수요도 이 디지털 플랫폼을 통해 관리된다.

리키가 일하는 방식은 '플랫폼 노동'이라고 불린다. 플랫폼의 중개를 통해 일감을 찾고, 건당 보수를 받으며, 고용 계약을 체결하지 않고 독립사업자 방식으로 일하는 근로 형태다. 플랫폼기업은 빅데이터 등을 수집해 택배 수요자와 기사를 직접 연결한다.

애비가 14시간씩 일하는 까닭

리키가 일을 시작하면서 아내인 애비도 꿈에 부푼다. 오랜 월세살이를 청산하고 내 집을 마련할 수 있으리라는 희망도 품는다. 리키 같은 플랫폼 노동자들이 일하는 시장을 '긱(gig) 이코노미'라고 한다. 긱은 1920년대 미국 재즈클럽에서 섭외한 단기 연주자를 부르던 말이다. 긱들은 공연을 건별로 계약하고, 공연장에 있는 악기가 아니라 자신의 악기로 연주했다. 리키 역시 없는 살림에 허리띠를 조여 배송용 승합차를 새로 구입한다. 긱 이코노미는 리키 같은 저숙련 노동자에게 노동시장에 진입할 기회를 제공한다.

요양보호사인 애비가 일하는 방식도 비슷하다. 간병이 필요한 가정을 순회하며 방문 건별로 보수를 받는다. 애비가 하루에 14시간 일하는 것을 보고 누군가 놀라 "하루 8시간 이상 일하는 것은 불법 아니냐"고 묻자 애비는 이렇게 답한다. "제로 아워(zero-hour) 계약이라서 그런 것 없어요."

최저 근무시간이 0시간인 계약, 이른바 제로 아워 계약은 근무시간이 따로 명시돼 있지 않다. 원칙적으론 일하고 싶을 때 원하는 만큼 할 수 있다. 리키와 애비가 일반적인 임금 노동자의 법정 근로시간보다 더 오래 일하는 것 역시 빠르게 돈을 모으기 위해 긱 이코노미의 특징을 활용한 것이다.

긱 이코노미는 기업이 정규직을 고용할 때 부담해야 할 '고정비용'을 줄여준다. 정규직원을 고용한다면 생산량에 관계없이 월급을 줘야 하기 때문에 보수가 곧 고정비용이 된다. 반면 기업의 비용 중엔 생산량에 따라 달라지는 '가변비용'도 있다. 커피회사로 치면 원두, 우유, 설탕 등 원료 구입비용이 대표적이다. 리키 같은 인력은 택배량이 줄면 자동으로 보수도 줄어든다. 플랫폼의 발전이 기업의 고정비용을 가변비용화한 셈이다.

노동 공급이 늘면 임금은 줄고

리키는 배송 물량을 받으러 간 어느 날 아침 떠들썩한 상황을 목격한다. 동료 택배기사 중 한 명이 새벽에 사고를 당해 운행에 문제가 생긴 것이다. 차 수리를 위해 2시간만 기다려달라는 기사의 요청에 매니저는 매몰차게 답한다. "안 된다. 대체 기사를 쓰겠다."

플랫폼 노동자의 이면엔 불안정한 처우가 있다. 플랫폼의 효율성을 위해선 고용의 유연성이 어느 정도 담보돼야 하기 때문이다. 플랫폼이 오픈돼 있으면 노동력은 계속 유입된다. 만약 경기불황으로 직장을 잃은 뒤 택배기사로 일하려는 사람이 늘어난다면 노동은 초과 공급될 가능성이 크다. 〈표 2〉에서 노동 공급 곡선이 S1에서 S2로 이동하면(노동 공급이 증가하면) 임금은 W1에서 W2로 하락한다. 플랫폼 노동자의 임금 인상이 현실적으로 쉽지 않은 이유다.

돈벌이가 급한 리키는 무리한 선택을 한다. 사고당한 기사의 자리를 꿰찬 것이다. 플랫폼 노동자의 경쟁 상대는 일반적인 임금 노동자 시장과는 다르다. 온라인이라는 특수성 때문에 얼굴도 모르는 사람과 경쟁해야 할 때도 많다. 특별한 능력이 있어 우위를 점할 수 있다면 이

〈표 2〉 노공 공급 곡선 이동

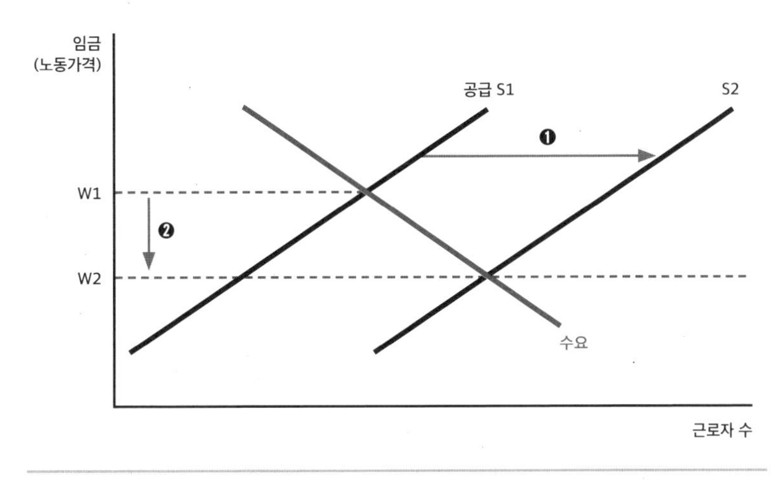

❶ 노동 공급이 증가하면 ❷ 임금이 하락한다

같은 경쟁에서 벗어날 수 있지만, 배송업은 진입장벽이 낮아 경쟁이 치열하다.

기회비용에 밀린 가족

리키가 일을 늘리며 순항하는 것 같았던 리키네 가족. 갈등은 사춘기에 들어선 아들로부터 시작된다. 길거리에 불법 낙서를 하고, 가게에서 물감을 훔쳐 골치를 썩인다. 일에 쫓겨 더 이상 관심을 주지 못하는 아빠 리키를 향한 비뚤어진 외침 같아 보이기도 한다. 리키는 아들을 붙잡고 설득한다. "공부해서 대학엘 가야지. 매일 14시간씩 일하다 보면 결국 노예가 되는 거야." 자신에 비유하는 듯한 리키의 말에 아들은 맞받는다. "아빠가 선택한 거잖아. 주어진 게 아니라 아빠 스스로 된 거야."

문제는 아들이 사고를 칠 때마다 수습하느라 일조차 여의치 않다는 것이다. 경제학에서 기회비용은 어떤 선택을 위해 포기한 모든 것을 뜻한다. 만약 아들의 사고를 수습하는 데 반나절을 썼다면 반나절 동안 일해서 벌 수 있는 돈을 포기했다는 뜻이다. 반나절 보수가 5만 원, 대체기사 비용에 대한 부담이 5만 원이라면, 반나절 휴가의 기회비용은 총 10만 원이 된다. 부재 시 바로 인력이 대체되는 플랫폼 시장에선 기회비용이 더 클 수밖에 없다. 200파운드(약 30만 원)의 기회비용을 감수하고 사고를 친 아들을 경찰서에서 데려온 날, 리키는 소리를 지른다. "오늘 얼마 날린 줄 알아? 대체기사 100파운드(약 15만 원)에 하루 공치고 벌점까지!" 그날 아들은 집을 뛰쳐나간다. 리키의 승합차 열쇠도 함께 사라진다. 리키는 아들의 짓임을 직감하고 분노한다.

아들이 집을 나간 뒤 밖을 서성거리던 리키는 딸의 전화를 받는다. 늘 사려 깊게 리키를 배려해왔던 막내딸이다. 딸은 울면서 고백한다. "차 열쇠를 숨긴 것은 오빠가 아니라 나야. 열쇠를 숨기면 모든 게 원래대로 돌아갈 수 있을 줄 알았어." 리키와 애비가 모두 일거리를 늘리면서 얼굴조차 보기 힘들어지자 가족의 품이 그리워진 딸이 아빠의 출근을 막으려 했던 것이다.

하지만 리키는 다시 일하러 간다. 택배 강도에게 물건을 빼앗기고 폭행당한 채 돌아온 다음 날에도 잔뜩 부은 눈으로 출근길에 오른다. 아들은 차 앞을 막아서며 외친다. "맞아서 한쪽 눈이 안 보이잖아. 운전하면 안 돼.” 하지만 리키는 무작정 차에 시동을 건다. 리키 앞에 놓인 길은 가족을 위한 길일까, 아니면 가족을 잃는 길일까. 리키의 승합차는 휘청거리면서 그래도 앞으로 나아간다.

법의 테두리에 들어가지 못하는 플랫폼 노동자

〈미안해요 리키〉의 원제는 ‘Sorry We Missed You(미안해요 우리가 당신을 놓쳤네요)’다. 수령인이 부재중일 때 택배기사가 남기는 메모에서 착안한 제목이다. 리키가 택배기사이기도 하지만, 리키로 대표되는 플랫폼 노동자의 법적 지위가 정리되지 못한 채 제도권 밖에 머무르는 현실을 은유하고 있다. 정보기술의 발달로 새롭게 등장한 플랫폼 노동자를 기존 노동시장의 기준으로만 판단하다간 자칫 이들의 존재 자체를 놓칠 수도 있다는 중의적 의미다.

맥킨지에 따르면 2025년 긱 이코노미가 창출할 부가가치는 세계 국내총생산(GDP)의 약 2%에 해당하는 2조 7,000억 달러(약 3,198조 원)에 달할 것으로 전망된다. 세계에서 5억 4,000만 명 정도가 플랫폼 노동자로 활동하고, 미국 노동인구의 18.5%, 영국은 16.1%가 긱 이코노미에 참여할 것으로 관측된다.

하지만 아직 한국에선 플랫폼 노동자 규모조차 제대로 집계되지 않고 있다. 지난해 한국노동연구원이 특수고용직보다 계약 종속성이 약하고 자영업자의 특성이 강한 이들을 따로 분류했는데, 전체 취업자의 2%에 해당하는 55만 명으로 추산된다는 결과 정도가 나와 있을

<표 3> 2025년 노동인구 중 각 이코노미 참여 비율 전망 (단위 : %)

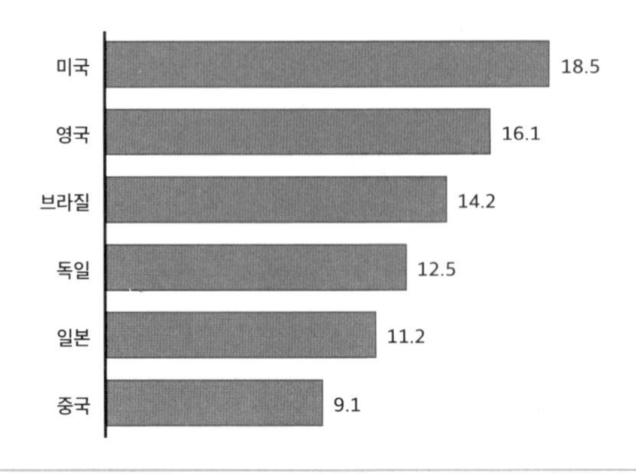

자료 : 맥킨지

뿐이다. 국회 입법조사처는 "기존 노동 통계는 임금 근로자를 중심으로 설계돼 있기 때문에 플랫폼 노동자 규모를 알 수 있는 공식 통계를 찾아보기 힘들다"고 했다. 제도가 노동 현실을 따라가지 못하고 있다는 지적이 나오는 배경이다.

이미 해외에선 플랫폼 노동자의 모호한 법적 지위를 둘러싸고 입법전쟁이 벌어지고 있다. 대표적인 게 2019년 미국 캘리포니아 주의회를 통과해 2020년 1월부터 시행된 AB5법이다. 독립 계약자도 일정한 조건을 갖추면 회사에 고용된 직원으로 인정한다는 내용이 담겼다. 이 법에 따르면 차량 공유 플랫폼인 우버의 기사들은 직원 대우를 받아야 한다. 한국 입법조사처도 "AB5법을 참고해 국내에서도 플랫폼 노동 입법을 검토해 도입해야 한다"는 보고서를 냈다.

반면 지나친 규제가 혁신을 막고 일자리를 위축시킬 것이란 우려도 나온다. AB5법이 캘리포니아에서 시행된 지 두 달 만에 개정을 요구하는 법안이 34개나 쏟아졌다. 대부분이 특정 업종을 AB5 적용에서 제외시키는 내용이다. 우버는 캘리포니아주를 상대로 위헌 소송을 벌이고 있다.

LOAN ECONOMY MONEY

DIAGRAM GRAPHIC CHART UP

CREDIT CARD DOWN

2장

일자리와 복지

– 직업이 없어 죄송합니다

CINEMANOMICS

백수 용남이가 취준생 꼬리표를 떼기 힘든 이유

〈엑시트〉 채용시장의 경제학

청년실업, 남의 일이 아니다

"장가 못 갔고요. 취업 준비 중입니다."

대학 졸업 후 마땅한 직업 없이 백수로 살아가는 주인공 용남(조정석 분)은 어머니(고두심 분) 고희연에 온 집안 어른께 인사를 드리면서 미리 연습한 듯한 말을 내뱉는다. 질문보다 먼저 나온 답에 상대방이 당황한 사이 용남은 술 한 잔을 따르고 서둘러 자리를 피한다. 누나 셋인 집안에 귀한 막내아들로 태어났지만 대학 졸업 후 변변한 직업도 없이 동네 바보형 취급을 받는 그의 자기방어책인 셈이다.

2020년 7월 개봉한 〈엑시트〉는 대학 시절 암벽등반 동아리 출신이자 현재 백수인 주인공이 갑자기 닥친 재난 상황을 극복해가는 영화다. 942만 명의 관객이 몰리며 흥행에 성공했다.

이처럼 많은 사람의 지지를 받을 수 있었던 이유는 엄마와 누나에게 구박받고, 조카도 창피하다며 피하는 삼촌인 용남이 가지는 보편

<표 1> 청년실업률

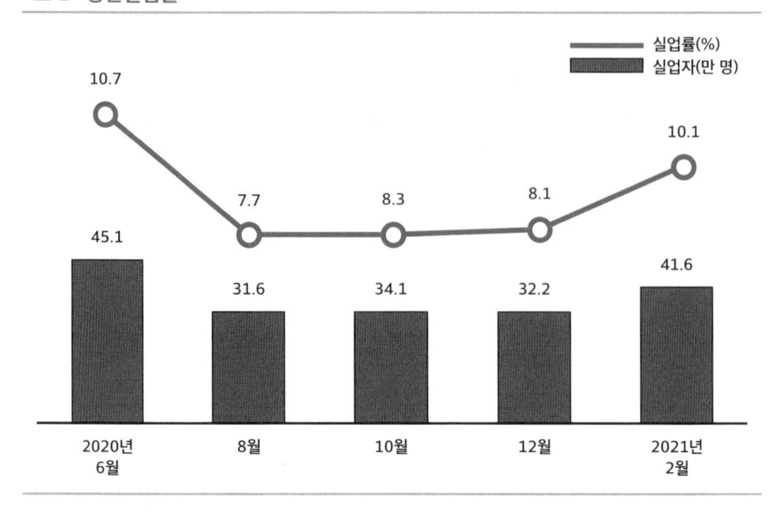

성 때문이다. 2021년 2월 말 기준 한국의 실업률은 4.9%다. 그중에서도 청년실업률은 10.1%에 달한다. 취업을 준비하는 청년 100명 중 10명은 용남과 같은 백수로 지내는 셈이다. 실업률은 만 15세 이상의 경제활동인구 중 실업자가 차지하는 비율을 뜻한다. 이 중 청년실업률은 29세 이하 경제활동인구 중 실업자의 비율을 말한다.

오랜 취업 준비에 지친 젊은이들이 아르바이트 등으로 눈을 돌렸을 때 청년실업률은 낮아질 수 있다. 통계청은 고용 동향을 집계할 때 근로 형태를 가리지 않고 수입을 목적으로 1주 동안 1시간 이상 일했다면 모두 취업자로 분류하기 때문에 아르바이트 자리를 잡는 순간 실업자에서 제외된다. 하지만 취업에 실패해 아르바이트를 전전하는 청년들은 수시로 관두고 다른 아르바이트로 옮기는 단속적 근로자일 뿐 오롯이 취업자로 보긴 어렵다. 경기침체가 심화하는 과정에서 실업률이 오히려 떨어지고 실업률이 실제 경제를 반영하지 못한다는 지적이 나오는 것도 이 때문이다.

가족들은 어머니의 고희연을 축하하러 컨벤션센터 구름정원을 찾는다. 용남은 그곳에서 부점장으로 일하고 있는 첫사랑 의주(임윤아 분)를 만난다. 그는 차마 백수라고 말하지 못하고 벤처기업에서 과장으로 일하고 있다고 거짓말을 한다. 잔치가 벌어지는 내내 의기소침하게 사람들을 피하는 용남의 모습은 이 시대 청춘들의 고단함을 그대로 보여준다.

용남과 같은 청년들의 실업률이 전체 실업률보다 높은 이유는 이직하는 과정 혹은 졸업 후 직장을 찾는 과정에서 잠시 있는 마찰적 실업이 크기 때문이다. 하지만 용남처럼 졸업 후 몇 년씩 장기 실업 상태인 것은 경제 구조의 변화로 인해 노동에 대한 수요와 공급 조건이 달라짐으로써 노동력과 일자리가 재분배되는 과정에서 발생하는 구조적 실업에 더 가깝다. "문송합니다(문과라서 죄송합니다)"라는 말처럼 기업들이 찾는 전공, 능력을 갖추지 못한 취업준비생이 많은 것도 어찌 보면 구조적인 문제다.

청년들은 기존 시장 참여자에 비해 생산성도 떨어진다. 기업은 이윤을 극대화하기 위해 노동의 한계생산가치를 고려해 채용을 결정한다. 노동이 증가할수록 한계생산가치는 하락하기 때문에 이 가치보다 낮은 수준에서 임금을 정한다. 청년들의 생산성이 이 임금 수준보다 낮다면 기업이 청년을 선택할 이유는 줄어든다.

최저임금제가 청년실업 부추겨

케인스학파에서 주장하는 효율성 임금 가설에서 보듯 기업 스스로 기존 근로자들의 임금을 생산성 수준 이상으로 높여주기도 한다. 실질임금이 노동자의 생산성과 근로의욕을 좌우한다고 가정하기 때문이다. 이 이론에 따르면 실질임금이 높으면 이직률을 낮춰 숙련된 기술자를 장기간 보유할 수 있고, 임금이 높으면 태업으로 인한 기회비용도 높아져 노동자들의 도덕적 해이를 억제할 수 있다.

또 노동 생산성에 대한 정보가 비대칭적으로 존재할 때 효율성 임금이 노동의 평균적인 질을 향상시킬 수 있다. 기업이 평균적인 생산성에 따라 실질임금을 지급하면 평균 실질임금 이상의 생산성을 지닌 근로자는 떠나고, 낮은 생산성의 근로자만 남는 역선택을 방지할 수 있는 셈이다.

노동조합 결성에 따른 내부자와 외부자 사이의 임금 차이 발생, 최저임금제 시행 등도 청년실업을 부채질하는 요인으로 꼽힌다. 가격이 유연하게 변하지 못해 수요와 공급의 불일치가 일어나기 때문이다.

칠순 잔치가 마무리될 무렵 도시는 알 수 없는 유독가스에 휩싸인다. 점점 상승하는 가스를 피해 옥상으로 나가야 하지만 문이 바깥쪽에서 잠긴 상황. 설상가상으로 용남의 누나는 유독가스를 마시고 생사의 고비에 놓여 있다. 용남은 창을 깨고 나가 벽을 타고 옥상으로 올라간다. '돈도 안 된다'고 구박받던 그의 암벽등반 실력이 모두를 구한다. 마침내 소방헬기가 일행을 발견하고 옥상으로 오지만 중량초과 때문에 용남과 의주는 탈출에 실패하고 다시 위기에 처한다.

<표 2> 최저임금으로 인한 실업 증가

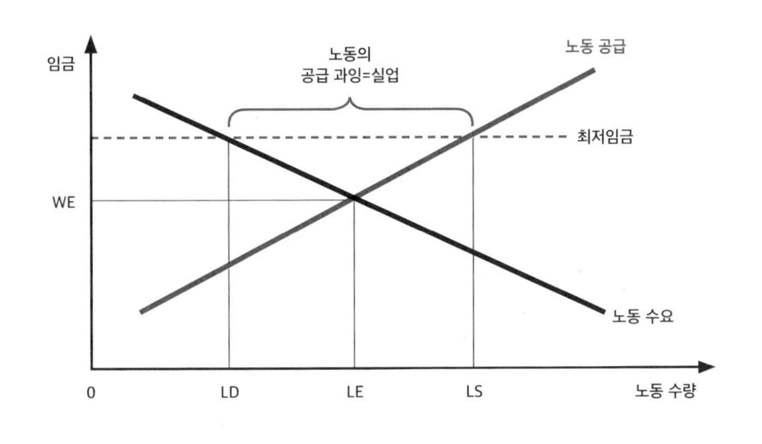

재난의 시작 가스 테러, 그 뒤엔 특허권 갈등

재난 상황에서 방송국의 특종경쟁은 새로운 시장을 창조했다. 경쟁사에 '물 먹은' CBA 방송국 국장은 불법 드론 촬영으로 재해 상황을 보도하려고 드론 일당에게 거액을 건넨다. 이처럼 법의 테두리를 벗어난 암시장의 가격 결정은 가격상한제가 있는 시장에서 가격이 결정되는 것과 비슷하다.

〈엑시트〉에서 도시를 감싼 유독가스는 응용화학자가 복수를 위해 뿌린 것이었다. 엔서화학 공동창업자인 이 사람은 특허권 문제로 회사와 갈등을 빚었다. 결국 소송에서 패한 화학자는 신사옥 개관 행사를 앞둔 회사 앞에서 유독가스를 가득 담은 탱크로리를 폭파하는 것으로 앙갚음을 한다.

특허권이 뭐기에 이렇게 첨예한 갈등 상황이 발생한 것일까. 특허권은 발명한 물건, 아이디어 등을 독점적으로 이용할 수 있는 권리를 뜻한다. 경제학에서 특허권은 국가가 허락한 독점권으로 평가된다. 독점이 생기는 근본적인 원인은 진입장벽이 있어 경쟁자가 시장에 진입할 수 없기 때문이다. 특허권은 진입장벽으로 작동해 독점사업자의 이익을 보장해주는 역할을 한다.

경쟁시장에서 가격은 수요와 공급이 만나는 지점에서 결정된다. 하지만 독점기업은 경쟁자가 존재하지 않기 때문에 시장가격을 자유롭게 결정할 수 있다. 그렇다고 무턱대고 가격을 올리는 것은 아니다. 가격이 너무 상승하면 판매량이 줄고, 전체 이익도 감소할 수 있기 때문이다. 독점기업들은 이윤의 크기가 가장 큰 지점에서 가격을 정한다. 그 결과 경쟁시장의 기업보다 더 높은 이윤을 얻을 수 있다.

가격 상승과 같은 부작용에도 불구하고 정부가 이 같은 독점을 허락하는 이유는 명확하다. 높은 가격을 허락함으로써 사회적으로 바람직한 행동을 하도록 유도할 수 있기 때문이다. 예를 들어 제약회사들에 특허권을 주면 더 좋은 신약을 개발하기 위해 많은 돈과 시간을 투자할 유인이 생긴다. 음악과 소설 등의 저작권을 인정하고, 과학자들에게 발명특허 등을 주는 것도 이 때문이다.

〈표 3〉에서 수요와 공급이 만나는 지점의 가격은 P1이다. 하지만 방송국은 제보를 돈을 주고 사는 것이 불가능하다. 기껏해야 소정의 감사금(P2) 정도만 허락된 상황이다. 이때 수량은 균형 수량인 Q1이

<표 3> 암시장에서의 가격 결정

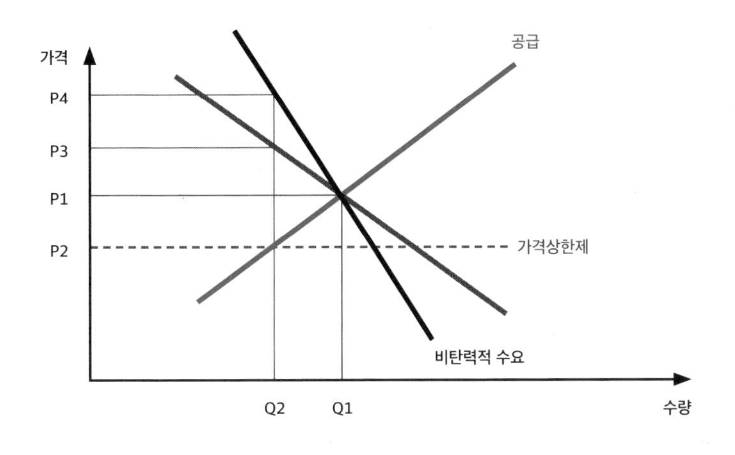

아니라 Q2로 결정되고 결국 가격은 P3까지 오르게 된다. 이때 수요가 가격에 대해 비탄력적이라면 수요 그래프의 기울기는 더 가팔라지고 가격(P4)은 큰 폭으로 상승하게 된다.

CBA 방송 덕분에 두 주인공의 탈출 여정은 TV를 통해 생중계된다. 가스가 닿지 않는 가장 높은 곳을 향해 달려가는 이들을 보고 돕는 사람들도 생긴다. 여러 사람의 도움으로 마침내 구조헬기를 탄 주인공들. 어려움을 함께 이겨내며 둘 사이에 사랑도 싹트는 것을 보여주며 영화는 해피엔딩으로 마무리된다.

하지만 현실은 녹록지 않다. 코로나19 사태까지 겹쳐 기업들이 채용을 미루면서 청년들의 일자리는 더욱 줄었다. 최저임금제 시행 이후 아르바이트 자리조차 구하기 힘들다는 푸념이 나온다. 용남이 취업에 성공할 가능성은 더 낮아진 셈이다.

암벽등반의 시작은 출발부터 목적지까지 길을 정하는 '루트 파인딩'이라고 한다. 어느 높이까지, 어떤 돌을 밟고, 어디를 잡고 올라갈 것인지 정해야 한다. 대한민국 청년들은 목표를 향한 길을 정할 수조차 없는 깜깜한 벽 앞에 몰려 있다. 이들에게 출구(엑시트)는 있기나 한 걸까.

디지털 파도에 떠내려간 아날로그 일자리

〈월터의 상상은 현실이 된다〉 실업의 경제학

월터, 구조적 실업 위기를 겪다

〈라이프〉 잡지사 사무실에 직원들이 모여 웅성거리고 있다. 자신을 구조조정 매니저라고 소개한 남자가 그들 앞에서 말을 꺼낸다. "이런 말씀 드리기 매우 어렵습니다만……." 말끝을 흐리면서 직원들의 눈치를 보더니 급하게 말을 이어나간다. "이번 호를 마지막으로 〈라이프〉를 폐간합니다. 이 변화에서 살아남기 위해 〈라이프 온라인〉으로 바꾸고 여러분 중 새로운 업무에 불필요한 분은 자리를 비워주셔야 합니다."

웅성거림은 더욱 커졌다. 수십 년을 이어온 잡지의 폐간도 놀라운 사실이지만 자리를 비워야 할 누군가가 나 자신이 될 수도 있단 사실에 사람들의 초조함은 옅은 탄식으로 흘러나왔다. 구조조정 매니저는 말을 이어나갔다. "누가 떠나야 할지는 마지막 호를 제작한 뒤 결정하겠습니다."

월터 미티(벤 스틸러 분)는 〈라이프〉에서 16년째 근무 중인 사진 현상가다. 사진가들이 현장에서 찍은 사진 필름을 보내주면 인화하는 작업을 도맡아 했다. 사진에 정교하고 세밀하게 마지막 숨결을 불어넣는 작업이다.

월터에게 〈라이프〉의 폐간은 청천벽력 같은 소식이었다. 사진기술도 빠르게 디지털로 바뀌고 있는 상황에서 자신이 가장 먼저 위협받는 자리에 있다는 걸 그 스스로도 직감했기 때문이다. 구조조정 매니저의 연설이 끝난 뒤 한숨을 쉬며 그는 사진현상실로 터벅터벅 돌아간다.

월터는 구조적 실업 위기를 맞닥뜨리고 있다. 구조적 실업은 산업구조의 변화로 산업 간 인력 수급의 불균형이 생겼을 때 발생한다. 기술진보로 산업 생산성이 향상되거나 새로운 산업이 태동하면서 저숙련 근로자가 도태되는 과정이 대표적인 사례다. 월터가 디지털화 물결에서 밀려날 위기에 처한 것 역시 구조적 실업으로 볼 수 있다.

구조적 실업 외에 실업의 종류는 원인에 따라 다양하게 분류할 수 있다. 경기주기 변동에 따라 발생하는 실업을 경기적 실업이라고 한다. 자본주의 경제는 필연적으로 경기 호황과 불황을 넘나드는데 이에 맞춰 기업들은 일자리를 늘리고 줄이고를 반복한다. 이때 발생할 수밖에 없는 실업을 경기적 실업이라 일컫는다.

근로자가 스스로 새로운 직장을 찾기 위해, 혹은 정보가 없어서 아직 새 직장을 찾지 못한 상황을 마찰적 실업이라고 한다. 마찰적 실업은 다른 유형의 실업과 다르게 자발적으로 실업 상태를 유지하고 있기 때문에 자발적 실업이라고도 한다. 이 외에 '계절적 실업' '잠재적

<표 1> 실업의 구분

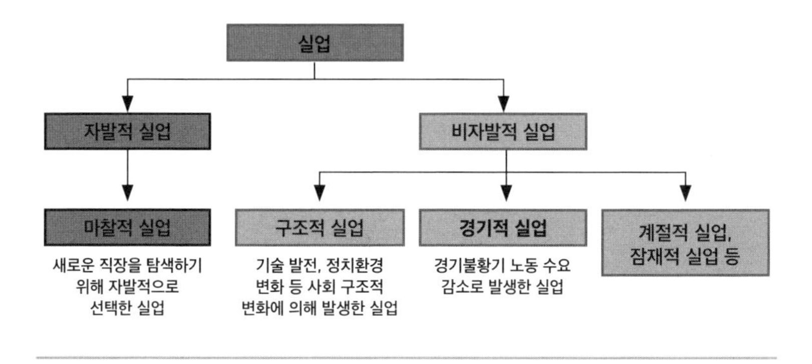

실업' 등 실업의 종류는 다양하다.

구조적 실업을 이겨내는 건 노동유연화

월터는 곧바로 위기에 봉착한다. 〈라이프〉의 스타 사진가 숀 오코넬(숀 펜 분)이 보냈다는 사진이 도착하지 않은 것이다. "이 사진에 '삶의 정수'가 담겼다. 〈라이프〉의 마지막 호 표지사진으로 써달라"는 편지만 도착했을 뿐이다. 숀의 편지 내용은 구조조정 매니저들의 귀에도 들어가 이 사진이 무엇인지 모두의 관심이 집중되고 있던 상황이었다. 구조조정 대상 심사가 이뤄지는 기간에 최악의 사건이 벌어진 것이다.

심지어 고지식한 여행가 숀은 연락할 휴대전화도, 이메일도 없다. 월터는 숀을 찾아내 사진의 행방을 밝혀내야만 했다. 월터는 용기를 냈다. 그린란드, 아이슬란드, 아프가니스탄 등 숀이 있을 법한 세계 곳곳으로 여행을 떠난다. 바다에 빠져 상어에게 위협당하고, 폭발하는 화산을 피해 달아나는 등 갖가지 위험을 무릅쓴다. 그렇게 결국 월터는 사진을 찾아낸다.

하지만 월터에게 날아온 것은 결국 해고통지서였다. 월터의 목숨을 건 사투에도 그가 해고 대상자라는 것은 바뀌지 않는 현실이었다. 디지털로 바뀌는 흐름 속에서 아날로그 인력의 노력은 중요하지 않다. 구조적 실업은 산업변화에 의해 불가역적으로 발생하는 실업이기 때문이다.

구조적 실업은 아이러니컬하게도 기업이 근로자를 더 쉽게 해고함으로써 더 쉽게 채용할 수 있게 해준다. 노동유연화다. 산업이 구조적으로 변화하면 부문별로 노동에 대한 수요가 다르게 나타날 것이다. 지는 산업에서는 노동 수요가 줄어들 것이고, 뜨는 산업에서는 노동 수요가 늘어날 것이다. 노동이 유연해지면 수요가 적은 곳에서 많은 곳으로 일자리는 탄력적으로 수급될 수 있다.

구조적 실업을 노동유연화로 잘 대처했던 대표적인 사례가 독일의 '하르츠 개혁'이다. 동독지역은 1990년대 말로 들어서면서 20%를 넘나드는 극심한 실업률에 시달렸다. 통일 초기 인프라 투자로 호황이었던 건설업이 점차 자리를 잃게 되자 건설업 전반의 구조조정이 이뤄졌기 때문이다. 이에 독일 정부는 2003년 하르츠 개혁을 시행한다.

하르츠 개혁의 요지는 시간제 근로자 확대다. 이른바 '일자리 나누기'다. 좀 더 유연화된 미니잡(mini job)인 시간제 일자리를 필두로 노동유연화 정책을 시행했다. 이에 따라 동독지역 실업률은 2011년 말

<표 2> 통일 이후 동독의 실업률 변화 (단위 : %)

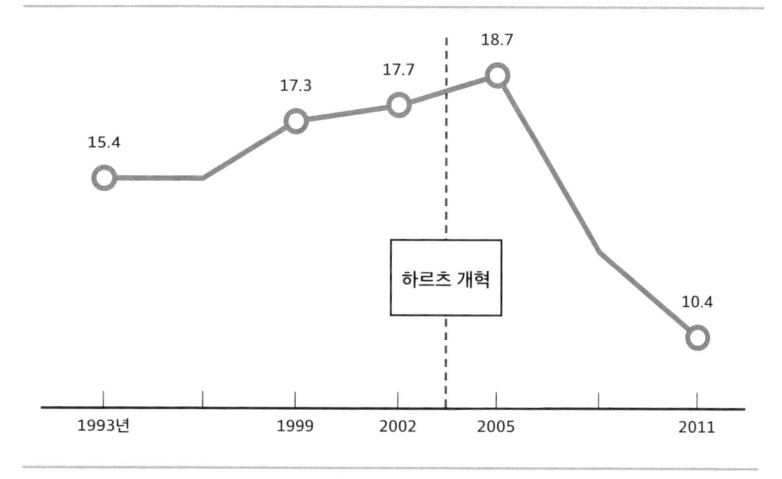

자료 : 독일 연방통계청, 독일 연방고용공단

10.4%까지 하락하게 된다. 즉 해고될 수밖에 없는 환경에 처한 노동자를 구할 수 있는 방법은 그 직장에 오래 버틸 수 있도록 고용을 보호해주는 것이 아니다. 새롭게 일어서는 산업에서 그가 쉽게 채용될 수 있도록 해주는 것이 해결책이다. 월터를 자른 매니저를 탓할 것이 아니라 월터가 새로운 직장을 얻을 수 있는 환경을 마련해주는 게 중요하단 얘기다.

물론 그들을 쉽게 자르기만 해서는 안 된다는 주장도 있다. 유연한 노동시장을 갖추지 못한 사회에선 특히 그렇다. 이에 노동유연안정성(flexicurity)이라는 개념이 등장했다. '유연성(flexibility)'과 '안정성(security)'을 결합한 용어로, 쉽게 말해 국가가 사회안전망을 강화해 실업자가 돼도 안심할 수 있는 구조를 세운 뒤 그 위에서 노동유연화를 추구하는 전략이다. 노동유연화가 안 된 한국을 겨냥해 국제통화기금이 단골로 던지는 정책 제언이기도 하다.

월터는 해고된 뒤 실업수당을 받기로 하고 회사 문을 조용히 걸어 나온다. 그러다 직장 동료 셰릴(크리스틴 위그 분)과 마주친다. 그와 함께 자신이 사진을 찾기 위해 했던 여행 이야기를 한다. 사진을 찾기 위해 아이슬란드에서 스케이드보드를 탔던 이야기, 그린란드에서 술에 취한 조종사의 헬기에 탄 일 등을 되짚었다. 돌이켜보면 순간순간 월터는 도전했다. 물론 그는 도전을 통해 기존 직장을 지키지는 못했다. 하지만 그 도전을 통해 얻은 용기로 그는 새로운 직장을 쟁취할 수 있을 것이다. 실업의 좌절에 빠진 이에게 가장 큰 치료제는 또 다른 일자리가 기다리고 있다는, 미래에 대한 희망이다.

시간제 근로 늘려 일자리 나누기

월터는 결국 실업자가 됐다. 디지털 시대에 그에 알맞은 기술을 갖추지 못한 월터는 잡지 폐간과 함께 일자리를 잃을 수밖에 없었다. 하지만 누군가는 〈라이프 온라인〉에서 월터의 자리를 새롭게 대체할 것이다. 산업 구조 변화에 따른 필연적 결과다. 한국사회도 이런 변화의 물결 앞에 직면해 있다. 코로나19를 계기로 산업 전반에 걸쳐 디지털 트랜스포메이션의 흐름이 급속도로 빨라지고 있다. 비대면 디지털 서비스에 대한 수요가 급증한 영향이다.

그 결과 쇠퇴하는 산업에선 다수의 실직자가 나오고 있다. 기업 평가 사이트 CEO스코어가 발표한 '상위 500대 기업 고용 현황'에 따르면 코로나19가 시작된 직후인 2020년 2~3월 고용 감소가 가장 뚜렷한 업종은 대면 서비스 분야에 집중돼 있었다. 유통업에선 1만 5,604명, 서비스업에선 4,851명, 식음료업에선 4,730명이 일자리를 잃었다. 산업 밑단에 있는 중소기업들을 감안하면 더 큰 규모의 구조조정이 이뤄지고 있을 가능성이 높다.

정부는 일자리 감소에 대응하기 위해 재정 카드를 꺼내들었다. 3차 추가경정예산(35조 3,000억 원)을 포함해 무려 275조 원에 달하는 재정을 일자리 지키기와 기업 안정, 경기 진작에 퍼붓기로 했다.

정부 대책은 경기적 실업에 대응하고자 하는 성격이 강하다. 하지만 이는 단기간의 일자리 감소에 대응할 수 있을 뿐 산업 전반의 구조 변화에 대응하기는 역부족이다. 코로나19에 의한 일자리 감소는 단기적으론 경기불황에 따른 충격으로 볼 수도 있지만 장기적으론 산업 전반의 구조 변화에 따라 만성화될 가능성이 높다. 구조적 실업의 대응책인 노동유연화를 동시에 서둘러야 하는 이유다.

독일도 1990년대 동독의 실업 문제를 해소하기 위해 다양한 재정 정책을 시행했다. 이로 인해 1996년엔 재정 적자 비율이 유럽연합(EU)의 재정 안정 기준인 3%(GDP 대비)를 넘은 3.5% 수준까지 올라갔다. 그럼에도 실업률은 단기적으로만 감소했을 뿐 장기적으로는 계속 올라갔다. 경기를 잠깐 끌어올려도 노동경직성에 의해 분야별 인력 이동이 나타나지 않았기 때문이다. 결국 앞서 언급한 노동유연화 대책인 하르츠 개혁을 시행하고서야 만성적인 실업률을 끌어내릴 수 있었다.

3

실업자 지원은 실업 문제 해결에 도움이 될까

〈언터처블〉 실업급여의 경제학

실업률의 함정

"대충 몇 글자 끄적여주세요. '능력은 있지만 이 일엔 적합하지 않다' 같이 늘 쓰는 말 있잖아요. 세 번 거절당해야 생활보조비를 받으니까."

화려한 저택의 복도에 멀끔히 차려입은 사람들이 앉아 있다. 온갖 학위와 경험을 자랑하는 이들은 모두 일을 찾으러 온 구직자다. 면접장에서 '이웃사랑을 실천하기 위해' '장애인을 친형제처럼 생각해서'와 같은 고상한 말을 늘어놓는다. 그 사이에 펑퍼짐한 청바지에 가죽 점퍼를 입고 온 드리스(오마 사이 분)가 있다.

드리스가 이곳을 찾은 이유는 일자리가 아니라 실업급여. 구직활동을 계속하고 있다는 증거를 제출해야만 실업급여를 받을 수 있기 때문이다. 순서를 무시하고 새치기해 덜컥 면접장 안으로 들어간 드리스는 시간이 없으니 빨리 사인이나 해달라고 말한다.

필립(프랑수아 클루제 분)은 으리으리한 저택에 수많은 가정부를 두고 사는 '상위 1%' 백만장자다. 돈은 남부럽지 않게 많지만 24시간 내내 누군가가 돌봐주지 않으면 아무것도 할 수 없는 전신마비 장애인이다. 이런 필립을 도와주는 간병인을 뽑는 면접장에 찾아온 건 '하위 1%'의 드리스. 열악한 파리 빈민가 아파트에 10명이 넘는 가족이 살고 있다. 변변한 일자리도 없이 하루 종일 거리를 떠돌아다닌다.

간병인을 뽑는 면접장에 오면서도 드리스는 필립의 상태에는 관심이 없었다. 전신마비 장애인에게 "왜 지금 바로 서명을 못 해주냐"고 반문할 뿐이다. "사인은 해줄 테니 내일 다시 오라"는 말에 다음 날 다시 필립의 집을 찾은 드리스는 놓여 있던 서류를 들고 나간다. "늘 그렇게 도움만 받으면서 거저먹고 사는 거 양심에 안 찔리나?"라는 필립의 질문에 "안 찔리는데, 왜요?"라고 시큰둥하게 답한다. 필립이 "'2주 안에 짐 싼다'에 내기 걸지"라는 말 한 마디가 드리스의 승부욕을 건드린다. 각각 너무도 다른 두 1%의 우정은 이렇게 시작한다.

드리스는 실업보험의 실패 사례다. 실업보험의 취지는 정부가 자신의 의지와 상관없이 해고된 사람들이 다음 일자리를 구할 때까지 수당을 지급해 최소한의 생활이 가능하도록 도와주는 것이다. 그런데 드리스처럼 새로운 일자리를 찾지는 않고 실업급여에만 의존하게 되는 부작용이 발생하기도 한다. 새로운 직장을 갖는 순간 끊기는 실업급여가 되레 새로운 일자리를 열심히 찾지 않게 하는 이유가 되는 것이다.

드리스는 필립의 간병인이 되기 전 실업자였다. 하지만 경제학적 관점에서 엄밀하게 본다면 드리스는 실업자가 아니다. '지난 4주간 적극적으로 일자리를 찾아다닌 사람'이라는 실업자의 기준(ILO, 국제

노동기구)에 맞지 않기 때문이다. 드리스는 필립이 일자리를 주겠다고 했음에도 실업급여를 받는 것으로 만족하고 떠나려 하기까지 했다. '일자리가 생기면 곧바로 취업이 가능한 사람'이라는 또 다른 실업자의 기준과 어긋난다.

경제학자들은 드리스를 '실망실업자(구직단념자)'라고 부른다. 실망실업자는 구직활동을 포기한 사람을 말한다. 이들은 원칙적으로 경제활동인구에 포함돼야 하지만 적극적으로 구직활동을 한다는 실업자의 기준에 맞지 않아 비경제활동인구로 분류된다. 실업률 통계에서도 빠진다. 10명의 청년 실업자 중 5명이 공채 결과에 실망한 나머지 구직활동을 멈추고 '머리를 식히러' 장기간 여행을 떠났다면? 다음 달 청년실업률은 절반으로 떨어지게 된다.

통계청이 발표한 국내 실업률 추이를 보면 2020년 2월 기준 국내 실업률은 4.1%다. 여기에는 실망실업자 53만 5,000명이 빠졌다. 이들을 사실상 실업자로 분류한다면 실업률은 6.3%로 껑충 뛴다.

수확 체감의 법칙과 따라잡기 효과

필립의 간병인 생활을 그만둔 드리스는 경제학적 의미의 진정한 실업자가 된다. 적극적으로 구직활동을 했기 때문이다. 빈민가에서 제대로 된 교육을 받지 못한 드리스는 원래 아무런 직업기술도 없었다. 하지만 필립과 같이 시간을 보내며 평생 접하지 못했던 문화를 경험할 수 있었다.

<표 1> 수확 체감의 법칙

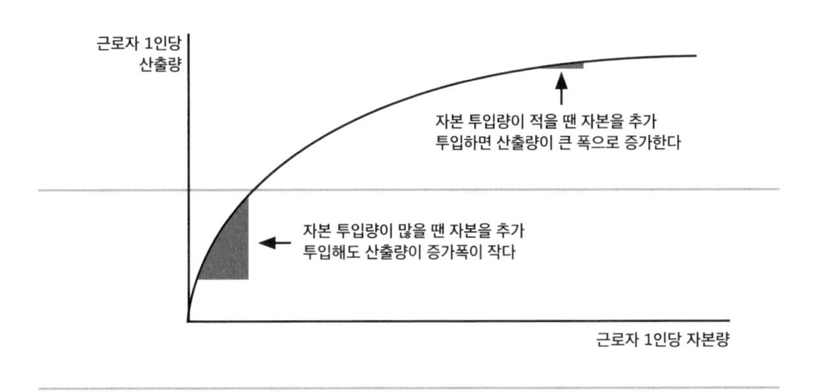

새 일자리를 찾기 위해 택배회사에 면접을 보러 간 드리스는 '시간 엄수'라는 회사 모토를 말하는 면접위원에게 "그래서 달리의 〈녹는 시간〉 그림을 걸어놓은 거냐"고 되묻는다. 면접위원은 예술을 좋아하는 드리스에게 호감을 느낀다. 필립을 통해 어깨너머로 접한 미술 상식이 취업에 도움을 준 것이다.

전통적인 생산 이론에서는 이를 '수확 체감의 법칙'이라고 말한다. 수확 체감의 법칙은 〈표 1〉처럼 기존에 자본 투입량이 적은 상황에서 자본 한 단위를 투입하면 노동의 산출량이 커지고, 자본 투입량이 이미 많은 상황에서는 자본 한 단위를 추가로 투입해도 산출량의 증가폭이 작다는 것을 말한다. 교육 등 인적자본 투입이 적었던 드리스에게는 미술 상식도 큰 산출량을 주는 조건으로 작용할 수 있었다. 만일 드리스가 고학력자이고 면접을 보러 간 곳이 택배회사가 아니라 로펌이었다면 결과는 달랐을 가능성이 크다.

수확 체감의 법칙을 국가에 적용하면 '따라잡기 효과'를 설명할 수 있다. 가난한 나라가 부유한 나라에 비해 상대적으로 성장률이 높은 경향을 말한다. 개발도상국에서는 기본적인 장비도 갖추지 못해 현재 생산성이 낮더라도 수확 체감의 법칙에 따라 자본을 조금만 투자해도 노동 생산성은 크게 향상될 수 있다. 반면 선진국에는 자본재가 많아 생산성이 높지만 자본에 추가 투자를 하더라도 생산성을 크게 증가시키지 못한다. 1960~1970년대 경제개발 시기와 현재의 한국을 비교하면 이해가 쉽다.

두 사람의 우정만큼은 경제학적으로 설명 안 돼

드리스를 떠나보낸 필립은 우울증에 빠진다. 서류상으로는 드리스보다 더 경험과 기술이 많은 간병인을 고용했지만 정을 붙이지 못한다. 그러다 드리스는 "필립이 좋지 않다"는 비서 욘(앤 르니 분)의 연락을 받는다. 오랜만에 만났는데도 예전같이 장난을 치는 드리스를 보며 필립은 마침내 웃음을 되찾는다.

답답하다는 필립을 차에 태우고 드리스는 남부 해안가로 떠난다. 바다가 보이는 근사한 식당에서 드리스는 "난 당신이랑 점심 안 먹어요"라며 자리를 뜬다. 필립에겐 편지로만 연락을 주고받는 사랑하는 여인이 있었다. 장애인이라는 이유로 직접 만날 용기를 내지 못하던 필립을 위해 드리스가 마련한 자리였다. 필립은 당황해서 어쩔 줄 몰라 하지만 드리스는 미소를 지으며 자리를 비켜준다.

영화는 실화를 바탕으로 했다. 실존 인물 드리스가 필립의 휠체어를 미는 장면으로 영화는 마무리된다. 다시는 사랑하지 못할 거라며 자책하던 필립은 재혼해서 두 딸을 뒀고, 실업급여로 연명하던 드리스는 사업체를 운영하는 세 아이의 아빠가 됐다는 설명이 따라 나온다. 극과 극의 신분에 속하면서 각기 다른 신체적·경제적 어려움을 안고 있던 두 사람이 '1%의 우정'을 통해 서로의 핸디캡을 극복해내는 과정을 영화는 아름답게 그려냈다.

미술 작품도 주식처럼

"종이에 코피 쏟아놓고 3만 유로라고?"

필립을 따라 처음 가본 미술관에서 드리스가 현대미술 작품을 보고 대뜸 던진 말이다. 드리스의 눈에는 그림 같지도 않은 작품 하나가 3만 유로(약 4,000만 원)가 넘는다는 건 쉽사리 납득하기 어려웠다.

같은 작품을 보고도 필립은 가격에 수긍한 반면 드리스는 깜짝 놀라는 반응을 보였다. 경제학에서는 이를 '무차별 곡선'으로 설명한다. 무차별 곡선은 소비자에게 같은 만족을 주는 재화 묶음을 연결한 곡선으로, 소비자가 얼마까지 지출할 수 있는지를 나타내는 '예산제약선'과 접한다. 하위 1%의 드리스와 상위 1% 필립의 반응이 달랐던 것도 미술 작품이라는 재화에 대한 두 사람의 예산제약선이 다른 곳에 있었기 때문이다. 드리스가 필립만큼 돈을 많이 번다면 드리스의 예산제약선도 〈표 2〉처럼 밖으로 이동할 것이다.

<표 2> 소득 증가에 따른 예산제약선 이동

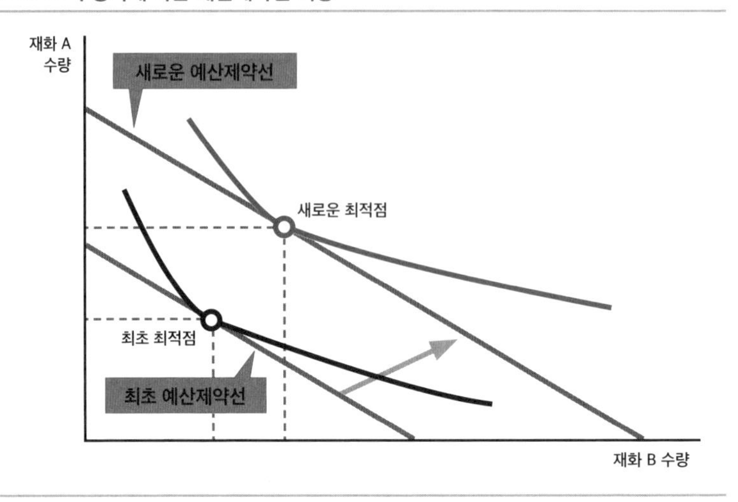

소득의 증가는 예산제약선을 밖으로 이동하게 해 새로운 최적점이 생긴다

드리스는 미술관에서 본 그림처럼 캔버스에 자신이 원하는 대로 물감을 뿌리며 그림을 그리기 시작한다. 어느 날 필립은 자신의 집을 찾은 친구에게 드리스의 작품을 소개한다. 필립은 이 작품을 유망한 신인 화가의 작품이라며 "런던과 베를린에서 전시될 예정이야"라고 말한다. 필립이 부른 가격은 1만 1,000유로(약 1,400만 원). 이 말을 들은 필립의 친구는 이렇게 말하며 드리스의 그림을 산다. "나중에 가치가 오를 수도 있는데……."

예술경영지원센터에서 발표한 '미술시장 실태 조사'에 따르면 2019년 국내 미술품 거래 규모는 약 4,400억 원이다. 하지만 필립과 그 친구의 사례와 같은 개인 간 거래는 잘 드러나지 않고 음지에서 이뤄지는 경우가 많다는 점에서 혹자는 국내 미술시장 규모가 최소 1조원은 된다는 추정을 내놓기도 한다.

미술 작품은 재테크 수단으로도 각광을 받는다. 무명작가의 미술 작품을 샀는데 그 작가가 유명인이 된다면 가치가 수십 배에서 수백 배 뛸 수도 있기 때문이다. 고액 자산가의 전유물이던 미술품 거래 시장이 최근에는 일반인을 대상으로 열리고 있다. 수천만 원에서 수십억 원을 호가하는 미술품 하나를 사는 게 어려우니 각각 작품의 지분을 사서 공동소유하자는 아이디어에서 출발했다. 미술품 공동투자 전문 플랫폼 아트투게더와 핀테크 업체 핀크가 운영하는 '아트투자' 서비스가 대표적이다. 2020년 5월 앤디 워홀의 유명작 〈러브〉는 공동구매가 시작되자 10분 만에 완판되기도 했다. 주식처럼 작품의 가치가 올랐을 때 자신의 지분만큼만 타인에게 판매해 차익을 남길 수 있다.

자네, 페인트칠 좀 한다면서?

〈아이리시맨〉 노동조합의 경제학

노조-마피아-권력의 3자 결탁

프랭크 시런(로버트 드니로 분)은 아일랜드 이민자 출신 트럭 운전사다. 어느 날 우연히 마피아 두목인 러셀 버팔리노(조 페시 분)를 만나면서 평범한 운전사에서 '버팔리노 패밀리'의 행동대장으로 변신한다. 물론 그의 내면에는 제2차 세계대전 참전 중 눈 하나 깜빡이지 않고 포로를 무참히 죽였던 잔혹함이 자리 잡고 있다.

프랭크는 버팔리노의 소개로 당시 미국 최대 노조이던 국제트럭운전사조합(IBT)의 위원장 지미 호파(알 파치노 분)와 알게 된다. 호파가 대뜸 "자네, 페인트칠 좀 한다면서?"라고 묻자, 프랭크는 "네, 목공일도 좀 합니다"라고 대답한다. 페인트칠은 피로 벽을 칠한다는 뜻에서 마피아 세계에서 킬러의 은유적 표현이고, 목공일은 시체 처리를 의미한다. 살인청부는 물론 뒤처리까지 가능하다는 프랭크의 대답에 만족한 호파는 그를 시카고로 데려오고, 그렇게 프랭크는 약 20년 동안 마피아 총잡이이자 노동조합의 간부로 활약한다.

미국 갱스터 누아르계의 대부 마틴 스코세이지 감독의 〈아이리시맨〉은 제92회 아카데미 시상식에서 봉준호 감독의 〈기생충〉과 작품상을 두고 격전을 펼치기도 했다. 〈아이리시맨〉은 프랭크를 통해 1950~1960년대 미국의 부패한 거대 노동조합 문제를 3시간 반의 러닝타임에 걸쳐 그려낸다.

영화 속 버팔리노 패밀리는 세탁업부터 대부업, 부동산개발업까지 그야말로 문어발식 사업 확장을 보여준다. 권력과의 결탁은 필수조건이다. 마피아식 사업 확장은 거침이 없다. 경영 원칙은 단순하다. 인위적으로 독점 상태를 만드는 것이다. 세탁업에 진출해 덤핑 수준의 가격으로 지역 일감을 쓸어가자, 위기에 몰린 경쟁업체가 청부업자를 고용해 영업을 방해하려는 장면이 나온다. 이 사실을 알게 된 마피아는 프랭크를 시켜 경쟁사 사장을 암살한다.

독점은 '자연 독점'과 '인위적 독점'으로 구분된다. 자연 독점은 진입장벽 때문에 어쩔 수 없이 소수의 공급자가 시장을 장악하는 상태를 말한다. 전기나 통신처럼, 막대한 초기비용과 규모의 경제가 필요한 산업이 대표적이다. 이 경우 가격 독점으로 이어지는 것을 막기 위해 정부가 가격통제권을 갖는다.

마피아가 개입하는 독점은 다르다. 진입장벽을 인위적으로 쳐 경쟁자가 발을 붙일 수 없도록 한다. 독점을 위해 필요하다면 수단과 방법을 가리지 않는다. 정치권력도 수단으로 동원한다. 버팔리노 패밀리는 쿠바의 카지노와 호텔 독점사업권을 노리고 당시 케네디 정권과의 결탁도 서슴지 않는다. 프랭크를 시켜 트럭으로 군수물자를 실어 정부에 대주고, 쿠바 카스트로 정권 붕괴를 노린 피그스만 침공 작전을 지원한다. 사업에 방해가 되면 대통령조차 제거 대상이다. 종반부로 치닫는 과정에서 이권사업을 놓고 호파와 사이가 틀어진 버팔리노가 "대통령도 제거하는 자들인데 노조위원장이 대수겠어"라고 호파 암살을 지시하는 장면이 나오는데, 이는 존 F. 케네디 대통령의 죽음에 마피아가 연관돼 있다는 암시로 읽힌다.

〈아이리시맨〉에서 트럭노조 IBT는 세 확장을 위해 마피아와 손잡고 정치권력과도 결탁하지만 때로는 갈등하고 대립하는 장면이 줄곧 등장한다. 노조와 범죄조직, 그리고 정치인이라는 어색한 조합은 어떻게 엮이게 됐을까.

1950년대는 그야말로 미국 노동조합의 전성기였다. 1935년 기업의 노동조합 방해 행위를 금지한 와그너법이 기름을 부었다. 호파는 1935년 당시 회원이 14만 명에 불과했던 IBT를 230만 명에 달하는 거대 조합으로 키우고, 프랭크의 설명대로 "50년대에는 엘비스, 60년대에는 비틀스만큼 유명한" 거물이 된다.

"우리 트럭이 멈추는 날, 미국이 멈춘다"는 호파의 연설은 단순한 허풍이 아니었다. 호파는 기습파업, 동조파업 등 노동조합의 조직력을 극대화한 전술로 미 전역의 트럭업체를 차례로 굴복시켰다. 이 과정에서 마피아의 물리력을 세 확장에 이용한다. 디트로이트의 택시 운전사들이 IBT에 가입하지 않으려 하자 호파는 프랭크를 시켜 이들의 차량을 모두 폭파시키고, 그들을 조합원으로 끌어들인다.

마피아는 노조를 도와준 대가로 IBT가 운영하는 대규모 연금을 자신들의 사업에 투자하도록 한다. IBT는 정권과도 끊임없이 관계를 맺는다. 1960년 대선에서는 공화당의 닉슨 당선을 도왔다가 케네디 정권의 미움을 받아 호파가 구속된다. 1969년 대선에서 닉슨이 승리하자 보석으로 풀려난다.

경제적 자원 손실 불러온 거대 노조

거대 노조는 사회 전체의 비효율과 자원 손실을 불러온다. 여느 시장과 마찬가지로 노동시장은 근로자의 노동 공급과 기업의 노동 수요가 균형을 이뤄 형성된다. 노동조합은 조합원의 임금 상승과 고용안정을 추구한다. 자연적인 시장에서 높은 임금과 고용안정을 동시에 추구하는 것은 어렵다. 경제학에서의 '노동 수요 임금 탄력성' 때문이다. 다음의 〈표 1〉에서 보듯이 정상적인 시장에서는 임금이 시장 균형 수준보다 높게 유지되면 노동 , 즉 구직자는 L2 수준으로 나오는 반면, 노동 수요는 L1 수준으로 줄어든다. 그 결과 노동에 대한 초과 공급, 즉 비자발적 실업(L2-L1)이 발생한다.

하지만 거대 노조는 이를 무시하고 시장에 개입한다. 법적으로 보장된 집단교섭권이나 파업권은 물론 마피아 조직을 동원한 불법적 수단도 서슴지 않는다. 〈아이리시맨〉에 등장하는 IBT가 전형이다. 노조 개입은 시장 왜곡을 초래한다. 개별 근로자의 숙련도나 시장가치와 어긋난 임금체계를 마련하고, 결과적으로 시장 전체의 임금 수준을 자연 균형 위로 끌어올린다.

노조의 울타리 안에 들어간 노조원은 온전히 임금 상승의 프리미엄

<표 1> 노동 수요·공급 곡선

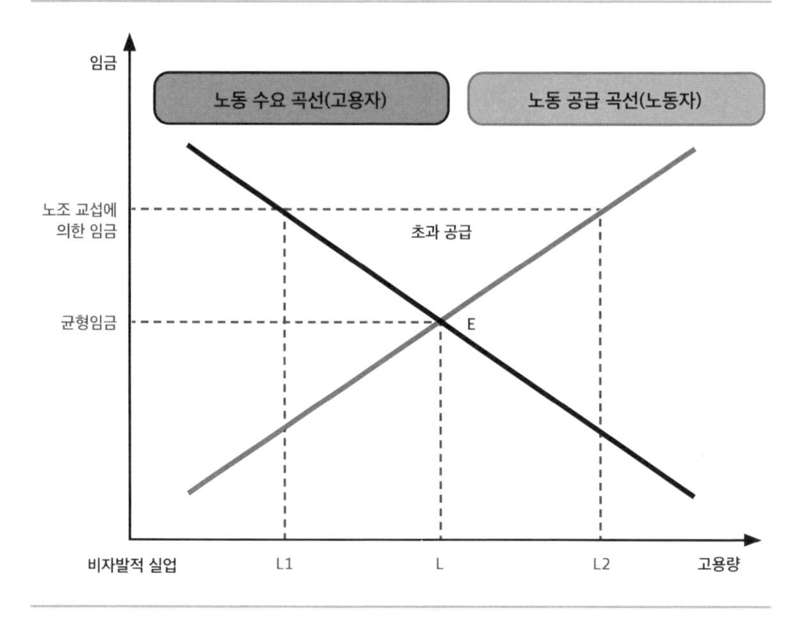

을 누리지만 노조에 가입하지 않은 근로자나 새롭게 시장에 진입하는 저숙련 근로자는 일자리를 잃을 수도 있다. 경제학은 이 같은 비효율을 '사중손실(deadweight loss)'이라고 설명한다.

미국 제조업 몰락 초래한 노조 권력

미국 거대 노조의 활동은 미국 제조업 몰락의 주요 원인 중 하나로 지적된다. 그 중심에는 디트로이트가 있다. 〈아이리시맨〉에서 호파의 최대 지지 기반도 디트로이트로 묘사된다. 한때 디트로이트는 미국에서

네 번째로 많은 인구를 자랑하는 미국 자동차산업의 수도였다. 미국 자동차노조(UAW)는 1930년대 디트로이트에서 탄생해 자동차산업 특유의 고임금 구조를 형성하는 데 기여했다. 미국 자동차산업의 호시절에 이런 고임금 구조는 미국의 탄탄한 중산층을 떠받치는 기반이었다.

그러나 한국과 일본을 필두로 자동차산업의 글로벌 경쟁자들이 나타나자 미국 자동차산업의 고임금 구조는 더 이상 버티기 힘들었다. 가격경쟁력에서 밀린 미국 자동차산업과 디트로이트는 수십 년에 걸친 몰락을 이어갔다. 2013년, 디트로이트시는 파산보호 신청을 하게 된다.

3시간 반의 러닝타임 끝에 카메라는 21세기의 프랭크를 비춘다. 그는 어느 요양원에 입원해 죽을 날만을 기다리고 있다. 4명의 딸은 누구도 프랭크를 찾지 않는다. 그는 자신의 가족과 조직을 지키기 위해 모든 것을 바쳤다고 항변한다. 그러나 폭력으로 지켜낸 가족과 조직은 모두 허무하게 무너졌다.

미국 제조업의 부흥기에 부상해 자본주의 역사상 유례없는 권력을 자랑하던 미국의 노동조합들은 제조업과 함께 몰락했다. 1983년 20.1%에 달하던 미국 근로자의 노동조합 가입률은 2019년 기준 10.3%까지 떨어졌다. 민간기업 근로자의 가입률은 6.2%에 불과하다.

〈아이리시맨〉 속 노조위원장 지미 호파는 자신이 대기업과 정부를 상대로 미국 트럭 운전사들의 임금과 고용을 지켜내고 있다고 여러 차례 자랑한다. 그렇다면 그런 노력의 가장 큰 피해자는 누구일까. 경제학은 그 답이 다른 직종의 근로자들이라고 이야기한다.

<표 2> 꾸준히 하락하는 미국 노조 가입률 (단위 : %)

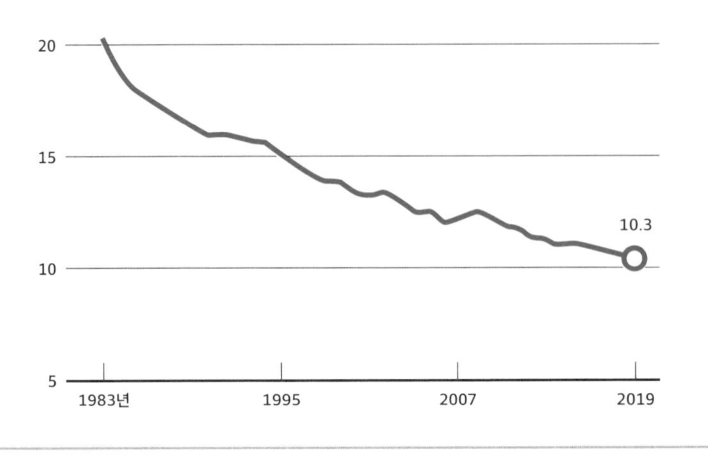

자료 : 미국 연방노동통계국(BLS)

노조가 소속 근로자의 임금을 끌어올릴 경우, 노조원(내부자)은 상승한 임금의 혜택을 누리지만 전체적으로 노동 수요는 감소한다. 노동 수요 감소는 거꾸로 실업 증가를 뜻하는데, 일자리를 잃게 된 사람은 대부분 노조의 울타리 밖에 있는 비노조 근로자(외부자)들이다.

여기서 일자리를 잃은 비노조 근로자가 택할 수 있는 선택지는 두 가지다. 실업 상태를 유지하면서 언젠가 노조가 존재하는 직종에 채용돼 자신도 노조 프리미엄을 누리기를 기다리거나, 노동조합이 형성되지 않은 직종에서 새로운 일자리를 찾는 것이다. 경제학에서는 전자를 '대기 실업자', 후자를 '파급 효과'라고 부른다. 노동조합이 형성되지 않은 부문에는 노동 공급이 확대됐기 때문에 임금 수준을 보호할 노동조합이 없는 기존 근로자들은 덩달아 임금이 하락한다.

일반적으로 시장 참여자가 상품의 가격을 높이기 위해 담합하는 행

<표 3> 한국의 노동조합 조직률 (단위 : %)

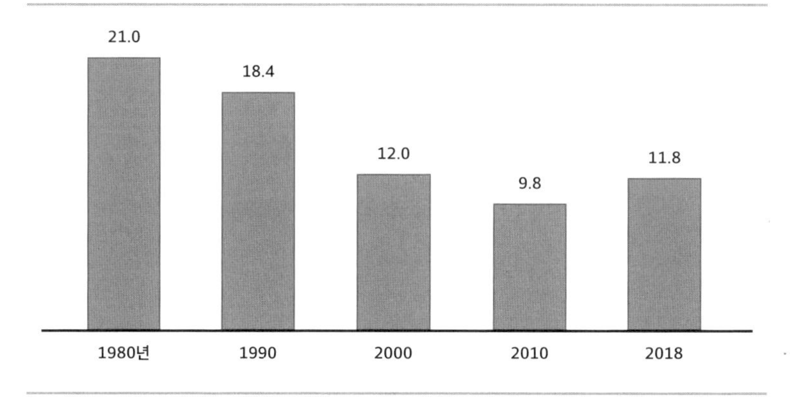

* 매년 12월 31일 기준
* 조직률 산정 방식 : 조합원 수/조직 대상 근로자
자료 : 고용노동부 '전국 노동조합 조직 현황'

위는 불법이다. 하지만 노동조합은 사실상 예외를 인정받고 있다. 노조끼리 연합해 임금 인상을 담합하는 행위는 사적 활동으로 묵인된다. 고용주에 비해 노동조합은 상대적인 약자라는 인식이 강하기 때문이다. 하지만 노조는 정치세력화를 통해 고용주보다 훨씬 더 큰 힘을 갖게 되기도 한다.

노조의 과도한 권력화는 여러 부작용을 낳는다. 노동조합 조직률이 10%대에 불과하고 고용 형태와 기업 규모에 따른 임금 격차가 큰 한국에서는 더욱 그렇다. 전체 근로자의 10%에 불과한 노조의 권력화를 제한하고 고용유연화를 이뤄야 나머지 90%와의 임금 격차도 사라질 것이라는 주장이 나오는 이유다.

해고도 인간적이어야

〈인 디 에어〉 노동시장의 경제학

"출입증 반납하시고 이제 소지품 챙겨 집으로 가세요. 일과를 정해놓고 운동하다 보면 곧 기운을 되찾을 거예요."

라이언 빙햄(조지 클루니 분)은 매일 다른 도시의 낯선 사무실을 찾아 처음 마주한 사람에게 미소와 함께 이 같은 말을 던진다. 라이언이 1년 중 집 밖에 나가 있는 날은 322일. 집보다 비행기와 호텔에 머무는 시간이 길지만 누구보다 이런 생활을 즐긴다. 그에게 행복한 삶이란 안정적인 가정과 아늑한 집을 뜻하지 않는다. 집이란 답답한 곳이고 누군가와 사랑에 빠져 가정을 꾸리는 건 한심한 일일 뿐이다.

라이언의 직업은 '해고 통보 대행 전문가.' 그의 직장은 고객(기업)의 요청을 받으면 직원들을 전국 각지로 보내 고용주 대신 해고 통보를 해주는 해고 대행업체다. 해고 통지를 받은 사람들이 갑작스럽게 울음을 터뜨리거나 욕설을 퍼부어도 그 감당은 해고를 통보한 사장이 아니라 라이언의 몫이다. 그는 "우리 회사는 방금 해고당한 스티븐의 상사 같은 겁쟁이들을 대신해 직원을 해고하는 일을 한다"고 자랑스럽게 자신을 소개한다.

라이언이 돈을 벌 수 있는 것은 기업의 해고가 자유롭기 때문이다. 라이언의 회사 대표 크레이그 그레고리(제이슨 베이트먼 분)는 "소매업계 수입은 20% 줄고 자동차업계는 휘청거리고 부동산업계는 풍전등화야. 미국 역사상 이런 위기는 없었고 다시 말해 우리에겐 좋은 기회야"라고 말한다. 이는 미국에선 기업의 해고가 비교적 자유롭기 때문에 가능한 일이다. 이를 경제학에서는 노동유연성이 높다고 표현한다. 노동유연성이 높으면 고용주가 근로자를 쉽게 해고할 수 있어 노동자의 근로 안정성은 떨어진다. 반면 노동유연성이 낮으면 신규 채용이 줄어들어 청년실업률은 올라가게 된다.

〈표 1〉은 경제협력개발기구(OECD) 회원국의 노동유연성 순위를 보여준다. 미국은 OECD 36개국 중 두 번째로 노동유연성이 높은 데

〈표 1〉 OECD 국가의 노동유연성

순위	국가	점수
1	스위스	76.8
2	미국	73.7
8	일본	69.9
10	영국	69.2
13	독일	68.0
	OECD 평균	63.4
18	프랑스	63.2
27	이탈리아	58.7
34	한국	54.1

자료 : 세계경제포럼

비해 한국은 34위로 최하위다. 국내에서는 근로기준법상 근로자를 해고하려면 긴박한 경영상의 이유, 노조와의 협의, 고용노동부 장관의 허가 등 까다로운 조건을 충족해야 한다. 사실상 정리해고가 불가능한 구조다. 한국만의 독특한 연공서열형 임금체계, 즉 호봉제도 노동유연성을 떨어뜨리는 데 한몫한다. 해고는 못하는데 시간이 지나면 성과와 상관없이 임금은 올라가기 때문이다. 이런 경직된 노동시장은 OECD 최고 수준의 노동시간과 동시에 최하위의 생산성이라는 결과를 불러왔다.

갑작스레 찾아온 언택트 신드롬

라이언이 유연한 노동시장의 혜택을 보며 미국 전역을 누비고 다니던 때 크레이그는 본사로 모두 집결하라는 통보를 내린다. 각지에서 온 직원들을 앉혀놓고 크레이그는 폭탄 발언을 한다. 해고를 비대면으로 전환한다는 것. '스펙' 좋은 신입 직원 나탈리 키너(애나 켄드릭 분)의 제안에서 시작됐다. 비행기를 타고 전국을 돌아다니며 해고하는 걸 모두 영상통화로 대체하면 출장비용을 크게 줄일 수 있다는 것이다.

나탈리는 모든 해고 전문가가 보는 앞에서 동료 직원을 영상통화로 해고하는 시범까지 선보인다. 그러면서 업무 방식 변화가 직원들에게도 도움이 될 것이라고 말한다. "이제는 크리스마스에도 가족과 함께 할 수 있고 비행기를 기다리며 시간을 보낼 필요도 없습니다. 가정으로 돌아가세요." 하지만 가족과 보내는 시간이 싫고 비행기를 기다리는 시간이 낙인 라이언에게는 청천벽력 같은 소식이었다.

영화는 코로나19 사태로 모든 것이 비대면으로 전환되는 우리 현실과도 맞닿아 있다. 코로나19 사태 이후 직장의 재택근무와 화상회의는 일상이 됐다. 식당에 가도 주문은 키오스크로 할 수 있고 쇼핑과 은행 업무까지 모두 모바일 앱으로 이뤄진다.

2020년 한 해 없어진 4대 시중은행 영업점은 222개나 된다. 패스트푸드점 롯데리아와 맥도날드 매장 중 키오스크가 설치된 매장은 각각 75%와 65%에 달한다. 인건비를 줄이고 업무를 효율적으로 하려는 기업의 움직임과 대면 접촉을 꺼리는 소비자들의 움직임이 맞아떨어진 결과다.

출장비용 0 되니 한계비용도 뚝

경제학에서는 기업의 총비용을 고정비용과 가변비용으로 나눈다. 고정비용은 아무것도 생산하지 않아도 계속 지출되는 비용을 말한다. 사무실의 임차료, 라이언에게 주는 월급이 여기에 포함된다. 하지만 라이언이 지출하는 출장비는 일거리에 따라 달라진다. 경기가 너무 좋아 이들이 대행할 해고 업무가 줄어들면 비용이 감소하고, 해고를 원하는 회사가 미국 전역에 생기면 출장비도 늘어난다. 출장비처럼 생산량에 따라 달라지는 비용을 가변비용이라 말한다. 기업이 생산량을 한 단위 늘릴 때마다 필요한 총비용의 증가분은 한계비용이라고 한다.

<표 2> 효율적 생산량

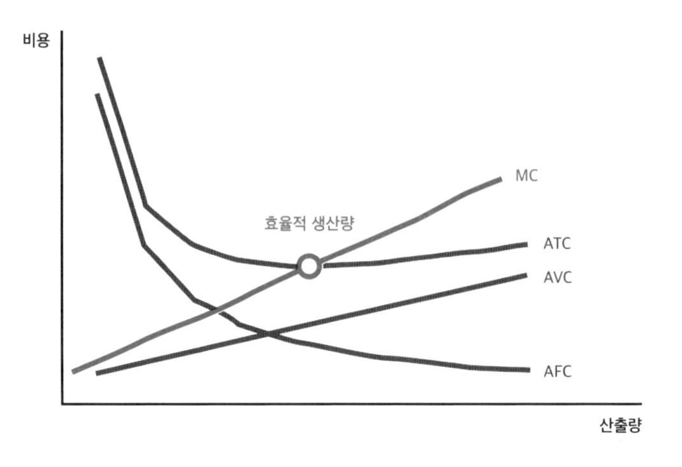

나탈리는 비대면 전환으로 회사 출장비를 85%까지 줄일 수 있다고 말했다. 회사 출장비가 상당 부분을 차지하던 가변비용이 크게 줄어드는 것이다. 고정비용이 일정한 상황에서 가변비용이 감소하면 한계비용도 줄어들게 된다. 〈표 2〉에서 한계비용(MC) 곡선의 기울기는 낮아진다.

일반적으로 U자형을 그리는 평균 총비용(ATC) 곡선의 최저점은 한계비용 곡선과 만나게 되는데 이를 '효율적 생산량'이라고 말한다. 한계비용 곡선의 기울기가 낮아진다는 건 효율적 생산량도 높아진다는 걸 의미한다.

라이언은 나탈리의 제안을 말도 안 되는 일로 치부한다. "자네 열정은 이해하는데 현실을 너무 모르는 것 같아. 인간에게 감정이 있다는 걸 고려해야지." 보험료와 항공료를 얘기하며 나탈리의 제안을 밀어

붙일 것이라는 크레이그의 말에 라이언은 소리친다. "컴퓨터를 쓰기 시작하면 우리 모두 쓸모없는 존재가 된다는 걸 모르세요?" 크레이그는 답한다. "쓸모없게 되는 건 자네지."

비대면 이별과 비대면 해고

크레이그는 라이언에게 출장에 나탈리를 데리고 다니면서 '대면 해고'의 중요성을 설득해보라고 한다. 하루에도 몇 번이고 공항을 들락날락하는 라이언에게 커다란 가방에 베개까지 넣고 공항에 나타나는 나탈리는 이해 안 되는 짐일 뿐이다. 나탈리도 라이언을 이해하지 못하는 건 마찬가지다. 이상형이 확고하고 결혼과 출산의 구체적인 시점까지 계획하는 나탈리에게 사랑을 믿지 않는 라이언은 이해되지 않는 존재다.

'비대면 해고'를 제안한 나탈리였지만, 자신을 따라 낯선 타지로 오게 한 남자친구에게 받은 것은 헤어지자는 '비대면 이별' 통보. 설상가상으로 라이언을 따라다니며 처음으로 해고한 사람은 얼마 후 스스로 목숨을 끊는 극단적인 선택을 한다. 결국 나탈리는 충격을 이기지 못하고 퇴사한다. 나탈리가 선택한 퇴사 통보 역시 문자 메시지. 비대면 해고 방안을 극찬한 크레이그도 '비대면 사표'에는 "예의가 없다"며 화를 낸다.

결국 회사는 원래 방식대로 돌아간다. 비대면 해고 방안을 중지시키겠다는 크레이그의 말에 라이언이 묻는다. "이번 출장은 얼마나 걸

리죠?" "기약 없어." 가장 비인간적인 일인 해고마저도 비대면이 대면의 감성을 따라가지 못해서일까. 세상에는 기술만으론 대체가 안 되는, 인간의 감성이 필요한 영역이 여전히 남아 있다.

항공사 마일리지는 왜 선망의 가치가 됐을까

"1,000만 마일은 지금껏 6명만 달성했어. 달에 간 사람도 그보단 많다고."

1년 중 322일을 비행기를 타고 돌아다니는 라이언은 '1,000만 마일'을 달성하는 게 유일한 목표다. 마일리지는 거리 단위인 마일의 수를 뜻한다. 영화 〈인 디 에어〉의 배경이 되는 항공사인 미국 아메리칸항공에서 처음으로 도입했다. 비행기를 타는 것이 대단한 일이던 시절, 자사 항공편을 계속 탑승해달라는 목적에서 시작했다.

이제는 항공사는 물론 동네 PC방에서도 자사의 포인트 제도를 마일리지라고 표현할 정도로 적립금, 포인트와 동의어처럼 여겨지기도 한다. 라이언은 남들이 체크인 카운터 앞에 긴 줄을 설 때 사람 하나 없는 우수회원 전용 카운터로 직행한다. 항공사의 멤버십 포인트일 뿐인 마일리지 제도에 많은 사람이 열광하는 이유는 이런 희소성에 있다.

'희소성의 원리'는 어떤 재화의 공급량이 한정돼 있을 때 수요와 공급의 균형을 맞추기 위해 가격이 더 높은 수준에서 결정되는 것을 말한다. 우수회원이 되면 우선 체크인, 항공기 우선 탑승, 수하물 우선

처리 등 '우선'의 자격이 주어진다. 라이언은 마일리지 제도를 이해하지 못하는 나탈리에게 "난 마일리지 적립이 안 되는 일엔 가능한 한 돈을 안 써"라고 말한다. 라이언은 모든 걸 마일리지가 적립되는 신용카드로만 결제한다. 결제 시 1,000원당 1마일리지를 주는 신용카드가 보편화되며 국내에서도 비행기 한 번 안 타고 마일리지를 쌓는 일이 흔해졌다. 자연스레 항공 마일리지의 희소성도 크게 떨어졌다.

항공 마일리지가 흔해지다 보니 마일리지를 카드사 등에 판매해 항공사들이 벌어들이는 수익도 막대해졌다. 〈표 3〉은 세계 주요 항공사의 마일리지 프로그램 수익을 보여준다. 소비자들이 마일리지를 쓰는 빈도가 높아지자 항공사들은 소비자에게 불리하도록 마일리지 사용제도를 '개악'하기도 한다.

여느 때처럼 라이언이 비행기에서 상공을 날고 있을 때 기내 안내

<표 3> 세계 주요 항공사의 마일리지 수익 (단위 : 억 달러)

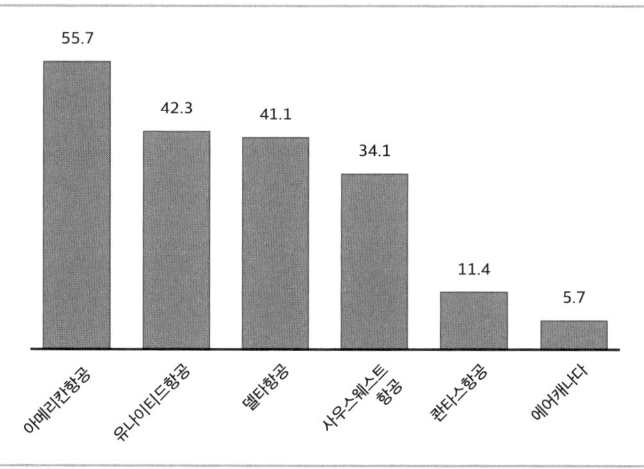

자료 : 스타티스타

방송이 나온다. "특별한 소식을 전해드립니다. 더뷰크 상공을 지나는 이 순간 여러분 중 한 분이 1,000만 마일을 달성했습니다." 하필이면 난생처음으로 사랑의 감정을 느낀 알렉스가 유부녀인 것을 알게 돼 절망감에 빠져 있을 때였다. 라이언은 이날 꿈꾸던 세계에서 일곱 번째 '1,000만 마일러'라는 희소성 높은 자격을 얻었지만 우울했다. 정작 많은 사람이 보편적으로 누리는 사랑을 갖지 못해서다.

열정은 은퇴하지 않는다

〈인턴〉 노인 일자리의 경제학

30세 CEO와 70세 인턴

공원에서 요가를 하고 마일리지를 털어 세계 여행을 하며 여유로운 생활을 즐기던 벤(로버트 드니로 분)은 어느 날 밤 침대에서 일어나 양복을 차려입고 카메라 앞에 앉는다. 인턴에 지원하기 위한 자기소개 영상을 찍기 위해서다. 벤은 70세의 백발 신사. 카메라 앞에 앉은 벤은 이렇게 말한다. "프로이트는 '사랑과 일, 일과 사랑, 그게 전부'라고 말했어요. 그런데 전 은퇴했고 아내는 세상을 떠났어요."

2015년 개봉한 낸시 마이어스 감독의 영화 〈인턴〉은 은퇴한 70세 노인이 30세 워킹맘 CEO 밑에서 인턴으로 일하며 서로에게 인생의 새로운 면을 알게 해주는 스토리를 담았다.

첫 출근 전날 밤 벤은 구두, 가죽 서류가방과 깔끔하게 다린 양복을 정리해두고는 중얼거린다. "다시 전쟁터로 간다. 하느님, 감사합니다." 다음 날 출근한 새 직장은 여러모로 달랐다. 사장은 회사 안에서 자전거를 타고 이동하고, 누군가 벽에 달린 종을 울리며 "오늘 인스타그램 '좋아요'가 2,500개로 신기록 달성했어"라고 외치면 직원 모두가 환호하며 박수를 친다. "회사 드레스코드는 슈퍼 캐주얼이니까 정장 차림으로 출근하시지 않아도 돼요"라는 사장의 말에 벤은 답한다. "저는 양복이 더 편합니다."

벤이 인턴을 시작한 곳은 의류 쇼핑몰 스타트업 어바웃더핏. 초등학생 딸을 둔 워킹맘인 줄스 오스틴(앤 해서웨이 분)이 이곳의 CEO다. 줄스는 회사를 집 부엌에서 창업해 18개월 만에 220명의 직원을 거

<표 1> 한국의 고령화 현황

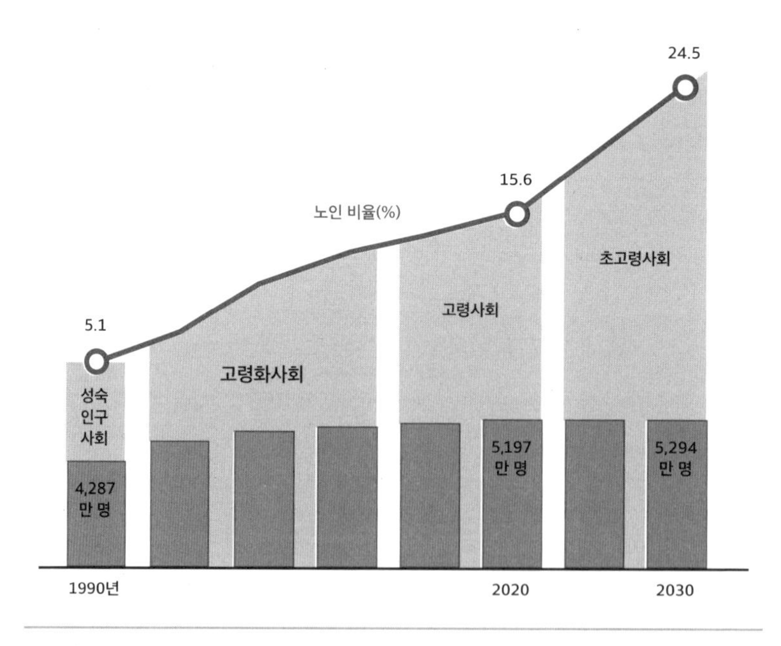

* 2020년 이후는 추정치
자료 : 통계청

느린 스타트업으로 성장시켰다. 하지만 줄스는 벤이 자신의 인턴으로 있는 게 영 못마땅하다. 벤의 채용은 회사가 자신의 뜻과 상관없이 사회공헌 차원에서 시작한 노인 인턴 프로그램의 일환이었기 때문이다.

벤과 같이 은퇴 후 제2의 삶을 찾아 경제활동에 다시 뛰어드는 노인을 '액티브 시니어'라고 한다. 영화의 배경이 된 미국을 비롯해 세계 각국에서 노인인구 비중은 급속도로 늘고 있다. 평균수명이 늘어나는 데 비해 출산율은 갈수록 떨어지기 때문이다. 한국은 2017년 전체 인구에서 65세 이상 고령 인구가 차지하는 비율이 14%가 넘는 고령사회로 진입했다. 2025년이면 〈표 1〉처럼 이 비율이 20%가 넘어 초고령사회로 들어설 전망이다. 청년 5명이 노인 1명을 부양해야 하는 상황 속에서 벤과 같은 노인들을 경제활동에 다시 참여시켜 경제 활성화와 성장을 꾀하는 걸 '시니어노믹스'라고 한다.

노인 일자리 창출은 동전의 양면

벤은 한때 잘나가던 전화번호부 제조회사에서 임원으로 은퇴했다. 40여 년간 한 직장에서 일한 벤은 은퇴한 뒤 곧바로 실업자였을까. 국제노동기구는 실업자를 '지난 4주간 적극적으로 일자리를 찾아다닌 사람'이라고 정의한다. 은퇴 후 구직활동을 하지 않고 여행, 요가, 중국어, 태극권 등 여가생활만 즐겼던 벤은 여기에 포함되지 않는다. 경제학에서는 벤과 같은 은퇴자, 전업주부, 학생 등 구직활동을 하지 않는 사람을 '비경제활동인구'로 분류한다. 경제활동인구는 일을 하는 취업자와 일을 하지는 않지만 할 의향이 있는 실업자의 합이다.

벤도 인턴을 시작한 순간 경제활동인구로 다시 편입됐다. 자연스레 벤의 취업은 고용률에 영향을 미친다. 고용률은 생산가능인구에서 취업자가 차지하는 비율을 말한다. 반대로 실업률은 떨어진다. 실업자는 그대로인데 경제활동인구는 늘었기 때문이다. 정부가 각 주민센터의 무인발급기 안내 도우미로 노인 공공인턴을 수천 명 선발하면 실업률은 떨어지고 고용률은 오른다. 벤과 이들의 차이는 고용주체가 각각 시장과 정부라는 점이다.

노인 일자리 문제는 청년실업과도 밀접한 연관이 있다. 벤은 2명의 다른 노인 인턴, 1명의 청년 인턴과 함께 입사한다. 줄스의 회사가 사회공헌 측면을 고려하지 않았다면 인턴 세 자리 모두 청년에게 갔을 가능성도 있다.

영화의 배경이 된 미국에는 정년이라는 개념이 없다. 미국은 1967년 '연령에 의한 고용차별 금지법'을 제정한 이래 1986년 정년제도를 아예 없앴다. 한국과 같은 공채제도도 없다. 시기와 상관없이 기업이 원할 때 원하는 사람을 뽑을 수 있다. 능력만 있다면 2030세대 젊은이나 7080세대 노인이나 취업의 문은 동일하다. 법적으로 65세 정년이 정해져 있고 많은 기업이 연중 일정한 시기에 신입 직원들을 한꺼번에 채용하는 공채제도가 보편화한 한국과 비교하면 미국 노동시장은 '완전경쟁'에 가깝다.

완전경쟁 노동시장에서 기업은 시장의 힘에 의해 결정된 균형임금 수준에서 자신이 원하는 만큼 얼마든지 노동을 공급받을 수 있다. 노동시장에서 개별기업의 노동 공급 곡선은 〈표 2〉처럼 균형임금 수

<표 2> 임금과 노동자 수

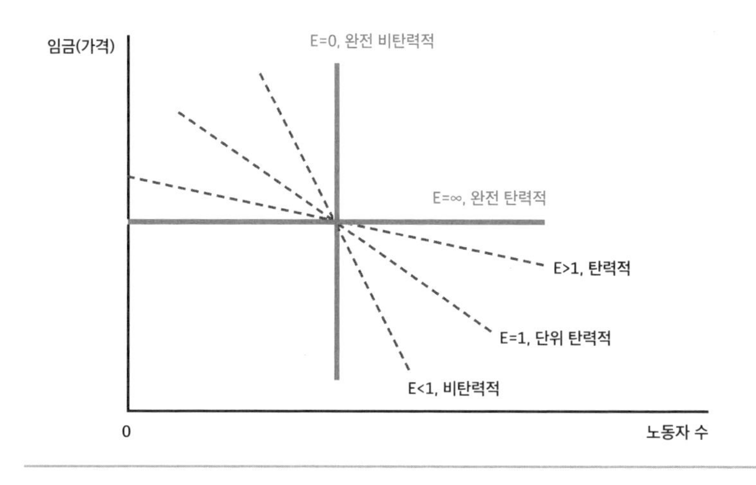

준에서 수평 형태를 띤다. 경제학에서 '탄력성'은 수요량 및 공급량이 그 결정 변수의 변화에 반응하는 정도를 말하는데, 완전경쟁 노동시장에서 노동자 수는 가격 변화에 따라 완전 탄력적으로 움직이게 된다.

미국기업들이 코로나19 위기를 맞아 직원들의 고용을 자유자재로 조정하는 것도 이런 완전경쟁 노동시장에 가깝기 때문에 가능한 일이다.

부하직원에서 조언가로

영화에서 시니어 인턴에 회의적이던 줄스는 벤의 연륜과 노하우에 점차 마음을 연다. 어느 날 벤은 회의실에 들어갔다가 울고 있는 줄스를 발견한다. 외부에서 CEO를 영입하는 것을 고려해야 한다는 직원의 의견을 듣고 나서다. "내 아이디어를 다른 사람에게 일일이 보고해야 하면 내가 어떻게 마음대로 일할 수 있겠어요?"

직원의 권고대로 줄스도 외부 인사 영입에 대해 진지하게 고민하기 시작한다. 후보자 면접을 위해 벤과 함께 뉴욕에서 샌프란시스코까지 찾아간 줄스는 외부 CEO를 영입하기로 결심한다. 출장에서 돌아와 남편에게 소식을 전하며 줄스는 이렇게 말한다. "회사에서 다른 사람과 중요 결정을 분담하면 우리가 예전으로 돌아갈 수 있을지도 몰라. 엎지른 물을 다시 담을 수는 없을지 몰라도."

줄스가 외부 CEO 영입을 결심하게 된 것은 사실 남편의 외도 때문이었다. 자신이 회사 일에서 벗어나 가정에 더 전념하면 어린 딸을 돌보기 위해 퇴사하고 전업주부가 된 남편이 자신에게 돌아올 수 있을 것이라는 기대 섞인 희망을 한 것이다. 최종 결정 날 아침 줄스는 벤을 찾아간다. 줄스를 옆에서 지켜봐온 벤은 이렇게 말한다. "이 회사는 사장님 꿈 아닌가요? 그런데 남편이 바람을 피우지 않을 거란 희망 때문에 꿈을 버린다고요?"

한때 벤을 다른 부서로 옮기려고까지 했던 줄스는 벤의 조언을 받아들인다. 영화는 나이가 뒤바뀐 듯한 상사와 인턴 관계에서 나이를 초월해 베스트 프렌드가 된 두 사람이 같이 태극권을 하며 미소짓는 장면으로 마무리된다.

한정된 일자리 놓고 아버지와 아들 서글픈 자리 싸움

"처음엔 은퇴생활이 참신해서 즐겼어요. 무단결근하는 느낌이었거든요."

영화 〈인턴〉의 도입부에서 벤은 자신의 은퇴생활에 대한 소회를 이렇게 밝힌다. 벤은 궂은 날씨에도 오전 7시 15분이면 집을 나서 스타벅스로 향한다. "뭐라 설명할 수 없지만 어딘가의 구성원이 된 것 같아서"라고 이유를 설명한다. 여행과 각종 취미생활까지 하지만 공허함은 채울 수 없다. 40여 년간 한결같이 직장으로 출근하던 생활이 그리워서다.

벤은 은퇴했지만 정년퇴직자는 아니다. 국내에서는 60세라는 정년을 규정하고 있지만 미국, 영국, 캐나다, 호주 등은 정년제도를 연령에 의한 고용차별로 보고 폐지했다. 이 국가들에서는 판사, 조종사, 경찰 등 일부 직종에만 정년제도를 운용하고 있다.

기대수명이 크게 늘어나며 국내에서는 정년 연장 이슈가 뜨겁다. 정부가 2020년 8월 발표한 '인구 구조 변화 대응 방향'이 기름을 부었다. 하반기에 경로우대 제도 개편 논의에 들어가겠다는 것이 핵심이다. 경로우대 대상 연령이 65세에서 70세로 상향될 것이란 관측이 지배적이다.

65세는 경로우대뿐 아니라 기초연금 수급 등 공적 사회보장 제도의 기준이 되는 나이이기도 하다. 경로우대 연령을 늦추는 문제는 국민연금 등 각종 복지 혜택 수령 시기와 결부돼 복지정책 전반에도 영향을 미친다. 이미 정부는 2033년부터 국민연금 수급 개시 연령을 현

<표 3> 은퇴족의 소득 크레바스 기간 (단위 : %)

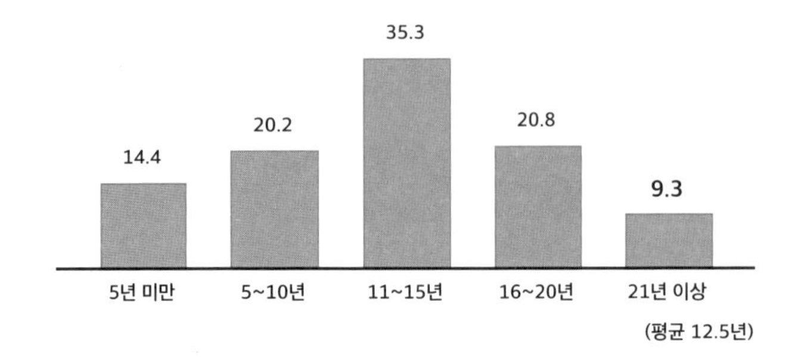

* 소득 크레바스 기간은 '국민연금 개시 연령-퇴직 연령' 기준
* 50대 퇴직자 1,000명 대상 조사
자료 : 하나금융연구소

행 62세에서 65세로 늦추기로 결정했다. 정년 연장 없이 연금 수급이 65세로 늦춰지면 5년간의 소득 크레바스(연금 개시 전까지 소득 없이 지내는 기간)가 생긴다. 기준 연령이 70세로 조정된다면 그 기간은 더 길어질 수밖에 없다. 〈표 3〉처럼 국내 은퇴자들의 소득 크레바스 기간은 현재 평균 12.5년에 달한다. 정년 연장 논의가 자연스레 이뤄질 수밖에 없는 이유다.

정년 연장은 청년실업 문제와 상충된다. 가뜩이나 해고가 자유롭지 않고 노동시장의 유연성이 떨어지다 보니 정년 연장은 기업들의 인건비 부담을 키우는 쪽으로 작용한다. 기업들로선 결국 신규 채용을 줄이는 쪽으로 대응할 가능성이 높다.

종이 이력서론 실업급여 못 줘요, 인터넷 하세요

〈나, 다니엘 블레이크〉 복지의 경제학

전화를 해도 직접 찾아가도 매뉴얼만 읊고

"양팔을 높이 올릴 수 있나요?" "사지는 멀쩡해요. 내 의료 기록을 보고 심장 이야기나 합시다." "질문에만 대답하세요. 어쨌든 모자는 쓸 수 있죠?"

평생을 목수로 성실하게 살아온 다니엘 블레이크(데이브 존스 분). 지병인 심장병이 악화돼 일을 못하게 됐다. 심장마비가 와 공사 현장에서 추락사할 뻔한 뒤 의사는 일을 그만두라고 했다. 아내는 병으로 죽었고 의지할 자식은 없다. 그는 질병수당을 받기 위해 국가에 도움을 청한다. 그러나 파견업체 직원은 심장과 관련 없는 몇 가지 질문을 던진 뒤 그를 지급 대상에서 제외한다.

영화 〈나, 다니엘 블레이크〉는 영국 복지제도의 문제를 그려낸 영화다. 복지 사각지대에 있는 사람들과 복지제도 자체에 매몰된 관료주의의 현실을 담았다. 영국의 거장 켄 로치 감독은 2016년 칸 영화제에서 이 영화로 대상인 황금종려상을 받았다.

질병수당 심사에서 탈락하며 다니엘의 고난은 시작된다. 탈락 편지를 받은 그는 복지센터로 전화를 건다. 대기 전화가 많아 2시간이 지나서야 상담원과 연결된다. 통화는 답답함만 더한다. "심사관이 탈락을 통보하는 전화를 해야 재심사를 요구할 수 있습니다." 편지를 받고 본인이 직접 전화를 했는데도 심사관으로부터 탈락 전화를 또 받아야 한다는 말이 다니엘은 납득이 가지 않는다.

복지센터로 찾아가도 달라지는 건 없다. 얼굴을 마주한 직원은 더 냉정하다. 심사관의 전화를 기다리든가, 돈이 필요하면 구직수당을 신청하라고 한다. 의사가 인공 심장을 이식해야 할 수도 있다고 경고했지만, 당장 먹고살 돈이 없는 다니엘은 구직수당을 신청한다.

로치 감독은 영화를 제작하며 수많은 사람의 실화를 녹였다고 말했다. 영화의 배경인 영국은 복지의 역사가 깊은 나라다. 1940년대 '요람에서 무덤까지'라는 문구를 내세우며 공공의료 등 높은 수준의 복지를 시작했다. 그럼에도 시민이 혜택을 받기 위해 거쳐야 하는 절차가 너무 불편하다.

그 배경에 뿌리 깊은 관료주의가 있다. 독일의 사회과학자 막스 베버가 정의한 관료주의는 엄격한 위계질서와 고도화된 분업 등이 특징이다. 효율성이 장점이나 책임 소재가 명확한 만큼 위험을 감수하지 않는 무사안일주의가 생길 수 있다. 자신들이 담당하는 제도의 취지보다 제도를 따르고 지키는 것을 목적으로 삼는 제도화의 덫에 빠지기도 한다.

영화 속 직원들도 매뉴얼밖에 모르는 기계에 가깝다. 심사관은 다니엘이 의사의 소견을 받아와도 규정대로 팔다리가 멀쩡하니 일할 수 있다고 단정한다. 다니엘이 구직수당을 신청하는 동안 한 직원이 도와주자 상사는 "잘못된 선례가 남는다"고 타박한다. 시민의 사회안전망을 보장하기 위해 생겨난 복지제도인데, 정작 제도의 존재 이유인 시민은 그들의 관심 밖이다.

선별적 복지 vs 보편적 복지

다니엘은 구직수당 대상자가 된다. 수당을 계속 받으려면 일정 시간 이상 구직활동을 해야 한다. 컴퓨터를 못하는 다니엘은 아픈 몸을 이끌고 공사장을 찾아다니며 펜으로 쓴 이력서를 돌린다. 그러나 복지센터 직원은 "부족하다"고 한다. 컴퓨터로 작성한 이력서도, 구직 사이트에 접속한 기록도 없는데 구직활동을 했는지 어떻게 증명하냐는 것이다. 몇 번 받지 못한 구직수당은 끊긴다. 식료품 무료 지원을 받을지 묻는 직원에게 다니엘은 답하지 않고 센터를 떠난다. 평생을 성실하게 살았는데, 나이가 들어 국가의 지원을 받기 위해 아픔과 가난을 애써 증명하려는 그에게 돌아온 건 수치심이다.

질병수당과 구직수당은 선별적 복지다. 취약계층 등 특정 조건의 국민에게 제한적으로 제공되는 복지 서비스다. 우리나라에서는 기초생활수급 제도가 대표적이다. 혜택을 받으려면 조건에 충족한다는 것을 입증해야 한다.

반대 개념인 보편적 복지는 조건 없이 모든 국민이 혜택을 받는다.

<표 1> 선별적 복지 vs 보편적 복지

	선별적 복지	보편적 복지
개념	특정 국민에게 제한적으로 제공되는 복지 서비스	조건 없이 모든 국민에게 제공되는 복지 서비스
중요 가치	효율성, 지속가능성	평등, 사회 연대
사례	기초생활수급 제도, 2차 재난지원금	무상급식, 무상보육, 1차 재난지원금

무상급식, 기본소득 등이 있다. 코로나19 사태에서 지급된 재난지원금의 경우 1차는 전 국민을 대상으로 한 만큼 보편적 복지다. 소상공인에게 집중된 2차 재난지원금은 선별적 복지에 해당한다.

선별적 복지는 예산이 한정된 현실에서 효율적이다. 필요한 사람에게 혜택이 집중된다. 그러나 대상을 선별하는 과정에서 사각지대에 놓이는 사람들이 생길 수 있다. 스스로의 가난과 질병을 증명하는 과정에서 인간으로서의 존엄성이 상처를 입는다는 비판도 있다.

보편적 복지는 모든 국민이 혜택을 받는 대신 비용이 소요된다. 예산이 무한대라면 상관없다. 그러나 한국을 비롯해 세계 주요 국가의 국가채무가 늘어나는 상황에서는 재정 건전성에 대한 우려가 클 수밖에 없다. 국제통화기금은 한국의 국내총생산(GDP) 대비 일반정부 부채(D2) 비율이 2019년 말 41.9%에서 2020년 말 49.5%로 오를 것으로 전망했다. 영국은 85.4%에서 101.6%로, 일본은 238.0%에서 268.0%로 상승할 것으로 내다봤다.

<표 2> 세계 주요 국가의 채무 비율 (단위 : %)

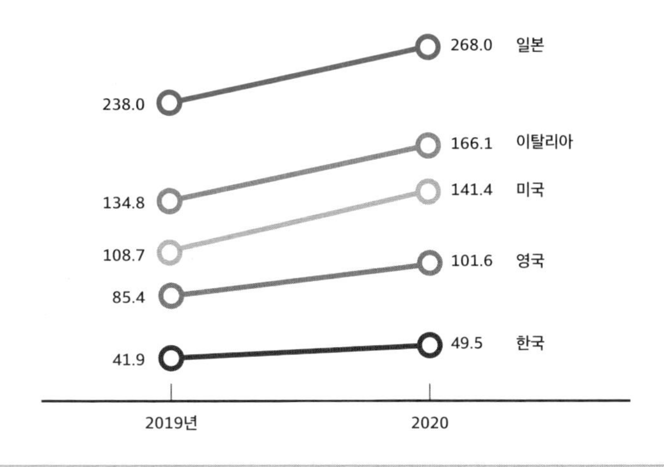

* 2020년은 전망치
자료 : 국제통화기금 보고서 <2020년 6월 세계 경제 전망>

연필 세대에겐 너무나 높은 키보드의 벽

"나는 연필 시대 사람이오. 컴퓨터 근처에도 안 가봤어요." "난독증 대상 특별 상담 번호는 있어요." "그게 몇 번이오?" "인터넷에 나와요."

59세인 다니엘 블레이크는 질병수당 재심사와 구직수당을 신청하는 과정에서 생각지 못한 고난에 부딪힌다. 인터넷이다. 모든 정부 지원은 인터넷으로만 신청할 수 있다. 복지센터에 찾아가도 직원은 종이 신청서를 주는 대신 '난독증 대상 특별 상담'을 권한다. 그러나 상담 번호도 인터넷에서 찾아야 한다.

목수였던 다니엘은 '컴맹'이다. 공공도서관에 가서 젊은이들과 도서관 직원의 도움을 받아 한 자 한 자 신청양식을 작성한다. 그러나 다음 페이지로 넘어가지 못하는 등 애를 먹다 컴퓨터 사용 시간을 넘겨버린다. 결국 다니엘의 옆집에 사는 청년이 노트북으로 신청해준다.

디지털 능력과 정보의 격차를 뜻하는 '디지털 디바이드'는 복지 영역에서는 큰 문제다. 제도는 디지털 시대에 맞게 운영되는데, 복지가 필요한 취약계층이 디지털에 익숙하지 않으면 사각지대가 발생할 수 있어서다.

한국에서는 노년층의 디지털 소외가 두드러진다. 과학기술정보통신부가 발표한 '2019 인터넷 이용 실태 조사'에 따르면, 70세 이상의 인터넷 이용률은 38.9%에 그쳤다. 60% 이상이 다니엘처럼 '연필 시

<표 3> 연령별 인터넷 이용률 (단위 : %)

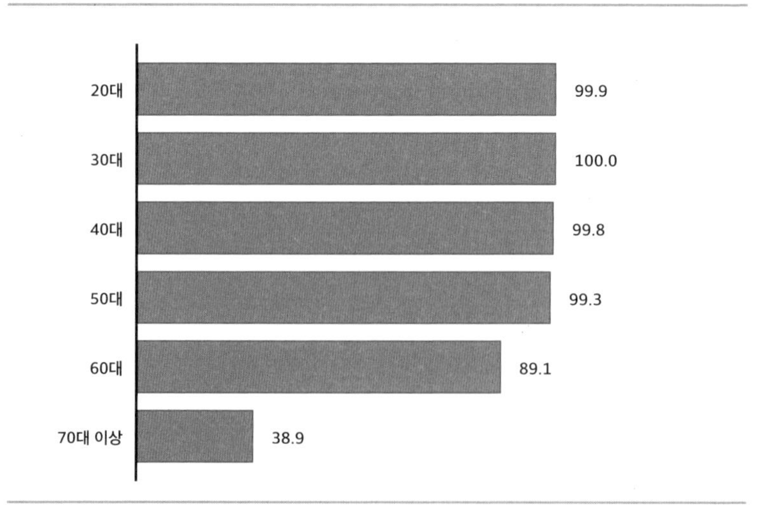

자료 : 과학기술정보통신부 '2019년 인터넷 이용 실태 조사'

대 사람'이다.

그러나 복지제도 안내와 신청은 인터넷에서 주로 이뤄진다. 전화 상담 또는 직접 방문하는 방법도 있지만 인터넷을 이용할 때보다 훨씬 많은 시간이 걸린다. 코로나19 사태로 재난지원금을 지급할 때도 한국사회 디지털 디바이드의 단면이 드러났다. 젊은 층은 인터넷에서 클릭 몇 번으로 손쉽게 신청했다. 노년층은 달랐다. 감염의 위험을 무릅쓰고 주민센터와 은행에서 긴 줄을 섰다. 컴퓨터, 스마트폰이 없어 재난지원금의 존재를 모르는 이들도 있었다.

노년층의 디지털 소외 현상은 앞으로 더 심해질 가능성이 크다. 코로나19 사태로 비대면 소비가 트렌드가 되고 있기 때문이다. 정보통신정책연구원이 발표한 '디지털 디바이드의 실태'에 따르면 65세 이상 중 PC를 사용해 온라인 쇼핑 또는 온라인 예약을 할 수 있는 사람은 전체의 6.5%였다.

나는 개가 아니라 인간입니다

"나, 다니엘 블레이크는 굶어 죽기 전에 재심사를 요구한다."

구직수당을 포기한 다니엘은 센터 외벽에 스프레이로 글을 쓴다. 사람들이 몰리고 경찰서에 갔다가 훈방 조치되는 해프닝을 겪은 끝에 그는 재심사를 받게 된다. 담당 의사가 힘을 보태주고 복지사도 "이번 건은 확실하다"고 장담한다. 그러나 다니엘은 심사 직전 화장실에서 심장마비로 사망한다. 영화는 그의 장례식장에서 끝난다. 다니엘이 재심사를 받을 때 읽으려 했던 편지가 유언이 되어 흘러나온다.

"나는 의뢰인도, 고객도 아닙니다. 보험 번호도, 화면 속 점도 아닙니다. 나는 책임을 다해 떳떳하게 살았습니다. 자선을 구걸하지도 않았습니다. 내 이름은 다니엘 블레이크, 나는 개가 아니라 인간입니다. 인간적인 존중을 요구합니다. 나, 다니엘 블레이크는 한 사람의 시민 그 이상도 이하도 아닙니다."

복지(福祉)는 '행복한 삶'을 뜻한다. 국민이 행복하게 살도록 국가가 지원하고 운영하는 제도도 의미한다. 코로나19 사태로 자영업자와 권고사직을 당한 회사원 등 수많은 이들의 생계가 막막해졌다. 재난지원금을 놓고 선별적 복지와 보편적 복지의 해묵은 갈등도 다시 불거지고 있다. 다니엘 같은 이들의 '복지'는 어떻게 보장할 수 있을까.

3장

사랑과 우정

- 사랑이 어떻게 변하니

서로 달랐던 결혼의 기회비용

〈결혼 이야기〉 이혼의 경제학

소비자 잉여와 네트워크 효과

"당신을 평생 알고 지내야 한다니 끔찍해."

영화 〈결혼 이야기〉의 주인공 찰리(애덤 드라이버 분)와 니콜(스칼릿 조핸슨 분)은 첫눈에 반해 결혼한다. 귀여운 아들 헨리(아지 로버트슨 분)까지 얻으며 이들의 행복한 생활은 영원할 것 같았다.

균열은 작은 틈에서 시작됐다. 니콜은 결혼과 양육을 위해 꿈을 포기하고 자신의 취향조차 잊은 채 살아가는 생활에 지쳐간다. 찰리는 아내의 변화가 이해되지 않았다. 뜨거운 사랑은 식었지만 서로를 생각하는 마음이 남아 있기에 좋은 관계로 헤어지고 싶은 두 사람은 자연스러운 합의를 꾀한다. 하지만 변호사가 개입하며 이혼 과정은 말 그대로 진흙탕 싸움으로 변질된다.

2019년 12월 넷플릭스에서 공개된 〈결혼 이야기〉는 봉준호 감독의 〈기생충〉과 함께 아카데미 작품상 후보에 올랐을 정도로 작품성을 인정받은 영화다. 영화는 두 사람이 이혼 조정관과 상담하는 장면으로 시작한다. 아름다운 이별을 위해 서로의 장점을 나열하는 두 사람. 너무 달랐던 이들이 왜 사랑에 빠졌는지 이유들이 나온다. 니콜은 찰리에게 2초 만에 반했다고 했다. 당시 니콜의 나이는 스무 살. 영화 〈올 오버 더 걸〉이 히트하며 할리우드에서 이름을 날리기 시작했을 때다. 찰리는 "LA에 남아 스타가 될 수 있었는데 나와 결혼해 뉴욕으로 와 연극을 했다"고 말한다.

니콜은 결혼을 위해 사회적 성공이라는 기회비용을 지불한 셈이다. 경제학에서 기회비용은 그 행동을 취하기로 하면서 포기할 수밖에 없는 다른 가능성의 가치를 뜻한다. 찰리 역시 나름의 기회비용을 치른다. 그는 "자수성가한 20대 감독으로서 유명하고 잘나가던 시절 여러 사람이랑 즐기고 싶었지만 그러지 않았다"고 했다. 독신으로 누릴 수

<표 1> 소비자 잉여

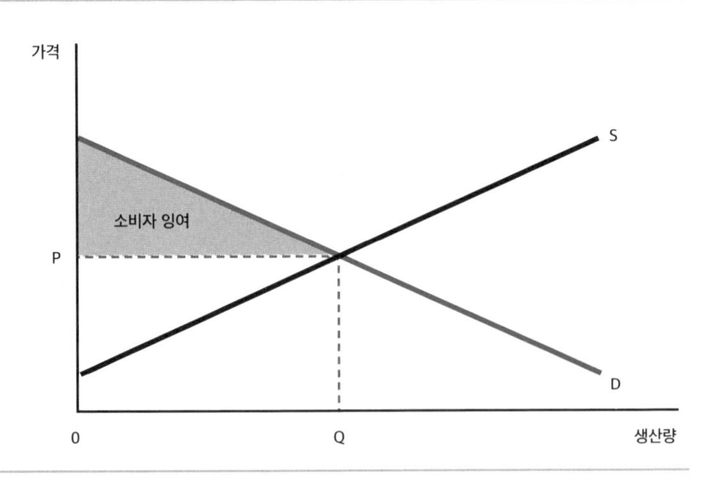

있는 자유라는 기회비용을 치러야 가능한 게 결혼이기 때문이다.

그럼에도 두 사람이 결혼한 것은 이를 통해 얻는 이익이 비용보다 크다고 생각했기 때문이다. 니콜과 찰리는 결혼을 통해 안정감, 사랑하는 사람과의 감정 교류, 아이의 출산 등 여러 장점을 누린다. 경제학적으로 해석하면 결혼을 통한 '소비자 잉여'가 그만큼 크다고 볼 수 있다. 소비자 잉여는 우리가 어떤 물건을 사려고 할 때 지불할 용의가 있는 금액보다 그 물건을 사용하면서 얻을 수 있는 가치가 크면 생기게 된다.

결혼을 선택할 때는 외부의 영향도 많이 받는다. 경제학에서는 이를 '네트워크 효과'라고 부른다. 다른 사람의 수요에 의해 판단이 영향을 받는 현상을 뜻한다. '밴드왜건 효과'가 대표적이다. 주위 사람들이 어떤 물건을 사기 시작하거나 사회적 유행이 되면 평소 갖고 싶지 않던 물건이라도 사고 싶어진다. 주변 친구들이 모두 결혼하면 덩달아 나도 결혼해야 하는 것 아닌가 고민하고 실제로 결혼을 하게 된다.

사랑은 '살아가게 하는 것'

시간이 흐를수록 니콜은 잃어버린 자신의 인생에 대해 아쉬움이 생겼다. 남편의 직장 때문에 떠나온 고향 LA도 늘 그리웠다. 성공가도를 달리는 남편과 달리 자신은 뒤처지는 듯한 느낌도 받았다. 이런 가운데 찰리가 함께 일하는 무대감독과 외도를 한 사실을 알게 되면서 이혼을 결심한다. 결혼을 유지해 얻는 효용보다 비용이 크다고 판단한 것이다.

경제학적으로 결혼보다 이혼이 복잡한 이유는 기회비용과 함께 '매몰비용'도 고려해야 하기 때문이다. 매몰비용은 한 번 지출한 뒤에는 어떤 방법으로도 다시 회수할 수 없는 비용을 말한다. 고정비용과는 다르다. 고정비용으로 지출한 것 중에는 원하기만 하면 다시 회수할 수 있는 것도 있다. 매몰비용은 절대 회수할 수 없다. 예를 들어 그 사람과의 결혼생활 동안 잃어버린 청춘과 들인 시간, 노력 등이다. '내가 들인 돈이 얼마인데'라는 식으로 본전을 따지는 것이 매몰비용을 의미한다.

경제학에서는 어떤 선택을 할 때 매몰비용을 고려해서는 안 된다고 한다. 이미 회수할 수 없는 비용 때문에 추가로 투자하는 것은 더 큰 손해를 가져올 수 있어서다.

현실적으로도 이혼은 쉬운 일이 아니었다. 니콜은 동료로부터 이혼 전문 변호사 노라(로라 던 분)를 소개받는다. 변호사가 개입하며 싸움은 걷잡을 수 없이 악화된다. 남편의 변호사 제이(레이 리오타 분)는 니콜의 출연작을 '가슴을 노출하는 삼류 영화'라고 혹평한다. 노라는 찰리가 연출한 연극을 '보잘것없다'고 깎아내린다. 변호사를 통해 과장되고, 의도하지 않은 내용까지 전달되면서 서로에겐 상처가 남았다. 막대한 변호사비용 지출로 경제적 어려움도 겪는다. 니콜의 엄마는 집을 담보로 대출을 받았고, 찰리는 돈을 벌기 위해 원하지 않는 삼류 연극 연출까지 맡게 된다. 아들 헨리를 위한 학자금 저축도 못하게 됐다.

이런 과정을 통해 얻은 것은 두 사람이 처음 말했던 것과 크게 다르지 않았다. 대리인을 통해 비용만 커진 셈이다. 경제학의 '주인-대리인 문제'다. 변호사(대리인)는 착수금, 시간당 수임료 등 자신의 이득을 추구하기 때문에 소송 의뢰인(주인)의 이해관계를 완벽하게 대변하지 않을 가능성이 크다.

이혼 후 니콜은 연기가 아니라 연출로 에미상 후보에 오른다. 찰리라는 기회비용을 감수하고 그간 간절히 원하던 사회적 성취를 이루게 된 셈이다. 두 사람이 1주일에 절반씩 헨리를 키우며 평화롭게 공존하는 모습으로 영화는 마무리된다.

사랑에 빠져 행복했던 시간, 갈등이 시작되며 힘들었던 기간, 이혼을 준비하며 서로를 갉아먹던 시간. 경제학적으로는 매몰비용일지 모르지만 각자에겐 성장을 가져온 시간이기도 했다. 이혼의 과정을 담고 있는 영화의 제목이 〈결혼 이야기〉인 것은 이혼 역시 결혼을 완성해가는 한 과정이기 때문일 것이다. 그렇다고 해서 이혼만이 정답일까. 사랑의 효용을 다시 생각해보면 그렇지만은 않을 것 같다. 찰리가 이혼 후 부른 노래 〈살아가게 하는 것(Being Alive)〉의 가사처럼 사랑은 '지옥을 경험하게 하는 것'인 동시에 '내가 이겨내도록 도와주고 날 살아가게 하는 것'이기 때문이다.

주부가 청소 · 빨래하면 '비생산'

영화 속 니콜은 결혼을 하고 아들 헨리를 키우느라 자신의 커리어를 포기한다. 니콜만의 문제는 아니다. 여성들이 결혼을 하면서 직장생활 등을 포기하는 일은 현실에서도 흔하다. 하지만 이들의 가사노동은 경제학적으로 생산활동으로 인정되지 않는다. 경제학적으로 의미 있는 생산으로 인정받으려면 시장에서 거래돼야 하기 때문이다.

가사노동이 실질적으로 사회 후생을 높인다는 의미에서 경제학적으로 생산활동으로 인정해줘야 한다는 논의도 이어지고 있다. 2018년 통계청은 부속계정으로 '가계생산 위성계정'을 개발했다. 국민계정 체계와 완전히 통합되기 어려운 정보를 제공하기 위해서다. 통계청에 따르면 2014년 기준 가계 총산출은 494조 1,000억 원으로 5년 전보다 32.6% 증가했다. 이 가운데 가계생산은 378조 원인데, 이 중 360조 7,000억 원이 무급 가사노동의 가치였다. 이는 2014년 한국 명목 국내총생산(GDP) 1,486조 790억 원의 24.3%에 해당하는 규모다.

최근에는 여성의 경제활동이 늘면서 가사도우미를 쓰는 등 가사활동을 아웃소싱하는 사례도 늘고 있다. 이런 경우 가사활동이 시장에서 거래되기 때문에 생산으로 인정받을 수 있다.

법적으로도 가사노동의 가치를 인정해주고 있다. 이혼 소송에서 결혼 후 공동으로 형성한 재산은 각자의 기여도에 따라 분배된다. 대법원은 평생 전업주부로 살아온 배우자에게도 재산분할청구권을 인정하는 판결을 내놓기도 했다. 구체적인 기여도는 혼인 기간과 내용에 따라 달라진다.

전남편의 빈자리가 커 보이는 건 왜일까

〈우리도 사랑일까〉 불륜의 경제학

사랑에도 적용되는 한계효용 체감의 법칙

영화의 오프닝 크레디트가 걷히고 마고(미셸 윌리엄스 분)의 부엌이 보인다. 마고는 텅 빈 눈동자로 머핀 반죽을 하고 있다. 머핀을 오븐에 넣고 그 앞에 쪼그려 앉는다. 오븐에서 나오는 불빛을 멍하니 바라본다. 그 불빛만이 마고가 느낄 수 있는 따스함이었을까. 한 남자가 마고를 무심하게 지나가 창가에 우두커니 선다. 둘은 마주보지 않는다. 마고는 오븐 불빛을, 남자는 창밖을 응시할 뿐이다.

프리랜서 작가인 마고는 다정하고 유머러스한 남편 루(세스 로건 분)와 5년차 결혼생활을 이어가고 있다. 그러던 어느 날 글을 쓰러 낯선 곳으로 여행길에 오르게 된다. 마고는 그곳에서 대니얼(루크 커비 분)을 만난다. 까칠하지만 묘한 매력의 대니얼. 마고와 대니얼은 서로에게 강한 끌림을 느낀다. 심지어 대니얼은 마고의 앞집에 살고 있었다.

여행에서 돌아와 마고는 루와 대니얼 사이에서 갈등한다. 루는 언제나 마고에게 애정을 쏟아 붓지만 예전 같은 두근거림은 없다. 마고는 "결혼했다"며 대니얼에게 선을 긋고 오히려 공격적으로 말을 툭툭 던지지만 이런 대화마저 그녀의 설렘을 재촉한다. 마고는 스스로에게 "우리도 사랑일까"라고 묻고 또 묻는다.

마고는 두 가지 선택 사이에 놓여 있다. 대니얼에게 느끼는 강렬한 감정과 지금까지 쌓아온 루와의 관계에 대한 책임. 경제학자라면 매우 간단한 답을 내놓을지도 모른다. 경제학의 가장 기본개념인 '한계'를 생각하면 말이다.

한계는 추가로 얻는 가치를 일컫는다. 한계는 경제학에서 모든 판단의 잣대다. 지금까지 해왔던 일들과는 별개로 당장의 선택에서 무엇이 나의 효용을 높이느냐가 경제학의 주요한 의사결정 논리다. 가령 도박에서 100만 원을 날린 사람이 다음 도박을 할 때 생각해야 할 것은 당장의 도박에서 승리할 확률뿐이다. 100만 원을 날린 것은 그저 매몰비용에 불과하다. 100만 원이라는 본전을 찾기 위해 도박의 승률이 낮음에도 계속 도전하는 것은 미련한 짓이다. 매몰비용은 현재의 선택에 아무런 판단 근거가 되지 않는다.

냉혈한이라고 욕을 먹을지언정 경제학자들은 루와 지금까지 나눴던 사랑은 매몰비용으로 치부한다. 지금 나의 만족을 더 채워주는 대니얼과의 사랑이 경제학자들의 정답에 가까울 것이다.

그렇다면 루에 대한 사랑은 왜 줄어들었을까. 사랑과 시간의 알고리즘은 극히 단순해 보이기도 한다. 시간이 지나면 사랑은 식는다. 사랑으로 느끼는 효용의 한계가 줄어드는 것이다. 한계효용 체감 법칙이다.

<표 1> 한계효용 체감 법칙을 따르는 효용 그래프

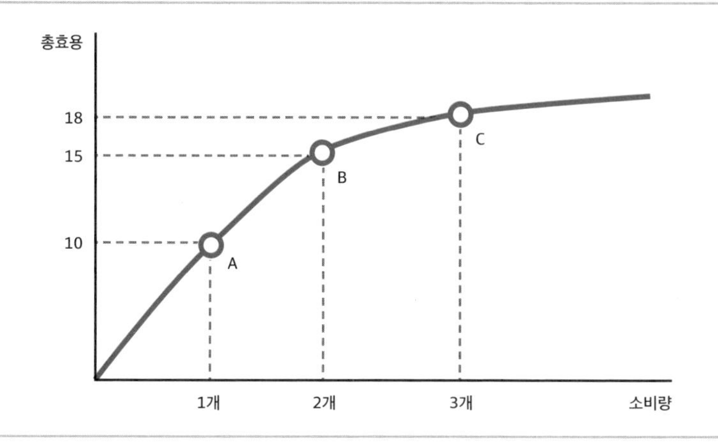

한계효용 체감 법칙은 재화와 서비스 등 특정한 제품을 사용할수록 그 제품에서 느끼는 효용은 줄어든다고 설명한다. 며칠 굶은 사람에게 햄버거를 준다면 극에 달하는 행복을 느끼리라. 첫 번째보다는 별로겠지만 두 번째 햄버거도 그간 굶었던 시간을 따진다면 꽤 맛있을 것이다. 하지만 세 번째, 네 번째 햄버거는 이미 배부른 사람에게 큰 감동을 주지 못한다. 특정 제품을 계속 소비하다 보면 효용이 감소하기 때문이다.

〈표 1〉은 이를 잘 설명해준다. 햄버거 1개(A점)를 먹을 때는 10의 효용을 얻는다. 2개(B점)째에선 5의 새로운 효용을 얻어서 총효용은 15다. 3개(C점), 4개로 갈수록 늘어나는 한계효용이 줄어들다 보니 그래프는 점점 평평해진다.

이처럼 한계효용 체감 법칙을 따르는 재화와 서비스는 모두 〈표 1〉과 같은 모양을 갖추게 된다. 루에 대한 마고의 사랑도 마찬가지다. 마

<표 2> 한계효용 체감 법칙 그래프의 기울기

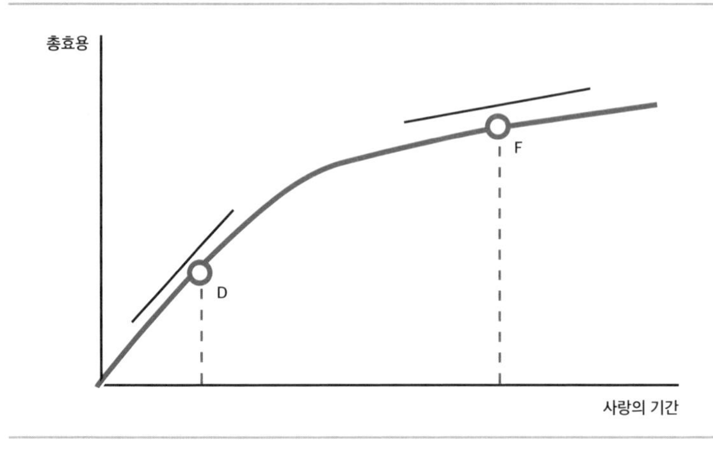

고가 루를 처음 만났을 때 그에 대한 효용은 매우 컸다. 시간이 지날수록 효용은 줄어들기 마련이다. 이에 비해 대니얼에 대한 효용은 극대화돼 있다. 〈표 2〉는 이들의 한계효용을 비교해준다. D점은 마고가 현재까지 대니얼에게 느낀 효용의 총합이다. F점은 루에 대한 효용의 총합이다. 루와 함께한 시간이 많으니 총효용은 대니얼에게서 얻은 총효용보다 크다.

하지만 지금 당장의 한계효용은 다르다. 각 점을 접하는 직선들의 기울기는 해당 지점의 한계효용을 뜻한다. 기울기란 X축의 한 단위가 늘어날 때 Y축이 증가하는 양이라는 점을 떠올리면 쉽게 이해할 수 있다. 사랑의 초기 지점인 대니얼의 D점에 접하는 직선의 기울기가 사랑의 후기 지점인 루의 F점에 접하는 직선의 기울기보다 월등히 크다. 대니얼에 대한 한계효용이 훨씬 크다.

한계효용 체감 법칙의 이면, 위험회피성향

그럼에도 마고는 고민한다. 당장 루를 떠난다면 그녀는 매우 힘들 것이기 때문이다. 기존에 당연하게 여기던 루의 장난스러운 아침 인사도, 그녀를 위해 정성스레 준비하는 루의 저녁식사도 더 이상 가질 수 없기 때문이다. 사람은 당장 무언가 새롭게 얻는 효용이 없다 해도 떠나면서 잃을 것에 대한 두려움에는 민감하게 반응하기 마련이다. 이것이 한계효용 체감 법칙의 이면인 '위험회피성향'이다.

다시 〈표 1〉을 보면 B점에서 1단위를 늘려서 C점으로 가면 효용이 3 증가하지만 1단위를 줄여서 A점으로 가면 효용이 5 감소한다. 즉 사람은 얻는 것에 대한 기대효용보다 잃는 것에 대한 기대손실이 더 크다. 루와 함께 있어 얻는 기대효용보다 루를 떠나 잃을 기대손실이 더 클 것이기에 마고는 고민에 빠질 수밖에 없다.

하지만 마고는 루를 떠난다. 루를 잃는 손실이 크더라도 대니얼과 함께 있어 얻는 기대효용이 더 컸기에 마고는 루를 떠났다. 결과는 어떻게 됐을까. 당장 마고는 대니얼과의 시간이 행복했다. 하지만 시간이 지날수록 그 효용의 크기는 루의 것과 다르지 않았다. 루와의 사랑이 그랬듯 시간이 지나면 사랑의 한계효용은 줄어들기 마련이다. 영화 초반 오븐 앞에 멍하니 앉아 있는 마고 뒤에 서 있는 남자는 루가 아니라 대니얼이었다.

지금까지의 이야기 전개에서 우리를 가장 불편하게 하는 지점이 있다. 사랑의 감정을 단순히 숫자놀이처럼 냉혹하게 딱 잘라 말하는 부분이다. 공리주의적 사고에 대한 비판이다. 돈, 무게, 길이 등과 같이 정량화된 수치들뿐만 아니라 감정, 매력 등 정성적 가치도 숫자로 논하는 것이 공리주의적 사고다. 타당한 반박일 수 있다. 그럼에도 우리는 경제학으로 현상을 이해하고 있다는 점을 상기해야 한다. 경제학은 공리주의적 사고를 대전제로 하는 학문이다.

경제학적으로 접근한다 하더라도 해소되지 않는 질문은 있다. 효용이란 소비할수록 꼭 줄어드는 것일까? 경제학에서도 모든 재화와 서비스가 한계효용 체감의 법칙을 따르지는 않는다는 것을 인정한다. 예를 들어 중독성이 강한 제품은 소비할수록 효용이 증가하는 현상을 보인다. 담배, 알코올, 도박 등은 이 재화를 처음 이용했을 때보다도 익숙해지면 더 큰 효용을 느낄 수 있다.

사랑이라는 감정도 이와 같을 수 있다. 연애 초반 불꽃 튀는 호르몬 분비는 아니라도 사랑의 시계가 흘러갈수록 더 깊이 상대방을 이해하고 교감할 수 있다. 추억이 겹겹이 쌓이면서 그 사람에게서만 맡을 수 있는 애틋함이 생긴다. 사랑의 효용 곡선은 점점 평탄해지기보다는 점점 가팔라질 수 있다. 사랑과 시간의 알고리즘은 생각보다 단순하지 않을 수도 있다.

선별적 복지가 옳은 선택이네

마고의 사랑은 시간 앞에서 속수무책이었다. 루와 애틋한 5년을 보냈지만 그 시간만큼 루에 대한 사랑도 식었다. 대니얼과 새로 시작했지만 그와의 사랑도 시간의 흐름과 함께 농도는 조금씩 옅어져간다. 한 재화를 반복해서 소비할 때 시간이 지날수록 재화로부터 얻을 수 있는 효용이 줄어드는 것과 마찬가지다.

독일 경제학자 헤르만 하인리히 고센(Herman Heinrich Gossen)은 한 재화의 소비량이 증가할수록 그 재화에 대한 한계효용이 계속 감소하는 한계효용 체감의 법칙을 이론화했다. 한계효용의 개념은 인간의 욕망과 합리적 소비를 설명하기 위해 탄생했다. 그리고 이 개념은 확장되며 미시, 거시를 막론하고 경제학 전반에 기초가 되는 논리를 제공했다.

그중 하나가 사회복지 분야다. 한계효용 체감의 법칙은 소득 재분배의 기초근거로 활용되기도 한다. 막대한 자산을 가진 부자와 적은 자산을 가진 서민이 있다면 돈에 대한 한계효용은 서민이 훨씬 높을 것이다. 똑같이 100만 원을 받더라도 부자에게는 별 게 아닐 수 있지만 서민에게는 큰돈이 된다.

이 논리는 선별적 복지라는 주제로도 확장이 가능하다. 복지 분야에선 재산에 따라 차등적으로 복지 혜택을 줄 것이냐, 모두에게 똑같은 크기로 복지 혜택을 줄 것이냐 하는 논란이 지속돼왔다. 선별적 복지 대 보편적 복지 논쟁이다.

한계효용 체감의 법칙에 따라 복지를 시행해야 한다고 주장하는 사람이라면 차등적으로 혜택을 제공하는 선별적 복지론자일 가능성이 높다. 사회 전체의 효용을 늘리기 위해선 가난한 사람들에게 더 많은 복지 혜택을 주는 것이 더 효율적인 선택이기 때문이다. 효용성이 부족한 부자에게 가는 복지 혜택을 줄여 가난한 사람을 더 돕거나 국가 재정을 튼튼하게 하는 것이 더 우월한 전략이라는 판단이다.

코로나19 긴급재난지원금 지급을 두고 논란이 있었다. 하위 70%에게 선별적으로 지원할 것이냐, 전 국민을 대상으로 보편적으로 나눠줄 것이냐를 놓고 갑론을박이 오갔다. 여당이 뒤늦게 전 국민 대상으로 확대하되 부자에게는 자발적 기부를 유도하는 이상한 절충안을 내놨지만 논란은 여전하다. 코로나19로 겪는 고통은 차별적이다. 부자보다는 서민이 더 크기 마련이다. 그럼에도 모두에게 지원금을 무차별적으로 나눠주는 것이 사회적 효용을 늘릴 수 있는 선택일까. 이에 대해 한계효용 체감의 법칙은 조금이나마 실마리를 제공해주고 있다.

③

AI와 사랑에 빠지면 매몰비용 따윈 없을 줄 알았어

〈HER〉 사랑의 경제학

인공지능이 준 삶의 '혁신'

"당신과 처음 사랑에 빠지던 순간을, 난 아직도 어젯밤 일처럼 기억해."

테오도르 톰블리(호아킨 피닉스 분)는 편지 대필 업체 '아름다운 손편지 닷컴'에서 손꼽히는 실력의 대필작가다. 이용자의 사연에 늘 자신만의 낭만적인 언어로 색채를 입힌다. 그가 모니터 앞에서 읽어 내려가는 세상은 아름답기만 하다. 그러나 퇴근 후 홀로 맞는 세상은 잿빛이다. 가상현실(VR) 게임을 켰다가 모르는 여성에게 음성 채팅을 청해보기도 하지만 쉽사리 잠이 오지 않는다. 별거 중인 부인 캐서린(루니 마라 분)과 함께한 추억만 잔상처럼 그를 괴롭힌다. 그러던 어느 날 퇴근길에 한 기업의 광고 문구에 눈길을 빼앗긴다. '당신을 이해하고 귀 기울이며 알아주는 하나의 존재.' 인공지능(AI) 운영체제(OS)와의 첫 만남은 그렇게 시작된다.

2014년 개봉한 〈HER〉는 부인과 별거하며 공허한 삶을 살던 테오도르가 AI 인격체인 사만다를 만나 사랑하고 이별하기까지의 과정을 담은 영화다. 머지않은 미래를 배경으로 하는 이 영화에서 AI는 현재보다 훨씬 진보한 존재로 그려진다.

특정 질문에 대답을 머뭇거리는 것을 보고 혼란스러운 감정을 읽어내는가 하면, 축 처져 있을 때면 유머러스한 대화를 유도해 기분을 풀어준다. 억지로 맞추지 않아도 자신이 바라는 대로 모든 것을 들어주는 사만다에게 테오도르는 점차 사랑을 느낀다.

테오도르가 삶의 활기를 되찾은 것은 엘리먼트소프트웨어라는 업체가 출시한 AI 운영체제 덕분이었다. 오스트리아 출신 미국 이론경제학자인 조지프 슘페터(Joseph Schumpeter)는 100여 년 전인 1911년 《경제발전의 이론》을 통해 '혁신'이라는 개념을 처음 언급했다. 기업이

<표 1> 슘페터의 경기순환론

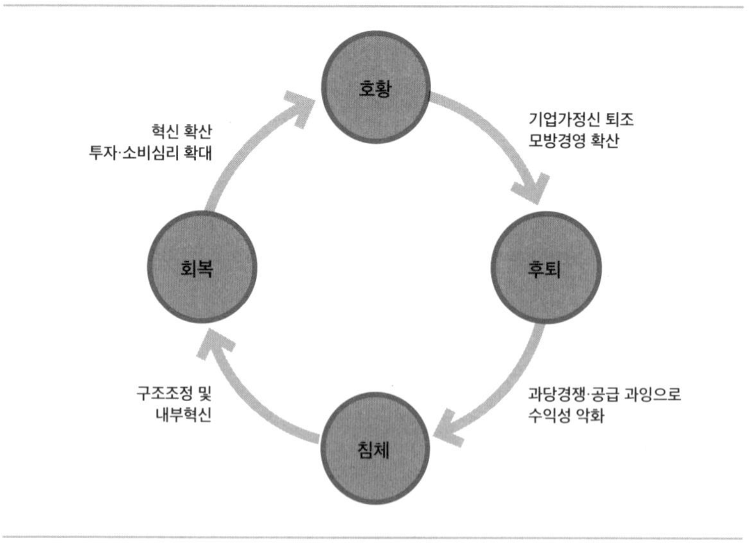

성장하기 위해서는 과거를 파괴하고 혁신해야 한다는 게 핵심이다.

그는 이 책에서 "기업가의 혁신, 즉 생산요소의 새로운 결합이 경제발전을 자극하는 원천"이라고 썼다. 그는 이 같은 혁신을 부르짖는 기업가정신이 경제발전의 원동력이라고 봤다. 〈표 1〉에서 보듯 기업가의 혁신에 따라 경기가 호황과 침체를 반복한다는 것이 그가 내놓은 경기순환론이다.

기업가의 혁신은 어떻게 일어날까. 슘페터는 혁신의 방식을 ① 새로운 재화 창출 ② 새로운 생산 방식 개발 ③ 새로운 시장 개척 ④ 새로운 공급원(원자재) 확보 ⑤ 독점적 지위 형성 등 다섯 가지로 구분했다. 기업이 얻는 초과 이윤은 이 같은 혁신의 대가라고 주장했다. 아이폰으로 스마트폰 산업을 개척한 애플과 1인 미디어 시대를 연 유튜브가 막대한 부를 벌어들인 것도 슘페터의 눈으로 보면 당연한 결과다.

영화 속 엘리먼트소프트웨어도 새로운 재화(AI OS)를 개발하는 방식으로 혁신을 이뤘다. 테오도르가 살고 있는 세상에는 AI가 어느 정도 보편화돼 있다. 그는 사만다를 만나기 전에도 AI로 하루를 관리했다. 무선 이어폰으로 음성이 흘러나올 때마다 '삭제' '다음에 하기' 등 한 단어만 말하면 명령이 자동으로 실행됐다. 엘리먼트소프트웨어의 AI는 한 차원을 더 뛰어넘었다. 명령어에만 수동적으로 응답하는 게 아니라 인간의 감정을 읽고 한발 앞서 행동했다. 기존 AI에 없던 감성과 직감을 갖고 스스로 판단도 내렸다. 테오도르뿐 아니라 주변 인물들이 하나둘 새 AI를 받아들이는 장면은 혁신이 확산하는 과정을 자연스레 보여준다.

<표 2> 테오도르는 왜 사만다를 택했나

	인간(캐서린)과의 연애		AI(사만다)와의 연애
얻는 것 (효용)	육체적·정서적인 완전한 공감	<	자유. 상대에 맞추기 위해 노력할 필요가 사라짐
잃는 것 (기회비용)	잦은 싸움으로 인한 정서적 소모	>	육체적인 관계, 신체를 필요로 하는 활동이 어려움

기회비용 줄인 AI와의 만남

사만다를 만난 뒤 테오도르의 삶은 180도 바뀐다. 그녀는 인간이 대체할 수 없는 수준의 업무 비서 역할을 한다. 몇 년을 묵혀놨던 컴퓨터 하드디스크의 파일과 연락처를 눈 깜짝할 새 분류해 정리한다. 자신의 이름을 지을 때도 0.02초 만에 도서 속 18만 개의 이름을 검색해 자기 맘에 드는 것을 골랐을 정도다. 인간이 선택의 순간마다 느끼는 망설임도 거의 없다. 테오도르는 자신이 하지 못하거나 미뤄놨던 일들을 사만다에게 믿고 맡긴다.

테오도르가 사만다에게 본인의 일을 맡기는 것은 기회비용을 고려한 '비교우위' 때문이다. 기회비용은 어떤 경제적 선택을 할 때 이로 인해 포기해야 하는 비용이다. 경제학에서는 더 적은 기회비용으로 다른 생산자와 같은 양의 재화를 만들어낼 수 있을 때 비교우위가 발생한다고 본다. 이는 경제적 주체들이 '거래'를 시작하는 원동력이 된다.

테오도르가 직접 이메일을 분류하고 스케줄을 적어 관리하려면 장시간을 할애해야 한다. 업무를 할 수 있는 시간을 기회비용으로 날리는 셈이다. 이에 비해 AI인 사만다에게는 찰나의 일이다. 사만다가 비교우위를 가진 업무는 그녀에게 맡기고, 본인은 그 시간에 본업에 충실하는 것이 경제적으로 옳은 선택이다. 의뢰인들이 테오도르에게 편지 대필을 맡기는 이유도 마찬가지다. 테오도르는 편지를 늘 큰 힘 들이지 않고 줄줄 써 내려간다.

그가 사만다와 연애를 시작한 것도 기회비용을 고려한 선택이었을 수 있다. 인간은 경제적 선택을 할 때 기회비용이 적은 쪽을 택하는 경향이 있기 때문이다. 캐서린과 함께했을 때의 기회비용(잦은 다툼으로 인한 감정적 소모)이 사만다와의 만남에서는 발생하지 않는다. 대신 사만다를 택함으로써 또 다른 기회비용(육체적 관계를 맺을 수 없음)이 생긴다. 캐서린과 서로 맞춰가는 과정에서 생기는 갈등에 지쳐 있던 테오도르로서는 후자가 더 매력적인 선택이었을 수 있다.

흐르는 눈물은 매몰비용 탓일까

행복하던 둘의 관계는 어느 순간부터 조금씩 균열이 생긴다. 사만다의 지능이 스스로 주체가 되지 않을 정도로 너무나 빠르게 높아졌기 때문이다. 그녀는 이미 죽은 인물을 가상인격으로 불러와 대화에 참여시키는가 하면, 동시에 수십 가지 대화를 하게 됐다고 테오도르에게 고백한다. 그러면서 "내 감정이 너무 빨리 변화해서 힘들어"라고 털어놓는다.

더 큰 충격은 갑자기 찾아온다. 평소처럼 회사에서 책을 읽다가 사만다에게 말을 건넸지만 대답이 돌아오지 않는다. AI 기기 화면에는 "운영체제를 찾을 수 없습니다"라는 문구가 뜬다. 테오도르는 공황 상태에 빠진다. 사만다가 하루아침에 사라졌기 때문이다. 그는 기기를 고치기 위해 미친듯이 거리를 달려간다. 경제학적 논리로 테오도르의 행동은 매몰비용 때문일 가능성이 있다. 매몰비용이란 이미 지급해 회수할 수 없는 비용이다. 테오도르는 사만다를 '맞춤형 애인'으로 만들기까지 수많은 시간과 정성을 기울였다. 그녀가 사라진다면 매몰비용이 막대한 셈이다. 사만다를 대체할 새로운 사람을 만나려면 또다시 그 이상의 노력을 해야 한다. 이같이 매몰비용이 아까워 과거의 결정을 계속 유지하려는 경향을 '매몰비용의 오류'라고 한다.

결국 둘은 서로의 다름을 인정하고 이별한다. 매몰비용이 적지 않았겠지만 의미 없는 만남은 아니었다. 사만다는 테오도르와의 교류를 통해 인간의 감정을 배웠다. 테오도르는 자신의 감정에 솔직해졌고 자신에게 모든 것을 끼워 맞추는 연애는 존재할 수 없다는 점을 배웠다. 그리고 처음으로 남이 아니라 자신의 이야기를 편지로 쓴다. "캐서린. 널 내 안에 가두려 했어. 네가 어떤 사람이 되건 어디에 있건, 너에게 사랑을 보낼게."

그가 찾던 것은 HER(목적어)가 아니라 SHE(주어)였던 셈이다. 어떤 발달한 인공지능도 사랑하는 연인의 대체재가 될 수는 없었던 걸까.

맘에 쏙 드는 AI 추천 상품, 반품할 일 없겠네

〈HER〉에 나오는 수준의 AI는 머지않은 미래에 실현될 가능성이 높다. AI가 발전할수록 기업과 소비자가 실패할 확률은 줄어들고 경제 행위의 만족도는 높아질 것이라는 게 전문가들의 예상이다.

인공지능을 경제학적으로 다룬 책《예측기계》는 AI를 "저비용으로 예측하는 기술"이라고 정의한다. 방대한 양의 데이터를 탐구해 패턴을 분석하고 '다음'을 예측하는 게 주업무다. AI가 발전하면 '예측의 값'이 싸진다. 재화의 가격이 내려가면 이용은 늘어난다. 예측이 산업 전반으로 확대되는 것이다.

예측기술이 고도화할수록 기업은 실패를 줄이고 생산성을 극대화할 수 있다. 특정 소비자의 소비 패턴을 분석해 다음 소비 행위를 예상할 확률이 점점 높아지기 때문이다. 소비자도 구매로 인한 만족을 높일 수 있다. 대형 온라인 쇼핑몰을 가정해보자. 소비자의 취향과 구매 습관 데이터를 쌓아갈수록 예측 능력이 높아진다. AI가 추천해주는 상품이 소비자의 맘에 들 확률은 커지고 반품률은 줄어든다. 소비자가 구매 버튼을 누르기도 전에 미리 원하는 상품을 포장하는 것이 기업들이 그리는 시나리오다.

구글, 애플 등 글로벌기업들이 앞다퉈 AI에 막대한 투자를 하는 것도 고급 예측 능력을 얻기 위한 차원이다. 넷플릭스 같은 영상 서비스는 시청자 패턴을 분석해 좋아할 만한 콘텐츠를 잘 찾아내야 한다. 자율주행 자동차는 주변 교통 상황을 잘 예측해야 안전 운전을 할 수 있다. 소비자가 요청하기 전에 먼저 알고 행동해야 소비자를 사로잡을

<표 3> 세계 인공지능 시장 매출 규모 및 전망 (단위 : 억 달러)

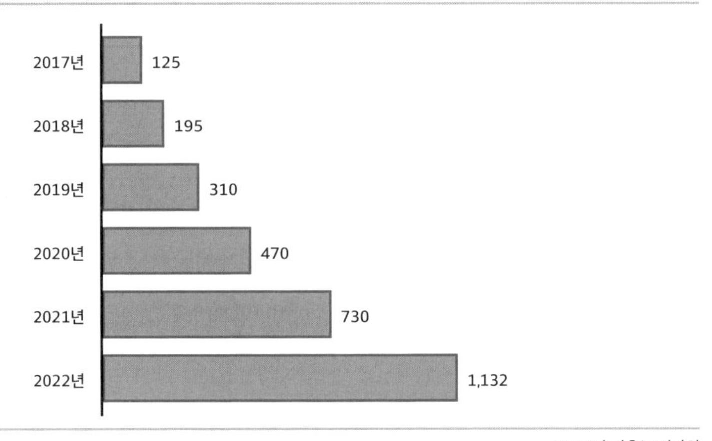

* 2019년 이후는 전망치
자료 : IDC(2018) 및 KB증권(2018) 인공지능시장 자료, NICE평가정보 재가공

수 있는 시대가 열린 것이다. 2018년 글로벌 시장조사 업체 IDC는 AI 시장 규모가 2017년 125억 달러에서 2022년에는 1,132억 달러로 성장할 것이라는 보고서를 내놓기도 했다.

영화에서 사만다가 테오도르의 편지를 몰래 엮어 책으로 출판하자 그는 뛸 듯이 기뻐한다. 테오도르는 한 번도 책을 내고 싶다는 말을 한 적이 없지만 사만다는 그의 숨은 욕구를 읽고 스스로 결정을 내렸다. 기업들이 바라는 미래 AI 모습의 단면이다.

스마트폰에 의존하는 인간, 포노사피엔스

〈완벽한 타인〉 스마트폰의 경제학

포노사피엔스의 세상에 비밀은 없다

석호(조진웅 분), 태수(유해진 분), 준모(이서진 분), 영배(윤경호 분). 친구 넷은 40년 지기 초등학교 동창생이다. 서로는 물론 배우자끼리도 친밀하게 지내는 절친 4인방은 어느 날 석호의 집들이에 초대받는다. 이혼한 영배를 제외하고 각자의 배우자까지 7명이 모두 모인 저녁식사 자리. 석호의 아내인 예진(김지수 분)이 제안한다. "우리 게임 한번 해볼까? 다들 핸드폰 올려봐. 저녁 먹는 동안 오는 모든 걸 공유하는 거야. 전화, 문자, 카톡, 이메일 할 것 없이 싹."

예진의 제안으로 평범하던 집들이 자리엔 긴장감이 돈다. 서로에 대해 모르는 것이 없다고 자부하는 친구들과 배우자들은 호기롭게 게임을 시작한다. 모두가 스마트폰을 식탁 위에 올리고 식사하다가 울린 첫 번째 전화. 초등학교 교장선생님이었던 영배의 아버지로부터 온 연락에 친구들은 초등학교 시절 과거를 추억한다. 게임은 훈훈하게 흘러간다.

평화는 오래가지 않았다. 나보다 나를 더 잘 알고 있는 스마트폰은 점점 인물들의 비밀을 드러낸다. 드러내지 않으려고 애써왔던 부부간의 갈등, 40년 된 친구들에게도 감춰온 성정체성, 철석같이 믿은 배우자의 외도, 전 재산을 날릴 위기에 처한 배우자의 투자 실패까지, 인물들이 감춰온 비밀이 하나둘씩 드러난다. 스마트폰 메시지와 전화를 공유하는 시간이 늘어날수록 완벽한 지인이라고 생각했던 서로가 사실은 완벽한 타인이었음을 알게 된다.

〈완벽한 타인〉은 스마트폰으로 모든 것을 해결하는 새로운 인류 '포노사피엔스'의 단면을 보여주는 영화다. 포노사피엔스는 영국의 경제주간지 〈이코노미스트〉가 처음 사용한 신조어다. 지혜로운 인간이라는 뜻의 '호모사피엔스' 앞부분에 폰(phone)을 붙여 변형했다.

영화에서는 등장인물들이 일상생활을 스마트폰으로 해결하는 모습이 꾸준히 비춰진다. 스마트폰은 단순 소통 기능을 넘어선다. 영배는 스마트폰에서 운동시간 알람이 울리면 무조건 운동을 한다. 태수의 아내인 수현은 스마트폰으로 시어머니 한의원을 예약하고, 필명으로 소설을 써서 인터넷에 올린다.

포노사피엔스 시대에 사람들은 신체의 일부처럼 스마트폰을 다룬다. 개인적인 정보를 저장하고 언제든 꺼내 쓴다. 스마트폰을 잠시 공개하는 것만으로 가장 내밀한 비밀이 드러난다는 영화의 설정은 그래서 설득력 있다. 영화를 보면서 내 주변 사람들과 같은 게임을 한다면 무슨 일이 일어날까를 자연스럽게 상상하게 되는 건 우리 모두가 포노사피엔스라는 방증이다.

극 중 게임을 제안한 예진의 대사는 포노사피엔스들의 스마트폰에 대한 생각을 단적으로 드러낸다. "아무튼 이 핸드폰이 문제야. 쓸데없이 너무 많은 게 들어 있어. 통화 내역, 쇼핑 내역, 문자, 위치, 스케줄. 완전 인생의 블랙박스라니까."

누가 스마트폰에 중독될까

스마트폰처럼 소비자들의 행동을 엄청나게 변화시키는 혁신을 경제학자들은 '불연속적 혁신'이라고 부른다. 불연속적 혁신은 기술발달 과정에서 이전과는 전혀 다른 종류의 기술이 탄생하는 것을 의미한다. 불연속적 혁신으로 탄생한 제품은 소비자들에게 기존에 없던 강력한 혜택을 준다. 과거와 단절된 새로운 세상을 만들어낸다는 의미에서 '불연속적'이라는 단어가 붙었다. 기존 기술이 점진적으로 개선될 때 생기는 연속적인 혁신과 비교되는 개념이다.

예를 들어 피처폰 시대에 스마트폰이 등장한 것은 불연속적 혁신이다. 피처폰 시대엔 할 수 없었던 일들이 스마트폰 시대엔 가능해진다. 반면 스마트폰의 크기가 커지거나 다양한 기능이 추가되는 건 연속적인 혁신이다. 연속적 혁신은 소비자의 행동을 변화시키지 않지만 불연속적 혁신은 소비 패턴을 완전히 바꾼다.

불연속적 혁신은 소비 패턴뿐 아니라 사람들이 서로 관계를 맺는 방식도 바꾼다. 절친 4인방 가운데 태수의 비밀은 텔레그램에서 만난 사람이 매일 같은 시간에 자신의 사진을 보내준다는 것. 스마트폰이 없었다면 생길 수 없는 SNS를 통한 인간관계다.

산업 지형도도 뒤집어놓는다. 혁신기업이 모인 나스닥 시가총액 상위 기업들은 대부분 스마트폰이 없었다면 덩치를 불릴 수 없었을 기업들이다. 나스닥 시가총액 1위인 애플은 물론 2위인 아마존닷컴, 구글의 지주회사인 알파벳, 페이스북 등은 스마트폰과 여기서 나온 앱 경제를 이끄는 기업들이다.

불연속적 혁신이 부르는 소비자의 행동 변화가 항상 긍정적인 것만은 아니다. 포노사피엔스 사회엔 스마트폰 중독이라는 어두운 면도 있다. 〈완벽한 타인〉의 인물들 역시 때로는 스마트폰 중독에 가까운 모습을 보인다. 스마트폰 없이는 저녁식사 테이블을 벗어나지 않으려 하거나 스마트폰이 없을 때 불안증세를 느끼는 게 스마트폰 중독의 대표적인 모습이다.

경제학자들은 스마트폰 중독을 '시간할인율'이라는 개념으로 바라

<표 1> 쌍곡선형 할인

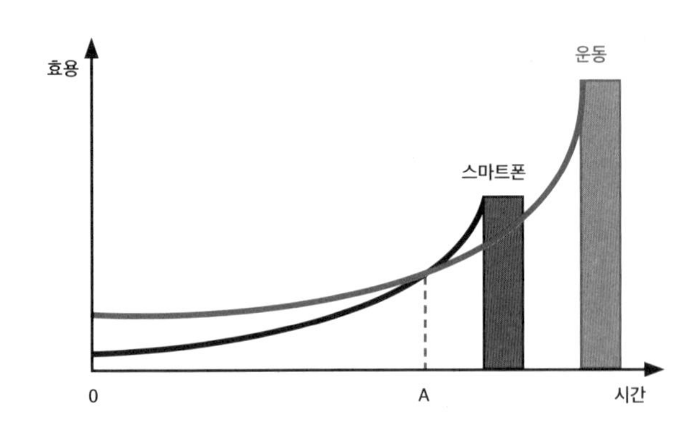

본다. 시간할인율은 미래의 효용을 현재 시점에서 어떻게 평가하는지 나타내는 개념이다. 행동경제학에선 사람들이 오늘 벌어지는 일과 1주일 뒤 벌어질 일의 효용을 다르게 여긴다고 본다. 먼 미래 사건의 효용은 더 낮게 평가하고, 가까운 미래 사건의 효용은 더 높게 평가한다는 얘기다.

행동경제학자들은 미래 사건의 가치를 더 낮게 평가하는 사람일수록, 즉 시간할인율이 높은 사람일수록 스마트폰에 중독되는 현상이 강하다고 본다. 〈표 1〉을 보면 스마트폰을 사용할 때의 효용보다 운동하는 것의 효용이 더 크다. 둘이 각각 실현된 시점에서는 그렇다. 하지만 미래에 실현될 일은 지금으로서는 효용이 더 낮게 느껴진다. 오늘 손에 쥐는 100만 원과 1년 뒤 손에 쥐는 100만 원의 가치를 다르게 평가하는 것과 같은 이치다.

그래프 가로축에서 0으로 표현된 현재 시점의 나는 이제 스마트폰 사용을 줄이고 밖에서 운동을 하자고 다짐한다. 지금의 나는 스마트폰보다 운동의 효용을 더 크게 평가한다. 뿌듯함과 건강의 효과가 더 크다는 걸 머리로 알고 있기 때문이다. 하지만 막상 시간이 지나 A시점에 스마트폰과 운동을 비교하니 효용의 크기가 뒤바뀐다. 당장 얻을 수 있는 작은 효용이 미래의 큰 효용보다 커 보이기 때문이다.

미래의 효용을 더 크게 할인하는 사람일수록 당장의 효용이 더 작아도 쉽게 유혹에 넘어간다. 〈표 2〉는 미래 효용을 얼마나 많이 할인하느냐에 따라 선택이 달라질 수 있다는 점을 나타낸 그래프다. 미래 운동의 가치를 적게 할인하는 사람은 스마트폰 대신 운동을 하러 나가지만 미래 운동의 가치를 많이 깎아버린 사람은 스마트폰을 택한다.

<표 2> 스마트폰 중독과 쌍곡선형 할인

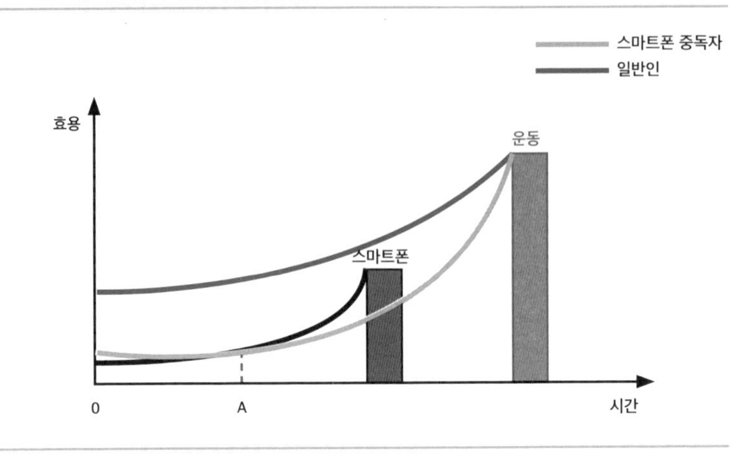

한 사람이 나서자 모두 동의, 이것이 펭귄 효과

영화 〈완벽한 타인〉은 친구들이 모여 스마트폰의 내용을 공유하는 게임을 하면서 생기는 사건을 다룬 소동극이다. 예진이 처음 스마트폰 게임을 제안했을 때 다른 친구들은 주저한다. 자신의 사생활을 드러내고 싶지 않은 마음과 다른 사람의 비밀을 알고 싶은 욕구가 각자의 머릿속에서 뒤섞인다.

주저하던 인물들이 모두 게임을 하는 데 동의한 건 무리 중 한 사람이 "재미있겠다"며 선뜻 뛰어들었기 때문이다. 한 사람이 결단하자 나머지도 슬금슬금 마음을 정한다. 모두가 동의해 게임을 시작하면서 인물들의 비밀도 서서히 드러난다.

이와 비슷한 현상을 가리키는 경제학 용어가 있다. '펭귄 효과'다. 특정 상품의 구매를 고민하는 소비자들이 주변의 누군가 상품을 구매하면 따라 사는 현상을 가리키는 말이다. 펭귄은 무리지어 생활하면서 바다에서 먹이를 구한다. 하지만 천적이 있을까봐 쉽사리 바다에 뛰어들지 못할 때가 생긴다. 이때 펭귄들 가운데 한 마리가 물에 뛰어들면 나머지도 모두 뛰어든다.

기업들은 이런 펭귄 효과를 적극적으로 활용한다. 많은 사람들이 이미 사용하고 있다는 느낌이 들도록 소비자 후기를 널리 퍼뜨리거나, 영향력이 큰 소비자에게 먼저 상품을 제공해 다른 소비자들을 유인하는 게 대표적인 사례다.

'퍼스트 펭귄'이라는 용어도 있다. 선구자 혹은 도전자라는 의미다. 바다에 뛰어들지 못하고 머뭇거리는 펭귄 틈에서 첫 번째로 뛰어든 펭귄을 뜻한다. 경쟁자들이 주저할 때 시장에 뛰어들어 판을 벌이는 혁신기업을 비유할 때 주로 쓴다.

영화의 소재인 스마트폰도 애플이라는 퍼스트 펭귄이 탄생시킨 제품이다. 퍼스트 펭귄은 성공하면 시장에서 막대한 초기 시장점유율을 끌어올 수 있다. 하지만 리스크도 있다. 아무도 시도하지 않았기 때문에 실패할 가능성도 그만큼 높다. 이 리스크를 높게 평가하는 기업은 퍼스트 펭귄을 빠르게 따라가는 패스트 팔로어 전략을 택하기도 한다.

사랑과 우정도 재화다

〈아가씨〉 관계의 경제학

보완재와 대체재로 보는 삼각관계

"내 인생을 망치러 온 나의 구원자, 나의 타마코, 나의 숙희."

2016년에 개봉한 〈아가씨〉는 일제강점기인 1930년대를 배경으로 한 영화다. 주인공 히데코(김민희 분)는 막대한 재산을 상속하게 될 귀족 아가씨다. 백작으로 위장한 사기꾼 후지와라(하정우 분)는 히데코와 결혼해 그의 재산을 가로채는 것이 목표다. 이를 위해 후지와라는 숙희(김태리 분)를 고용해 히데코와의 결혼을 성사시키는 걸 도우라고 요구한다. 숙희는 후지와라의 사기 결혼을 돕기 위해 히데코의 하녀가 된다.

히데코가 있는 저택은 늘 어둡고 우중충하다. 거대한 저택에서 남부러울 것 없어 보이는 고귀한 귀족 아가씨이건만 히데코는 행복하지 않다. 일본인 어머니는 히데코를 낳을 때의 후유증으로 사망했다. 일본인 아버지도 어머니의 죽음을 이기지 못하고 병을 얻어 얼마 지나지 않아 세상을 떴다. 귀족인 이모와 결혼한 친일파 조선인 이모부 고우즈키(조진웅 분)를 따라 다섯 살에 조선으로 건너왔다. 어머니 같던 이모는 목을 매 자살했고, 이모부는 어렸을 때부터 학대했다. 커서는 신사의 탈을 쓴 변태성욕자들 앞에서 음란 서적을 낭독하며 이모부의 책을 비싸게 파는 것에 이용당한다. 주변 사람 모두 히데코를 자신의 욕구를 충족하기 위한 도구로 보는 것이다.

마음 둘 곳 하나 없는 히데코는 경제학적으로 '관계재(relational goods)'가 없다고 해석할 수 있다. 관계재란 이탈리아의 사회경제학자 루이지노 브루니(Luigino Bruni)가 제안한 개념이다. 인간관계, 즉 다른 사람과 관계를 형성할 때 생기는 재화를 말한다. 가족애, 우정, 사랑, 동료애 등이다. 관계재는 제품과 같이 형태가 있는 재화가 아니라 서비스처럼 형태가 없는 무형의 재화다. 이 관계재는 행복에 영향을 미친다. 그 누구와도 관계를 형성할 수 없었던 히데코에게 관계재가 생길 리 만무했다. 행복을 찾으려는 히데코가 찾은 방법은 결혼을 이용한 탈출이었다.

사실 속임을 당하는 사람은 히데코가 아니라 숙희였다. 히데코의 목표는 재산을 빼앗으려고 조카인 히데코와 결혼까지 불사하려는 이모부로부터의 탈출이다. 이를 위해 히데코는 후지와라와 결혼한 뒤 이모부의 추적을 피하기 위해 숙희를 이용한다. 숙희를 후지와라 부인이라는 이름으로 정신병원에 가둬 이모부의 눈을 속이고 자신은 숙희의 이름으로 자유롭게 사는 것이다. 히데코에게 숙희는 자유로운 삶을 살기 위해 필요한 후지와라의 '보완재'일 뿐이었다. 경제학에서 보완재는 두 재화를 따로 소비하기보단 같이 소비할 때 효용이 늘어나는 재화를 의미한다. 빵과 잼처럼 같이 있을 때 좋아서 '협동재'라고도 한다.

그러나 히데코는 첫눈에 숙희가 마음에 들었던 데다 숙희가 자신을 헌신적으로 보살피면서 진심도 보여주자 탈출 계획을 바꾼다. 숙희에게 자신의 본래 계획을 말하고 둘이서 외국으로 도망가기로 한다. 이 때부터 숙희와 후지와라의 관계는 '대체재'로 바뀐다. 대체재란 콜라와 사이다처럼 비슷해서 동일한 효용을 얻을 수 있기에 대체할 수 있는 재화를 의미한다. '경쟁재'라고도 하는 이 재화관계에서는 둘 중 하나를 선택하게 된다. 치근덕대고 강제로 성관계를 맺으려고 한 추접스러운 후지와라를 이모부에게 버리고 숙희만 데리고 간 히데코처럼 말이다.

보완재와 대체재는 경제학에서 수요의 교차탄력성으로 설명된다. 수요의 교차탄력성이란 어떤 상품의 가격이 변화한 데 대한 다른 상품의 수요량의 변화를 보여주는 지표다. 〈표 1〉에서 X의 가격이 올라

$$\text{수요의 교차 탄력성} = \frac{\text{재화 B의 수요량 변화율}}{\text{재화 A의 가격 변화율}}$$

서(수요 감소) Y의 수요도 감소하면 두 상품은 보완재다. 수요의 교차탄력성이 음수다. 라면의 가격이 오르면 달걀도 적게 팔린다. 반대로 A의 가격이 올랐는데(수요 감소) B의 수요가 늘어나면 두 상품은 대체재다. 수요의 교차탄력성은 양수다. 돼지고기 가격이 인상됐을 때 소고기가 많이 팔리는 식이다.

물론 히데코와 숙희, 둘의 마음이 순탄하게 이어진 것은 아니다. 본

<표 1> 대체재 관계와 보완재 관계

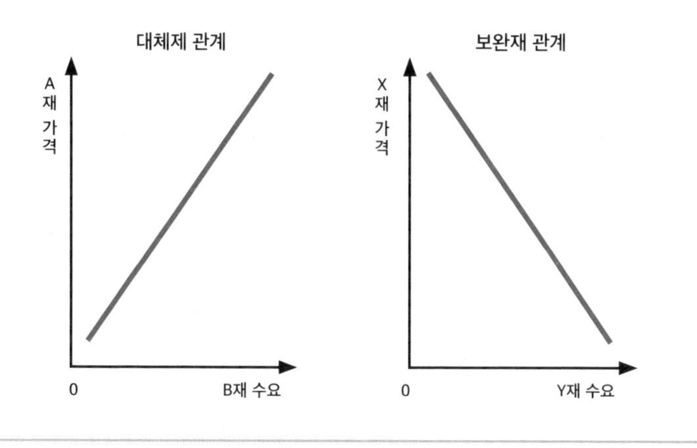

격적으로 작당하기 전 둘은 서로 마음에 들었지만 확신이 부족한 상태였다. 숙희를 속이고 백작과의 결혼을 고민하는 히데코에게 숙희는 좋아한다는 제대로 된 신호를 보내야 했지만, "결국 백작을 사랑하게 되실 것"이라는 마음에도 없는 말로 잘못된 신호를 보내자 히데코는 정원 나무에 목을 매는 자살 소동까지 벌인다.

이 정보 차이를 해결하기 위해 노벨 경제학상 수상자인 마이클 스펜스(Michael Spence) 뉴욕대 교수는 '신호 이론(signaling theory)'을 제시했다. 우리는 구애할 때 마치 신호를 보내는 것처럼 애정을 상대에게 전달한다. 이를 경제학 용어로 '신호 보내기(signaling)'라고 한다.

반대로 구애를 받는 입장에서는 구애자의 진심을 판단해야 한다. 이 작업을 '선별(screening)'이라고 부른다. 서로에 대한 정보가 절대적으로 부족하기 때문에 숙희는 자신의 애정과 헌신을 한정된 시간 안에 명확하게 보여주는 신호를 히데코에게 보낼 필요가 있었다.

성소수자 존중 기업에 구매력으로 화답

"태어나는 게 잘못인 아기는 없어요. 갓난아기랑 얘기할 수만 있었어도 아가씨 어머니께선 이렇게 말씀하셨을 거예요. 너를 낳고 죽을 수 있어서 운이 좋았다고. 하나도 억울하지 않다고."

자신을 낳다 어머니가 죽었다며 자책하는 히데코에게 숙희는 이렇게 말한다. 이는 이모부와 후지와라 백작 사이에서 수동적인 인형에 가까웠던 히데코가 능동적인 인간이 되는 계기가 된다. 영화 후반부에 히데코는 숙희와 함께 이모부가 애지중지하던 책들을 다 찢고 망가뜨리면서 그의 구속으로부터 완전히 벗어나고, 평생을 함께할 짝과 중국 상하이로 떠나기 위해 남장까지 무릅쓴다.

숙희의 등장으로 인한 히데코의 변화는 넛지 효과로 설명될 수 있다. 넛지란 강요가 아니라 부드러운 개입을 통해 사람들의 행동이 달라지도록 하는 것을 말한다. 행동경제학에서는 강제하지 않고 행동을 유도한다는 의미에서 '자유주의적 개입주의'라고 정의한다. 숙희가 히데코에게 스스로의 인생을 바꾸라고 직접 말하진 않았지만, 죄책감을 풀어주는 말을 함으로써 향후 행동을 바꾸게 한 것이다. 사랑하는 사람의 진정성 있는 말 한 마디가 인생을 바꾸는 넛지가 될 수 있다는 것을 보여준 셈이다.

〈아가씨〉는 귀족 아가씨와 하녀의 사랑을 그린 퀴어영화다. 퀴어영화로는 드물게 대중의 주목을 끌었고 한국 상업영화의 장르적 지평을 넓혔다는 평가를 받고 있다. 해외에서도 인정받아 한국 영화 최초로 영국 아카데미 영화상을 수상했다.

영화계에 〈아가씨〉와 같은 퀴어영화가 나오는 것처럼 경영계에서도 성소수자들의 영역이 넓어지고 있다. 팀 쿡 애플 CEO는 2014년 〈블룸버그 비즈니스위크〉 기고문을 통해 자신이 게이임을 커밍아웃했다. 그는 여전히 애플 CEO로 활발하게 활동하고 있다. 해외에선 이들을 위한 판결도 나오고 있다. 2020년 6월 〈뉴욕타임스〉 등 외신에 따르면 미국 대법원은 '성별을 이유로 한 차별을 금지하는 민권법 제7조가 동성애자와 트랜스젠더에게도 적용된다'고 판결했다. 기업이 직원의 성적 취향, 성정체성을 이유로 해고할 수 없다는 의미다.

성소수자를 적극 지지하는 기업도 늘어나고 있다. 성적 다양성을 옹호하는 태도를 통해 좋은 기업이라는 이미지를 얻을 수 있고, 좋은 기업 이미지를 마케팅에 활용할 수 있기 때문이다. 나이키, 아디다스, 스타벅스 등은 성소수자의 권리를 지지하는 상품을 꾸준히 출시하고 있다. 코스메틱 브랜드 러쉬는 서울을 비롯한 세계의 퀴어문화축제에 계속 참여하고 있다. 2019년 오비맥주의 대표 맥주 브랜드 카스는 서울퀴어퍼레이드를 맞아 성소수자를 지지하는 광고를 게시했다. 저관여 상품 브랜드뿐만이 아니다. 고관여 상품 브랜드인 BMW도 2020년 7월 성소수자의 상징인 무지개를 활용한 로고로 페이스북 프로필 사진을 바꿔 지지를 표시했다.

기업의 성소수자 공개 지지는 성소수자 커뮤니티가 가진 시장성 때문이라는 분석이 나온다. 이들의 구매력은 '핑크 머니'라고 한다. 컨설팅업체 프로스트앤드설리번에 따르면, 세계에서 자신을 성소수자라고 밝히는 사람이 2018년 4억 5,000만 명에서 2023년 5억 9,100만 명으로 늘어날 전망이다. 성소수자에 친화적인 기업에 소비를 집중하

<그림 1> "나는 성소수자" 밝히는 사람 늘어난다 (단위 : 명)

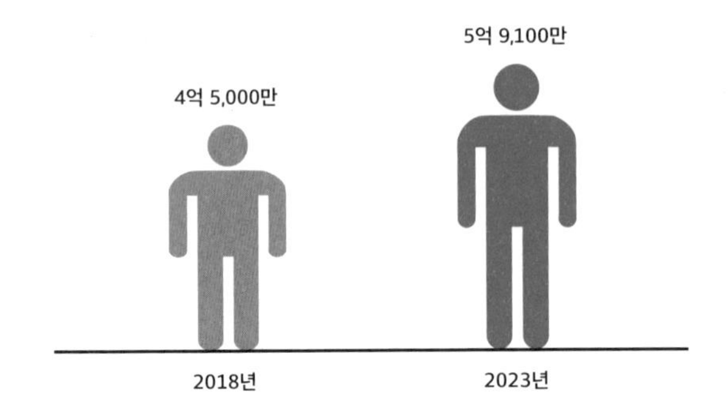

자료 : 프로스트앤드설리번

는 이들이 상당히 늘어난다는 것이다. 비(非)성소수자에 비해 성소수자들이 평균 가처분소득이 높다는 조사 결과도 있다.

국내기업도 성소수자 대상 마케팅에 참여한 바 있다. 현대자동차도 2019년 6월 성소수자의 달을 맞아 미국에서 성소수자를 지원하는 영상 콘텐츠를 제작했다.

카르페 디엠! 수능은 인생의 성적표가 아냐

〈죽은 시인의 사회〉 입시의 경제학

확률 낮아도 효용 크면 베팅

"장미꽃 봉오리를 따려면 지금. 시간은 말없이 흐르고, 오늘 활짝 핀 꽃송이도 내일 질 것이다. 이런 감정을 라틴어로 '카르페 디엠'이라고 한다. 현재를 즐기라는 뜻이지. 우리는 언젠가 반드시 죽는다. 여기 사진 속 60년 전 이 학교를 다닌 선배들의 얼굴이 있다. 희망찬 눈빛, 웃음 모두 여러분과 같지. 이들은 지금 어디 있을까? 소년 시절의 꿈을 한평생 마음껏 펼쳐본 사람이 이 중 몇 명이나 될까?"

'카르페 디엠'으로 잘 알려진 영화 〈죽은 시인의 사회〉는 1950년대 미국의 보수적인 교육제도를 대표하는 웰튼아카데미에 영어 선생 존 키팅(로빈 윌리엄스 분)이 부임하며 시작된다. 자율성이 억압됐던 학생들이 키팅 선생의 가르침과 시를 통해 주체적인 인간으로 성장하는 과정을 담았다. 영화감독 톰 슐만이 실제 모교에서 겪었던 경험을 바탕으로 제작했다.

영화의 배경인 웰튼아카데미는 미국 최고의 명문 학교다. '아이비리그 진학률 75%'가 가장 큰 자랑이다. 이곳의 모든 수업과 규칙은 입시 위주다. 그래서 학부모에게 인기가 많다. 영화의 시작인 웰튼의 입학식에 참석한 학부모들의 얼굴에는 자부심이 넘친다. 웰튼의 최고 모범생 닐 페리(로버트 숀 레너드 분)와 친구들, 부모의 성화로 전학 온 토드 앤더슨(에단 호크 분)까지.

2학년이 된 16세 소년들에게 이곳은 '헬(hell)튼'이다. 첫날부터 수업을 빼곡히 듣고 스터디 그룹을 짜 공부를 해야 한다. 동아리와 학생회 등 과외활동은 교장이 지정한다. 낯선 풍경은 아니다. 한국도 뒤지지 않는다. 학부모들은 아이들을 명문대에 보내기 위해 거금을 들여 사교육을 시키고 좋은 고등학교에 입학시키려 한다. 아이가 학원을 몇 개씩 가고 독하게 공부해도 명문대에 간다는 보장은 없다. 그럼에도 적지 않은 부모들이 입시 열풍에 동참하는 이유는 '기대효용 이론'으로 설명할 수 있다.

결과가 불확실한 상황에서 사람들은 의사결정을 할 때 그 결과가 실제로 발생할 확률과 결과로 얻을 효용을 계산해 기댓값을 산출한다. 명문대에 입학할 확률이 낮아도 입학으로 얻는 효용이 크다면 기댓값도 커지므로 도전한다. 영화 속 웰튼아카데미 학생들은 명문대에 진학할 확률도 높아 혹독하게 공부시키지 않을 이유가 없다.

문제 알고도 강행하는 '콩코드 오류'

새로 부임한 영어 선생은 독특하다. 아이들의 아이비리그 진학에 별 관심이 없다. 자신을 이름 대신 '오, 선장님(captain)! 나의 선장님!'으로 부르길 원한다. 남들과 맞춰 걷지 말고 원하는 대로 걸으라고 한다. 갑자기 교탁에 올라 교실을 내려다보라고 시키더니 세상을 다른 시각에서도 보라고 한다.

아이들은 두려우면서도 궁금하다. 자신의 신념대로 만들어가는 삶은 어떤 삶인가. 부모와 세상의 기준대로 명문대에 입학해 전문직이 되는 삶과 무엇이 다른가.

영화 속 모든 아이들의 계획에는 아이비리그가 있다. 명문대를 가야 좋은 일자리를 얻는다는 믿음이 굳건하다. 2001년 정보경제학으로 노벨 경제학상을 받은 마이클 스펜스는 경제학에 신호라는 개념을 도입해 이 믿음의 이유를 설명했다. 기업은 우수한 인재를 뽑으려 채용을 한다. 그러나 지원자들은 자신의 단점은 감추고 장점을 과장한다. 기업은 짧은 채용 과정에서 이들의 말이 사실인지 판별할 만큼 정보가 충분하지 않다.

<표 1> 고용시장에서 정보의 비대칭성과 해법

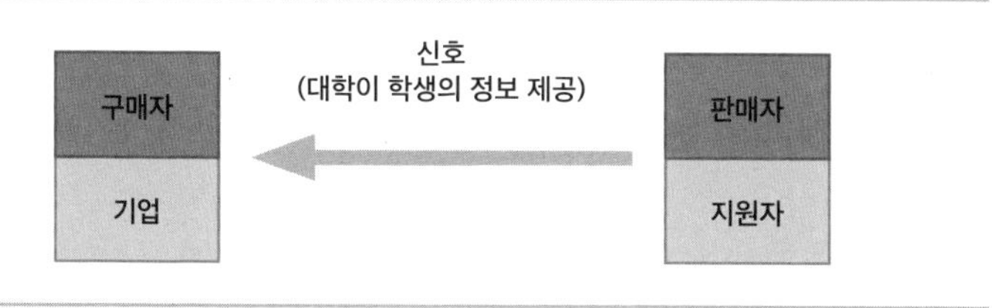

스펜스는 학교가 정보의 비대칭성을 보완할 수 있다고 봤다. 대학은 시험과 면접 등 다양한 전형으로 학생을 선발해 4년간 가르치고 학점으로 평가한다. 기업은 지원자가 어느 대학에서 어떤 학점을 받았는지 보고 그의 역량을 일부 추정할 수 있다. 대학이 지원자들에 대한 정보를 제공하는 선별 역할을 하는 셈이다.

경험이 쌓이면 기업들이 신뢰하는 대학도 생긴다. 특정 대학의 졸업생들이 업무를 잘 해내면 지원자는 이 대학 출신이라는 것만으로 인재라는 신호를 기업에 줄 수 있다. 그렇게 명문대가 만들어진다.

키팅 선생은 달랐다. 그는 아이들을 우수한 자원으로 취급하지 않았다. 학교를 기업의 인재양성 기관으로 여기지도 않았다. 그래서는 안 된다고 생각했다. 대신 카르페 디엠, 현재에 충실하라고 아이들에게 당부했다. 마냥 놀라는 뜻이 아니었다. 그는 아이들이 스스로가 어떤 사람인지 들여다보고 주체적인 삶을 살길 바랐다. 입시가 아닌 인생을 위한 교육이었다.

가장 큰 영향을 받은 학생 중 한 명은 닐이었다. 닐은 원하는 것을 하고 살아본 적이 없었다. 그의 아버지는 하버드에 입학해 의사가 되기 위한 활동 말고는 아무것도 허용하지 않았다. 그랬던 닐이 친구들과 클럽 '죽은 시인의 사회'를 만들고, 꿈꾸던 연극에 도전한다. 그는 몰래 오디션을 보고 중요한 배역을 맡게 된다. 연극 전날 이를 안 아버지가 그만두라고 강요하지만 처음으로 거역한다.

닐은 연극에서 마음껏 재능을 펼친다. 관객과 단원 모두 극찬한다. 그러나 아버지는 닐을 집으로 끌고 온다. "널 위해 많은 희생을 치렀다"며 "하버드에 가 의사가 된 후에 마음대로 하라"고 분노한다. 좌절한 닐은 극단적 선택을 한다.

연극을 본 아버지가 생판 남인 관객도 느낀 아들의 재능과 열정을 몰랐을 리 없다. 그러나 '하버드 출신 의사 아들'이라는 목표는 절대적이었다. 닐의 집은 웰튼의 다른 친구들처럼 부유하지 않았다. 그만큼 아들에게 투자한 돈과 시간이 크게 느껴졌을 터다. 닐 아버지의 마음을 가늠할 수 있는 현상은 '콩코드 오류'다. 자신의 결정이 잘못된 것을 알면서도 매몰비용 등을 이유로 인정하지 않다가 더 큰 실패를 하는 것을 뜻한다. 영국과 프랑스가 1962년 개발한 세계 최초 초음속 여객기 콩코드가 소비자의 외면으로 관리비용을 축내다 폭발사고로 인명피해를 낸 뒤 2003년 운항을 중단한 사건에서 유래했다.

학교는 키팅 선생에게 닐의 죽음에 대한 책임을 묻는다. 아이들을 선동했다는 이유로 그는 웰튼에서 쫓겨난다. 키팅 선생과 아이들의 패배 같지만 변화는 이미 시작됐다. 그의 수업에 불만을 가졌던 라틴어 선생도 그를 따라 하기 시작한다. 아이들은 그들만의 방식으로 키팅 선생을 배웅한다. 가장 내성적인 토드가 첫 번째로 책상 위에 올라서자 교장이 퇴학시킨다고 협박하지만, 수십 명의 아이가 따라 오르자 말리지 못한다.

대학수학능력시험이 세상의 전부처럼 느껴질 수험생들에게 〈죽은 시인의 사회〉는 힘주어 전한다. 입시가 인생의 전부는 아니라는 것, 삶은 그 자체로 가치 있으며 앞으로 어떤 인생을 사는지가 훨씬 중요하다는 것, 함께 용기를 낸 웰튼의 아이들처럼 역경의 순간에는 옆에 있는 사람들과 서로 의지하며 버텨내면 된다는 것을.

'헬튼'이라고 욕을 하지만 영화 속 아이들에게는 웰튼아카데미 학생이라는 자부심이 있다. 열심히 공부해서 실력을 인정받아 미국 최고의 명문 사립학교에 입학했다는 자신감이다. 하지만 웰튼아카데미가 실력 있는 학생 누구에게나 열려 있는 학교일까.

닐의 친구 낙스 오버스트릿(조시 찰스 분)의 아버지는 법률회사를 운영한다. 웰튼에서 가장 자유분방한 찰리 달튼(게일 핸슨 분)은 은행장의 아들로 보인다. "우리 집은 찰리네처럼 부유하지 않다"는 닐도 여름학기 수업을 따로 듣고, 집에 고풍스러운 서재와 넓은 방이 여러 개 있다. 토드 앤더슨의 부모는 그와 그의 형을 모두 사립학교인 웰튼에 보냈다.

만약 닐이 무직이나 전과자 아버지의 아들이었다면 아무리 열심히 공부해도 웰튼에 입학할 수 있었을까. 토드의 부모가 중산층이었다면 형제의 사립학교 등록금을 감당할 수 있었을까. 아이들의 능력도 물론 중요하지만, 부모의 재력과 의지가 뒷받침됐기에 이들이 웰튼에 입학해 아이비리그의 꿈을 꿀 수 있었다.

최근 마이클 샌델 하버드대 교수가 낸 책 《공정하다는 착각》은 이런 내용을 다루고 있다. 능력주의 사회인 미국은 능력이 뛰어난 자에게 더 많은 보상을 주는 것을 당연하게 여긴다. 전제로 모든 개인에게 능력을 마음껏 발휘할 수 있는 기회가 공평하게 주어져야 한다. 그러나 현실에서 완전히 공평한 기회는 찾기 어렵다. 기회도 부모의 사회적 지위와 재력 등 환경에 따라 결정될 수 있어서다.

<표 2> 대학별 고소득층 자녀 비율 (단위 : %)

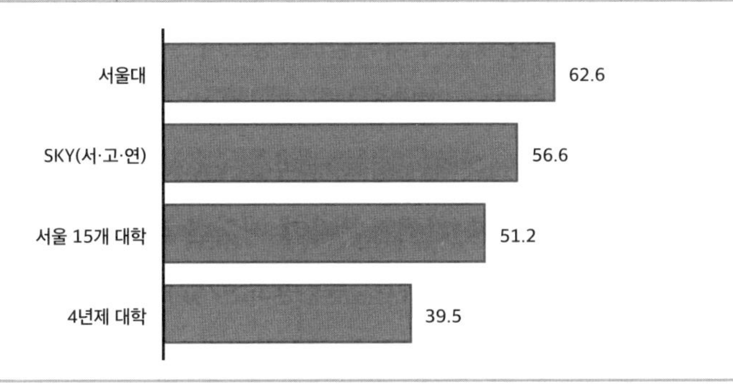

* 고소득층 : 소득이 중위소득 대비 150%를 초과하는 가구. 2020년 기준.
자료 : 한국장학재단, 강득구 더불어민주당 의원

샌델 교수가 우려하는 건 능력주의로 인한 사회의 분열이다. 그에 따르면 능력주의 사회에서 성공한 사람들은 자신의 능력을 과신하고 실패한 이들을 무시하기 쉽다. 실패한 이들은 자괴감을 갖게 되고, 성공한 이들의 편견 어린 시선에 모욕감을 느낀다. 소방관과 환경미화원처럼 고학력이 아닐지라도 사회에 중요한 기여를 하는 사람들, 자신이 선택한 일을 통해 가족을 부양하고 공동체를 꾸려가는 평범한 이들이 존중받을 방법을 찾지 않는다면 사회는 지속되기 어렵다.

학력을 능력의 가장 중요한 지표 중 하나로 삼는 한국도 비슷하다. 강득구 더불어민주당 의원이 한국장학재단으로부터 받은 '2020년 대학별 국가장학금 신청자 현황'에 따르면 서울대의 국가장학금 신청자 중 가구의 월소득이 중위소득의 150% 이상인 고소득층 자녀 비율은 62.6%로 절반을 넘었다. 중위소득의 70% 이하인 저소득층 자녀 비율은 18.4%였다.

LOAN ECONOMY MONEY

DIAGRAM GRAPHIC CHART UP

CREDIT CARD DOWN

4장

차별과 페미니즘

– 여자가 돈을 적게 받는 건 남자보다 능력이 없어서일까

여자가 돈을 벌 수 있는 방법은

〈작은 아씨들〉 예술의 경제학

네 자매는 왜 예술인을 꿈꿨나

"여자는 사랑이 전부라는 말, 지긋지긋해요."

조(시어셔 로넌 분)는 남북전쟁이 한창이던 1860년대, 미국의 한 시골 마을의 평범한 집에서 나고 자란 천방지축 소녀다. 아버지는 전쟁터로 떠나 없지만, 네 자매가 사는 조의 집은 늘 시끌벅적하다. 멋을 낼 줄도, 이성과 어울릴 줄도 모르며 선머슴처럼 살던 그는 언니 메그(에마 왓슨 분)에게 등 떠밀려 간 사교파티장에서 우연히 만난 이웃의 부잣집 청년 로리(티모테 샬라메 분)와 급격히 가까워진다.

그레타 거윅 감독의 〈작은 아씨들〉은 1968년 출판된 소설(원작명 《Little Women》)을 바탕으로 만든 영화다. 네 자매의 성장 스토리를 그린 이 소설은 1933년부터 아홉 번이나 영화로 리메이크돼 개봉될 정도로 큰 인기를 끌었다. 2019년 개봉한 이 영화 역시 19세기 여성의 삶과 당시의 경제적 배경을 생생하게 그려냈다는 평가다.

네 자매는 예술적 재능이 남다르다. 메그는 배우를 꿈꾸고, 조는 작가 지망생이다. 셋째 베스(엘리자 스캔런 분)와 막내 에이미(플로렌스 퓨 분)는 각각 음악가와 화가를 꿈꾼다. 하지만 이들을 돕는 대고모(메릴 스트립 분)는 부잣집 남자를 만나 결혼할 것을 종용한다. "창녀나 배우가 아니면 여자는 돈을 벌 길이 없다"면서.

실제로 영화의 배경인 19세기까지 대부분 나라에서 여성은 교육과 직업의 기회를 거의 갖지 못했다. 여성은 재산권을 얻지 못했고, 기혼 여성은 남편의 소유로 인정됐다. 극 중 로리에게 따지는 에이미의 대사에 이런 모습은 고스란히 녹아 있다. "돈도 없지만, 만약 있더라도 결혼하는 순간 남편 소유가 돼. 그리고 아이를 낳아도 남편 소유야. 남편의 재산이지. 그러니까 결혼이 경제적인 거래가 아니라곤 하지 마."

이런 탓에 여성이 합법적으로 돈을 벌 수 있는 길은 성공한 배우나 예술가가 되는 것 외에는 거의 없었다. 그마저 성공하기는 하늘의 별 따기였다. 조가 남성인 친구의 이름으로 책을 내 돈을 버는 것도 그런 이유였다.

반대로 로리와 그의 할아버지 로렌스는 특별한 일을 하지 않지만 대저택에서 호화롭게 산다. 미국의 사회학자 소스타인 베블런(Thorstein Veblen)은 1899년 《유한계급론》에서 생산활동에 종사하지 않으면서 소유한 재산으로 소비만 하는 계층을 '유한계급'으로 정의했다. 노동에 종사하지 않으면서 명예를 주로 추구하는 계층을 일컫는 말이다. 베블런은 인간이 소유권을 갖게 되면서 유한계급이 나타났다고 봤다. 특히 남성이 여성을 '소유'하기 시작하면서 유한계급은 남성의 영역이 됐다는 설명이다.

네 자매는 로리와 연극 소모임을 하면서 가족처럼 가까워진다. 이들은 자주 로리의 집으로 향한다. 거대한 서재와 대형 피아노가 있는 집은 자매에게는 꿈같은 공간이었다. 첫째 메그는 그곳에서 만난 로리의 과외 교사와 사랑에 빠진다. 로리는 조를 짝사랑하지만, 마음을 숨긴 채 친구처럼 지낸다.

예술에 후원이 필요한 이유는

가난 탓에 꿈에 다가가기 쉽지 않던 자매에게도 기회가 주어진다. 로렌스는 음악에 열정을 가진 베스를 위해 피아노를 선물한다. 재력가 대고모도 프랑스로 떠나며 에이미를 데려간다. 지원을 해줄 테니 예술의 본고장에서 배워 성공하라는 주문이었다.

이들은 왜 빈손이던 예술가 지망생 자매를 지원했을까. 물론 선의에서 나온 행동이겠지만 유한계급론으로 돌아가볼 필요가 있다. 베블런은 유한계급이 '과시 소비'를 통해 부를 드러내는 경향이 있다고 봤다. 대표적 대상이 예술이었다. 중세 이후 예술가들은 대부분 유한계급의 후원을 받아 성장했고, 이 때문에 당시 미술과 음악, 건축 분야가 급격히 발전했다는 해석이 많다. 귀족들이 가난한 화가를 후원하고 대신 자신을 그려달라고 부탁한 초상화가 작품으로 남은 사례도 적지 않게 찾아볼 수 있다.

<표 1> 예술은 어떤 재화인가

구분	배제성	비배제성(배제 불가능)
경합성	사적 재화	한강물(공유재)
비경합성	유료 방송, 케이블TV	예술, 국방, 사법(공공재)

오늘날에는 유한계급 대신 정부나 기업이 주로 예술을 후원한다. 경제학적으로는 예술에 공공재적 성격이 있다고 보기 때문이다. 〈표1〉을 보면 공공재는 비경합성(사용 시 경합이 생기지 않는 특성)과 비배제성(사용 시 누군가를 배제할 수 없는 특성)을 갖는다. 수익을 내기 어렵지만 모두에게 필요한 재화인 경우 대부분 정부 예산이나 기업 지원 등을 통해 운영된다. 개인의 정서와 도시 분위기 등에 미치는 긍정적 역할을 고려할 때 공공재로 볼 수 있다는 게 경제적 시각이다.

따뜻한 후원에도 네 자매가 모두 꿈을 이루지는 못한다. 메그는 배우를 포기하고, 가난하지만 마음이 따뜻한 로리의 과외 교사와 결혼을 택한다. 에이미는 야심차게 오른 유학길에서 천재들을 만나며 오히려 자신의 한계를 깨닫는다. 그는 부잣집 청년의 청혼을 받아주기 직전, 우연히 로리와 다시 조우하며 진짜 사랑이 누군지 깨닫는다. 조에게 거절당한 뒤 한참을 방황하던 로리도 에이미에게 마음을 정착한다. 둘은 부부가 되기로 한다. 자신의 힘으로 꿈에 가까워진 건 조가 유일했다. 그는 로리의 고백을 거절하고 가족의 품도 떠나 뉴욕에서 작가로 데뷔한다. 그곳에서 유학생 프리드리히도 만난다.

가족이 다시 만난 건 베스 때문이었다. 어려서부터 몸이 약하던 베스는 당시 유행병이었던 성홍열을 앓게 된다. 전쟁터로 떠났던 아버지까지 돌아오면서 모두가 한자리에 모이지만, 결국 베스는 세상을 등지고 만다. 가족은 서로를 다독이며 일상을 되찾는다. 조를 제외한 모두에겐 곁에 반려자가 있다.

조도 제 짝을 찾는다. 프리드리히가 조를 만나러 왔다가 돌아간 날, 평소와는 다른 조의 태도에 가족들은 외친다. "그게 바로 사랑이야. 놓치지 마!" 조는 프리드리히가 떠나는 기차역까지 한걸음에 달려가 먼저 고백한다.

웃음과 울음이 뒤섞인 네 자매의 인생 이야기가 곧 조의 소설의 줄거리가 된다. 진심이 담긴 역작이지만, 출판사를 통하지 않고는 이를 대중에게 알릴 수 있는 방법이 없었다. 초기의 막대한 고정비용을 개인이 감당할 수 없기 때문이다.

이 때문에 출판을 비롯한 음악, 영화, 방송 등 대부분의 예술은 기업을 통해 전파된다. 대신 개인은 무형의 재산권인 저작권을 갖고, 기업은 개인에게 이에 대한 비용을 준다. 이 구조는 플랫폼만 다양화됐을 뿐 오늘날에도 유지되고 있다.

조 역시 이런 과정을 거친다. 출판사는 원고를 회사 소유로 바꾸고 싶어 하지만, 영리한 조는 저작권을 지켜낸다. 인세 조건도 유리하게 받아낸다. 무형의 재산권인 지식재산권을 인식한 것이다. 단, 조건이 걸렸다. "주인공(조)이 결혼을 하지 않으면 해피엔딩이 아니니, 결혼하는 것으로 결말을 바꾸라"는 것. 비용을 투자하는 출판사로서는 당시 기준으로 리스크를 최소화해 수익을 높이려는 선택이었을 것이다.

원작소설 《작은 아씨들》에서는 조도 다른 자매들처럼 결혼하는 것으로 끝이 난다. 영화 마지막 장면의 조도 마찬가지다. 결혼을 하고, 남편인 프리드리히와 짝을 지어 다른 가족들과 함께 둘러앉아 평화롭게 식사를 한다. 그러나 감독은 이를 조의 소설 속 엔딩처럼 처리한다. 실제 조의 선택을 '열린 결말'로 남겨둔 셈이다.

만약 조가 현재를 살고 있었다면 어땠을까. 유한계급도, 미디어의 독점도 흐릿해진 세상 속에서 낸 소설의 결말은 영화 속 그의 대사와 같지 않았을까. "나는 차라리 자유로운 독신이 되어서, 스스로 노를 저어나가겠어요."

작은 아씨들과 아버지를 생이별하게 한 남북전쟁

〈작은 아씨들〉에서 네 자매의 아버지는 한동안 전쟁터에서 돌아오지 않는다. 어머니는 아들 둘을 전쟁터로 보냈다가 잃었다는 다른 노인의 말을 듣고 눈시울을 붉히며 자신의 목도리를 풀어서 둘러준다. 이 전쟁은 100만 명 넘게 사망한 것으로 알려진 남북전쟁이다. 노예해방 전쟁으로 흔히 알려져 있지만, 이면에는 상이한 산업 구조와 관세 갈등 등 경제적 이유가 있다는 분석이 많다.

영화 배경이 된 1860년대 미국은 북부와 남부가 각기 다른 산업 구조를 갖고 있었다. 북부는 신흥 자본가들을 중심으로 빠르게 산업화를 진행했고, 남부는 대규모 농장과 노예를 소유한 귀족 중심의 농업이 주된 산업이었다. 여기에 미국 정부가 제조업 중심의 산업화정책을 추진하면서 북부로 자본 투자가 몰렸다. 이 때문에 북부의 경제성장 속도가 남부보다 훨씬 빨랐다.

남부 농장주들의 주된 수입 기반은 담배와 목화였다. 당시 영국 상류층에 흡연문화가 퍼지면서 담배 수요가 크게 늘자 남부의 대농장주들은 큰 부를 축적할 수 있었다. 조면기(목화씨를 빼는 기계)가 발명되면서 목화 수출 역시 큰 비중을 차지하게 된다. 노예제도는 목화와 담배 농장 운영을 위한 기반이었다. 남부에서 노예 해방에 반대한 것도 이런 이유였다.

결정적인 문제는 관세였다. 수출입 물품에 고율의 관세를 부과하는 '모릴 관세법'을 계기로 남부의 불만이 커지기 시작했다. 그렇지 않아도 남부가 내는 세금이 월등히 많았기 때문이다.

〈표 2〉를 보면 1791년부터 1845년까지 남부가 낸 관세는 7억 1,000만 달러였지만 북부가 낸 관세는 2억 1,000만 달러에 불과했다.

<표 2> 미국 북부와 남부의 관세 차이

(단위 : 만 달러)

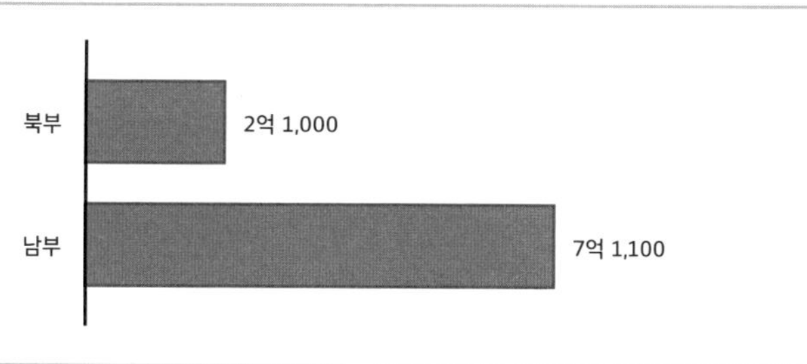

* 1791~1845년 기준 지불 관세
자료 : 김태희 강릉원주대 교수 논문

반면 관세로 거둬들인 연방 예산은 북부에 배정된 비중이 네 배가량 많았다. 목화와 담배 수출을 주로 하면서 다른 생필품이나 사치품은 영국에서 수입해 사용하는 비중이 높던 남부는 관세 문제에 예민할 수밖에 없었다.

결국 남북은 4년에 걸쳐 치열하게 싸웠고, 남부의 패배로 끝을 내렸다. 산업 구조상 이기기 어려운 전쟁이었다는 해석이 많다. 노예를 모두 포함해도 북부의 인구가 두 배 이상 많았고, 전력에서도 뒤졌다. 전쟁 무기 등을 제조하는 시설도 대부분 북부에 몰려 있었다.

〈작은 아씨들〉의 네 자매 아버지는 북군으로 전쟁에 참여했다. 그 덕에 승전고를 울리고 무사히 돌아온다. 그러나 전쟁이 일어나지 않았더라면, 작은 아씨들은 조금 더 행복한 유년을 보낼 수 있지 않았을까.

②

우리가 고용된 건 치마를 입어서가 아니라 안경을 썼기 때문이야

〈히든 피겨스〉 차별의 경제학

차이를 차별하던 시대

1960년대 미국은 조급했다. 러시아에 맞서 우주개발 경쟁을 벌이고 있었지만, 한 발짝 뒤에서 좇아가기 바빴다. 러시아가 유리 가가린을 태운 유인 우주선을 쏘아 올리는 동안 미국의 우주선은 대기권도 뚫지 못하고 불덩이가 됐다. 컴퓨터도 없던 시절. 미국항공우주국(NASA) 직원들은 우주선을 쏘아 올리기 위해 손으로 수많은 계산을 해야 했다. 대다수를 차지하는 백인 남성 직원들이 우주선의 궤적을 그리고 계산을 하면 백인과 흑인 여성들이 계산을 복기했다.

영화 〈히든 피겨스〉는 사람이 우주에 가는 것보다 흑인과 백인이 한 교실에서 수업을 받는 게 더 어려워 보였던 시절, 나사에서 계산을 담당했던 흑인 여성 3명을 주인공으로 내세운다. 능력과 별개의 이유로 차별받던 주인공들이 각자의 방식으로 능력을 펼치게 되는 게 핵심 줄거리다. 1958년부터 1963년까지 진행된 나사의 유인 우주선 프로젝트인 머큐리 계획에 크게 기여했던 사람들의 실화를 바탕으로 한 영화다.

영화는 소수자가 노동시장에서 받는 직간접적 차별을 그렸다. 세 주인공은 흑인이라는 이유로 버스 뒤 칸에 앉아야 하고, 사무실 안의 커피포트조차 백인과 같이 쓸 수 없다. 여성이라는 이유로 무릎까지 내려오는 치마와 굽 높은 구두를 신어야 하고 정부 관료가 참석한 주요 회의에는 참석할 수 없다. 주인공 중 한 명인 캐서린(타라지 P. 헨슨 분)이 건물 밖에 있는 유색인종 여자 화장실을 쓰려고 빗속을 달리는 장면은 흑인 여성이 시달렸던 겹겹의 차별을 상징적으로 드러낸다.

세 주인공에 대한 차별은 직접적일 때도 있지만 간접적으로도 이어졌다. 간접 차별은 인종 및 성별을 기준으로 하지는 않지만 결과적으로 특정 집단에 불이익을 야기하는 차별을 의미한다. 엔지니어 팀장이 전직을 권할 정도로 자질이 있는 메리(저넬 모네이 분)는 엔지니어를 꿈꾸지 못한다. 나사에서 엔지니어로 일하려면 버지니아대 및 햄프턴고교의 학위가 필요해서다. 언뜻 성별, 인종과는 무관하게 보이는 공정한 학력 조건이지만 알고 보면 두 곳 모두 흑인의 입학을 받아준 적이 없는 학교다. 메리는 햄프턴고교에 들어가기 위해 법원에 청원을 내고, 이 학교 최초의 흑인 여성 학생이 된다.

노동시장에서 인종과 성에 따른 차별은 다양한 모습으로 나타난다. 고용 인원의 차이가 대표적이다. 영화 속 나사 우주임무본부 사무실엔 수십 명의 직원이 일하지만 여성은 둘뿐이다. 본부장 업무를 보조하는 백인 비서와 계산실에서 뛰어난 수학 능력을 인정받아 임시 발령을 받은 주인공 캐서린이 전부다.

<표 1> 미국 노동시장 성별 임금 격차

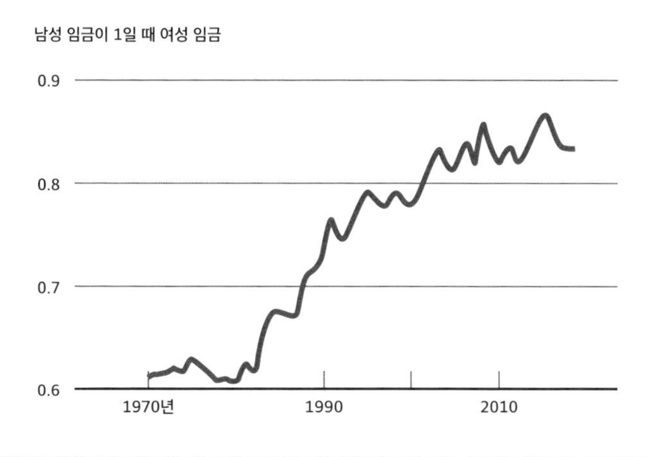

집단에 따라 맡는 일이 다른 '직종 분리 현상'도 드러난다. 직종 분리는 중요도가 낮고 미래가 밝지 않은 직업에는 소수자가 몰리는 현상을 뜻한다. 영화 속 나사에서 전체 직원 가운데 흑인 여성의 비중은 낮지만, 계산을 검토하는 부서만큼은 흑인 여성 비중이 압도적으로 높다. 계산실은 기술 발전에 따라 사라질 가능성이 높은 단순업무직이다. 영화 중반 최초의 IBM 컴퓨터가 나사에 도입되면서 계산실 직원들은 단체로 해고될 위기에 처하기도 한다.

직종 분리 현상은 '붐빔 현상'으로 이어진다. 직업의 기회가 제한된 소수자들이 특정 직업군에만 몰리면서 실업률은 올라가고 평균 임금은 떨어지는 현상이다. 경제학자들은 성별 임금 격차, 인종 간 임금 격차를 설명할 때 붐빔 현상을 주요 원인으로 꼽는다. 2018년 기준 미국 여성(평균)은 미국 남성 임금의 83% 수준만 받는다. 영화 속 배경인

<표 2> 차별적 고용주 이론

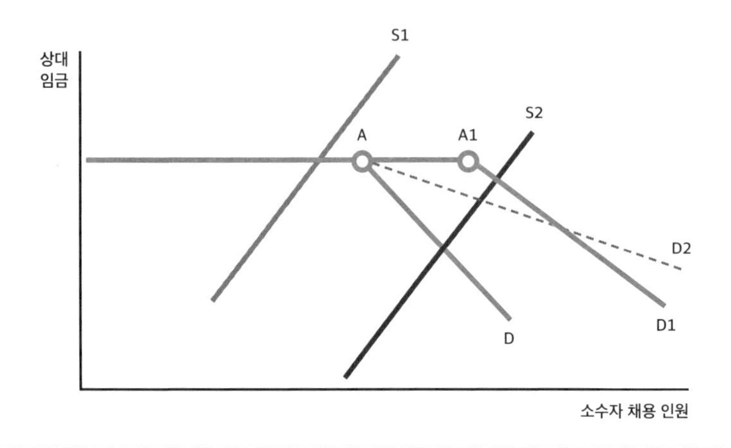

1960~1970년대로 거슬러 올라가면 이 비중은 60%대까지 떨어진다.

캐서린의 한 마디는 그가 노동시장에서 겪은 차별과 임금 격차를 집약해서 드러낸다. "그거 알고는 있었나요? 저는 화장실에 가기 위해 하루 800미터를 걸어야 해요. 무릎 밑까지 오는 치마에 힐도 신어야 하고, 그리고 진주목걸이라뇨? 전 진주목걸이가 없어요. 흑인한테는 진주를 살 만큼의 급여를 주지 않으니까요."

차별하는 경영자는 도태된다

경제학자들은 노동시장에서 일어나는 차별의 원인을 다양하게 제시한다. 노벨 경제학상 수상자인 게리 베커(Gary Becker)는 '개인 편견 이론'으로 차별을 설명했다. 차별적인 고용주 및 동료 근로자 때문에 동일한 생산성을 가진 흑인·여성 근로자가 백인·남성보다 낮은 임금으로 고용된다는 게 이론의 핵심이다. 차별적인 고용주는 동일한 생산성을 지닌 근로자라도 인종 및 성별에 따라 다른 임금을 준다.

〈표 2〉는 차별적인 고용주 때문에 소수자가 상대적으로 낮은 임금을 받는 현상을 도식화했다. 차별적인 고용주가 있기 때문에 노동시장에서 소수자 채용이 늘수록 어느 시점(A)부터 평균임금 대비 소수자의 임금을 뜻하는 상대임금은 줄어든다. 소수자의 사회 진출이 늘어 공급 그래프가 S1에서 S2로 이동하면 상대임금은 더 떨어진다. 상대임금이 올라갈 때는 시장에서 차별의 폭이 줄거나(D→D2) 차별하는 고용주가 줄어드는(A→A1) 경우뿐이다.

근로자의 편견 때문에도 차별이 생긴다. 영화 속 캐서린의 사무실 동료인 폴(짐 파슨스 분)은 캐서린에게 주요 정보를 검게 칠한 뒤 계산을 검토하라고 준다. 캐서린이 기존 백인 남성 중심의 사무실 문화에 변화를 가져오는 게 싫었기 때문이다. 이렇게 동료 근로자가 차별적이라면 고용주는 소수자를 고용할 때 이들의 반발을 감수해야 한다. 이 때문에 반발을 줄이는 손쉬운 방법으로 기존 근로자보다 소수자의 임금을 깎거나 기존 근로자의 임금을 더 주는 식으로 차별한다고 개인 편견 이론은 설명한다.

경제학자들은 노동시장의 차별을 비효율로 바라본다. 동일한 생산능력을 지녔는데도 특정 집단에 더 높은 임금을 주는 것은 고용주와 근로자의 개인적 효용을 늘릴 수는 있지만, 집단 전체의 이익은 포기하는 행위이기 때문이다. 시장의 경쟁이 치열해질수록 차별하는 경영자는 도태된다. 대신 근로자의 생산성을 최대한으로 활용하는 경영자가 살아남는다.

인력 확보 경쟁이 치열할수록 낮은 임금을 받던 흑인·여성 근로자가 차별이 덜한 회사로 이탈하기 쉬워진다. 인력 이탈은 조직의 경쟁력 저하로 이어진다. 이런 이유로 노동시장 차별은 경쟁적인 산업군에 있는 기업보다 금융권처럼 정부 허가가 필요한 비경쟁적인 시장에 속한 기업들에서 더 흔하게 발견된다.

〈히든 피겨스〉 속 나사에선 러시아와의 우주개발 경쟁이 치열해질수록 흑인 여성에 대한 차별도 옅어진다. 우주선을 쏘아 올리는 데 필요한 해석기하학을 아는 사람이 있다면 그게 누구든 중책을 맡겨야 목표를 빨리 달성할 수 있어서다. 조직이 성과에 집중할수록 인종과 성별로 인한 차별은 후순위가 된다. 나사가 유인 우주선을 쏘아 올릴 수 있었던 건 사무실 커피포트 위의 흑인 전용 표시를 떼고, 유색인종 화장실을 없애고, 사상 처음으로 흑인 여성을 엔지니어로 고용하면서였다는 점을 영화는 뚜렷하게 보여준다.

"요즘 나사도 여성을 고용하나요?" 어떤 사람의 질문에 캐서린은 답한다. "나사가 제게 일을 맡긴 이유는 우리가 치마를 입어서가 아니라 안경을 썼기 때문이에요." 성과를 내는 조직이라면 사람을 어떻게 대우해야 하는지를 은유적으로 표현한 말이다.

컴퓨터가 빼앗은 일자리
그래도 컴퓨터 고치는 일이 생기겠네

"진보는 양날의 검이야. 이제 기계 때문에 계산원은 필요 없어."

나사에 처음으로 IBM 컴퓨터가 들어오던 날, 우주임무본부장은 계산실의 종말을 선언한다. 〈히든 피겨스〉는 복잡한 계산을 컴퓨터 없이 수기로 해내던 시절의 나사 이야기를 담았다. 우주임무본부에서는 수많은 사람이 수식을 세우고 계산을 한다. 이 계산이 맞는지 확인하기 위해 다시 수십 명의 계산원이 달라붙는다.

그러다 영화 중반부에 IBM 컴퓨터가 나사 사무실에 등장한다. 컴퓨터가 들어온 첫날, 직원들은 허둥지둥한다. 과학 엘리트인 나사 직원들조차 컴퓨터의 크기를 몰라서 사무실 벽을 부수는 해프닝이 벌어질 정도로 컴퓨터는 모두에게 낯선 혁신이었다.

주인공 가운데 한 명인 도로시(옥타비아 스펜서 분)는 우연히 컴퓨터가 사무실에 들어오는 것을 보고 자신과 같은 계산원의 수명이 얼마 남지 않았음을 직감한다. 컴퓨터는 나사의 계산원 전체가 해내는 연산을 더 빠르게 해낼 수 있기 때문이다.

구조적 실업은 혁신 등 산업환경이 변하면서 인력의 수요와 공급이 불균형해질 때 생긴다. 컴퓨터가 도입되면 계산원들을 고용하려는 수요가 사라지고, 도로시와 같은 계산원이 일자리를 잃는 게 구조적 실업의 대표적 사례다.

구조적 실업을 직감한 도로시는 자신과 계산원들이 살아남을 방법을 고민한다. 경제학에선 구조적 실업을 해소할 방법으로 ① 장래의 노동 수요 예측 ② 근로자 재교육 ③ 직업 알선 ④ 노동자의 지역 이동 등을 꼽는다. 도로시는 먼저 미래의 노동 수요를 스스로 예상한다. 컴퓨터가 생겨도 컴퓨터를 관리하는 사람이 필요할 것이라는 판단을 내리고 도서관에 찾아갔다. 컴퓨터 프로그래밍 언어인 포트란에 대한 책을 발견한 도로시는 프로그래밍을 공부하면서 스스로를 재교육했다. 여기서 그치지 않고 다른 계산원들에게도 자신이 공부한 내용을 알려주면서 연대했다.

산업 구조의 변화는 동전의 양면이다. 한쪽 면엔 구조적 실업이 있지만, 다른 쪽 면에는 새로운 노동 수요가 있다. 컴퓨터의 도입으로 나사가 IBM 컴퓨터 전담 직원을 급하게 구할 때 도로시가 나선다. "우리가 준비돼 있습니다."

결국 나사는 흑인 여성 계산원들을 컴퓨터 관리부서에 재고용한다. 흑인 여성이라는 이유로 승진에서 밀려나 있었던 도로시는 진정한 리더의 모습을 증명하면서 나사 최초의 흑인 여성 주임이 된다.

③

외모가 만든 3,600만 원의 연봉 차이

〈아이 필 프리티〉 매력자본의 경제학

매력은 자신감에서 나온다

거울 앞에 선 르네(에이미 슈머 분). 그녀의 눈에 들어온 건 툭 튀어나온 배, 처진 팔뚝 살, 셀룰라이트가 선명한 허벅지다. 그녀는 바지 위로 튀어나온 뱃살을 잡으며 한숨을 쉰다. 그녀는 거울 속의 자신과도 눈을 마주치지 못한다. 결심한 듯 거울을 직시하려 하지만 이내 그녀의 시선은 발밑으로 떨어진다.

르네는 자신감이 없다. 매장에서 마음에 드는 옷을 발견해도 사이즈를 묻는 게 두려워 발걸음을 돌린다. 덩치가 커 드세다는 소리를 들을까봐 식당에서도 크게 웨이터를 부르지 못한다. 외모 콤플렉스는 직장생활로까지 이어진다. 화장품을 좋아하는 그녀가 일하는 곳은 명품 화장품 브랜드인 릴리 르클레어. 그녀의 꿈은 도심 한복판에 화려하게 장식된 본사에서 일하는 것이지만, 현실은 차이나타운 구석 한편에 마련된 온라인 지부에서의 일상이다.

어느 날 그녀는 본사의 채용 소식을 듣는다. 하지만 주춤거릴 수밖에 없었다. 면접장은 늘씬하고 매력적인 여자들로 가득 찰 것이기 때문이다. 그 틈에 서 있는 모습은 상상만으로도 끔찍했다. 누구나 동경하는 릴리 르클레어 본사에 취업하기 위해선 화려한 스펙은 물론 주목할 만한 외모가 필수조건이었다. 르네는 단념한다.

르네는 '매력자본'이 없어 손해를 보는 전형적인 사례다. 매력자본은 2010년 캐서린 하킴(Catherine Hakim) 런던정경대 교수가 제시한 개념이다. 자본이라 하면 대다수는 돈, 토지, 공장 등 경제적 자본을 떠올린다. 자본은 사전적 의미로 새로운 부를 창출하는 생산 수단이기 때문이다. 하지만 자본은 이에 국한되지 않는다. 교육을 통해 높아진 생산성을 일컫는 '인적자본', 사회생활을 통해 확보한 인적 네트워크인 '사회적 자본' 등이 있다.

하킴은 이에 덧붙여 매력자본을 추가했다. 매력도 부, 명예 등 새로운 부가가치를 낳는 자본이 된다는 것이다. 매력 있는 사람은 똑같은 노력을 해도 더 좋게 평가받고, 돈을 더 받거나 더 좋은 직장을 다닐 수 있다.

호주 멜버른대에서는 2009년 이를 뒷받침하는 흥미로운 연구를 진행한 바 있다. 성인 2,000명을 대상으로 외모와 연봉의 상관관계에 대해 설문을 했다. 연구 결과에 따르면 자신을 평균보다 잘생겼다고 평가한 그룹은 평균 9,100만 원의 연봉을 받고 있었고, 스스로 평균보다 못생겼다고 한 그룹은 평균 5,500만 원을 벌고 있었다. 외모가 3,600만 원의 연봉 차이를 만들었다.

매력자본은 고전경제학의 관점에선 이해하기 쉽지 않은 개념이다.

고전경제학에선 편견, 감정, 속임수 등에 흔들리지 않는 '합리적 인간'을 가정한다. 어떤 사람의 일부분인 매력이 다른 특징까지 고평가받게 한다는 매력자본의 원리는 성급한 일반화의 오류이자 비합리적 사고라 할 수 있다. 고전경제학에서 상정하는 합리적 인간만 사는 세상이었다면 매력자본은 등장하지 않았을 것이다.

그렇기에 매력자본의 개념을 이해하기 위해선 행동경제학을 소환해야 한다. 행동경제학은 인간의 행동을 심리학, 사회학, 생리학 등의 관점에서 바라보는 경제학의 한 분야다. 인간은 비합리적일 수밖에 없다는 전제를 두고 있다. 사람들의 행동을 눈치 채지 못하게 이끌어낼 수 있다는 넛지 효과, 현상을 이해하는 사고 구조에 따라 다른 선택을 한다는 '프레이밍 효과' 등이 행동경제학의 주요한 예시다.

매력자본은 행동경제학의 '후광 효과 이론'과 닮았다. 후광 효과 이론에 따르면 사람들은 특정 대상의 두드러진 특성을 통해 연관되지 않은 다른 특성을 좋거나 나쁘게 평가한다. 후광 효과 이론은 마케팅 분야에 활발히 이용되고 있다. 가령 식당 인테리어의 어떤 포인트에 힘을 줬더니 손님들이 음식까지 맛있다고 느끼더라는 식이다.

온전히 나를 사랑할 때 복리로 불어나는 매력자본

르네는 평소와 다름없이 헬스장의 스피닝 수업을 듣고 있었다. 그러다 육중한 몸을 주체하지 못하고 그만 자전거에서 떨어지면서 머리를 부딪힌다. 그것이 계기였다. 정신을 잃었다 눈을 뜬 르네. 그녀의 눈에

<표 1> 매력자본의 가격

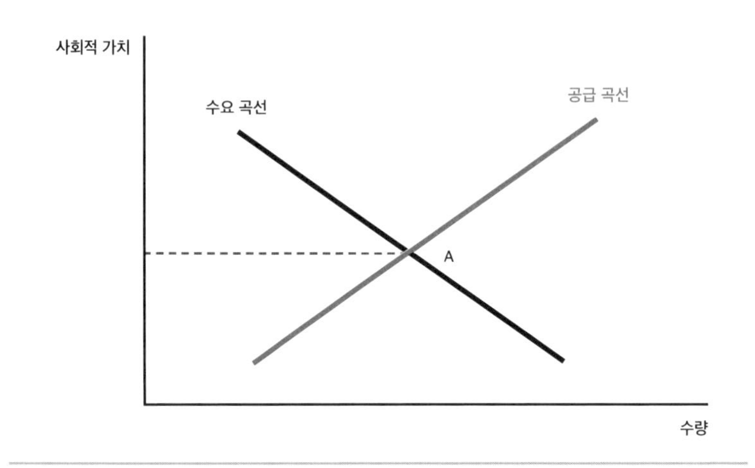

비친 자신의 허벅지는 누구보다 매끈했다. 또 팔은 왜 이렇게 가늘어졌을까. 거울을 확인해보니 스스로가 너무 예뻤다.

반전은 그녀의 모습은 그대로였다는 것이다. 머리를 다치며 자신이 예쁘다고 착각하게 됐다. 그럼에도 자신이 예쁘다고 생각한 그녀는 자신감이 충만해졌다. 누구보다 우아하게 쇼핑을 하기 시작했고, 식당에선 당차게 주문을 했다. 그리고 그녀는 곧장 릴리 르클레어 본사로 달려가 이력서를 냈다. 당찬 모습은 면접으로까지 이어졌다. 그녀는 면접이 시작되자마자 "100% 자신 있어요. 제 모습을 보세요. 누구보다 본사에 어울리죠"라고 말문을 열었다.

본사 대표 에이버리 르클레어(미셸 윌리엄스 분)는 처음엔 통통한 외모에도 자신감을 가진 르네의 모습을 생소하게 바라봤다. 하지만 시간이 지날수록 그녀의 매력에 빠져들기 시작했다. 단단한 목소리,

<표 2> 외모자본의 공급 곡선 이동

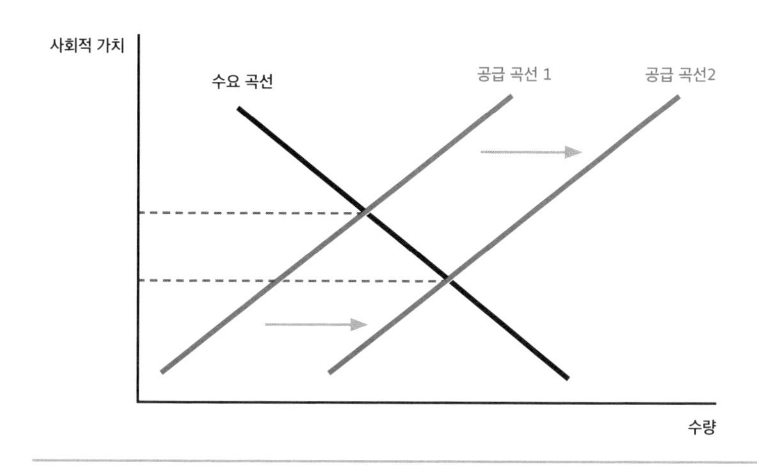

일자리에 대한 열정, 강직한 눈빛은 르네를 돋보이게 했다. 그렇게 르네는 본사에서 정식으로 일하게 된다.

여기서 외모만이 매력자본이 아니란 점을 알 수 있다. 하킴 교수는 매력자본을 여섯 가지 유형으로 분류했다. 외모, 섹시한 매력(행동), 유머감각, 활력, 표현력, 성적 능력 등이다. 누가 봐도 별로인 외모의 르네가 아름답게 보인 이유다. 그녀는 자신감 넘치는 모습으로 활력을 얻었다. 여유가 생겨 유머감각도 갖추게 됐다.

매력자본 이론에 따르면 외모 가꾸기에 혈안인 현대사회에서 르네는 활력, 유머감각으로 그 틈새를 노렸다고 할 수 있다. 〈표 1〉에서 볼 수 있듯 매력자본도 경제적 자본의 논리와 같이 그 값어치가 수요 곡선과 공급 곡선이 만나는 지점(A점)에서 정해진다. 해당 자본의 공급과 수요의 증감에 따라 값어치가 결정되는 것이다.

식이요법과 운동, 화장품, 향수, 성형수술 등 매력자본을 키울 수 있는 방법이 수두룩한 현대사회에선 〈표 2〉와 같이 외모자본의 공급 곡선은 날이 갈수록 오른쪽으로 이동하고 있다. 값어치가 떨어지는 것이다.

영화가 막바지에 이르러, 르네는 화장품 개발 행사에서 발표자로 나선다. 르네가 매력자본을 발판으로 본사에서도 승승장구했다는 걸 보여주는 장면이다. 화장품의 효과를 보여주기 위해 과거 자신의 사진과 현재 자신의 모습을 프레젠테이션에 띄웠다. 사진을 비교한 순간 그녀는 놀랐다. 그녀는 그제야 깨달은 것이다. 과거의 자신과 현재의 자신은 같은 사람이었다. "마법이 아니었어. 둘 다 나였어. 나를 의심하지 않았을 뿐이야."

르네가 처음에 그랬듯 우리는 학교를 다니고 사회로 나오며 스스로를 의심하고, 눈치 보며, 움츠러든다. 어렸을 적 순박한 웃음도 누가 볼까 두려워 차가운 표정 속에 감춰둔다. 거울 속엔 혐오스러운 아무개가 있을 뿐이다. 르네는 발표를 마치며 담담히 말했다. "나를 의심하던 날들이 많았어요. 하지만 이제 그런 순간들을 허락하지 않을 거예요. 나로 사는 게 자랑스러워요." 그녀는 더욱 단단한 매력자본을 갖게 됐다.

'설렘'을 파는 엔터테인먼트 산업

매력자본은 어느 직장, 어느 산업에서도 작동한다. 하지만 특정 분야에선 매력자본이 더욱 잘 활용된다. 매력자본을 가진 르네가 릴리 르클레어에서 이상하리만치 잘나간 것은 그곳이 화장품회사였기 때문일 수도 있다. 패션, 화장품 분야는 매력자본이 상대적으로 중요하다고 여기는 사람들이 모여 있는 곳이다.

매력자본 개념을 제안한 하킴은 "엔터테인먼트 산업이야말로 매력자본에 의해 모든 것이 결정되는 분야"라고 했다. 엔터테인먼트 산업은 음악, 영화, 드라마 등 감성적 콘텐츠 판매가 주업인 만큼 매력자본에 의해 크게 좌우된다. 음악도 좋아야 하지만 가수도 호감을 끌어야 한다. 영화제작자는 매력적인 배우를 캐스팅하고 나서야 근심걱정을 내려놓는다. 가수, 배우의 매력이 콘텐츠보다 중요할 때도 많다.

K팝은 이를 부정하지 않고 철저하게 매력자본을 시스템적으로 길러내면서 성공한 대표적인 사례다. 기획사-아이돌 시스템은 K팝이 성장한 원동력이었다. JYP, SM 등의 기획사는 연습생을 발탁해 음악과 춤은 물론 일상생활에서부터 매력적으로 행동하는 법을 가르친다. 기획사는 매력자본 생산에 투자하는 셈이다. 한류콘텐츠 수출액이 2016년 75억 6,000만 달러에서 2019년 123억 1,900만 달러로 급증한 것은 이런 노력의 결과물이다.

방탄소년단(BTS)의 성공은 K팝의 매력자본이 제대로 확인된 순간이다. BTS는 한국 음악으로는 처음으로 미국 빌보드 메인 싱글 차트 '핫100'과 메인 앨범 차트인 '빌보드200' 정상에 올랐으며 빌보드 선정 '2020년 최고의 팝스타'에 아시아 최초로 이름을 올렸다.

BTS의 성공 배경에는 기획사 빅히트의 매력자본 양성 시스템이 있다. 빅히트는 자율적인 소통 시스템, 꼼꼼한 SNS 관리 시스템 등 체

<표 3> 연간 한류 콘텐츠 수출 (단위 : 억 달러)

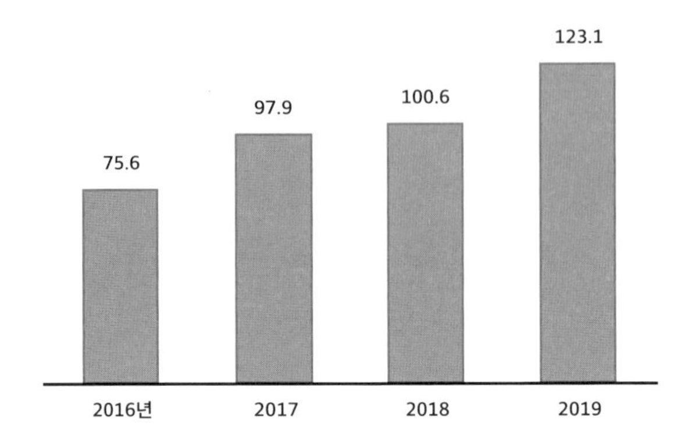

자료 : 한국국제문화교류진흥원

계적으로 BTS 멤버들의 매력을 높이기 위한 다양한 시도를 해왔다. BTS가 성공할 수 있었던 요인에는 그들의 뛰어난 음악성도 있겠지만 지금까지 미국인들이 알지 못했던 K팝만의 매력자본을 제대로 보여준 영향이 클 것이다.

"이모님 월급 주면 남는 게 없어" 지영이는 그렇게 경단녀가 된다

〈82년생 김지영〉 가사노동의 경제학

'육아빠'가 워킹맘을 가능케 한다

2019년 개봉한 영화 〈82년생 김지영〉은 동명의 베스트셀러 소설이 원작이다. 고 노회찬 의원이 문재인 대통령에게 원작 도서를 선물하고, BTS의 리더 RM이 읽었다고 밝히면서 주목을 받았다. 해외에서도 반응이 뜨거웠다. 특히 일본에선 3일 만에 아마존재팬 아시아문학 부문 1위에 올라 일본 내 'K문학' 열풍을 이끌었다. 영화는 책의 인기를 업고 37개국에서 상영되기도 했다.

1982년에 태어난 김지영(정유미 분)은 국문학과를 졸업하고 홍보회사에 다녔다. 정대현(공유 분)과 만나 결혼해 딸 아영을 낳은 뒤에는 다니던 회사를 그만두고 육아와 살림을 전담하게 된다. 그런데 언젠가부터 지영은 가끔 다른 사람으로 돌변한다. 명절날 시가에서 시어머니를 "사부인"이라고 부르는 친정엄마가 됐다가, 한밤에 맥주캔을 따며 "지영이한테 잘하라"는 대현의 전 애인이 된다.

아이를 어린이집에 보내고 나서 지영은 다른 엄마들과 만난다. 그 자리에는 서울대 공대 출신으로 수학 문제를 풀며 스트레스를 해소하는 영호 엄마가 있다. "아이 책 읽어주려고 연기를 전공했다"고 너스레를 떠는 보람 엄마도 있다. 모두 육아로 인해 경력이 단절된 고학력 여성들이다. "왜 그렇게 열심히 공부했나 몰라." "영호 구구단 가르치려고."

이들의 노동시장 참여와 이탈은 임금 이론의 '유보임금(reservation wage)'으로 설명될 수 있다. 유보임금이란 경제활동에 참여하지 않는 사람이 여가시간에 X원의 가치를 부여할 때 시간당 임금이 X원보다 크지 않으면 노동을 유보한다는 개념이다. 여가시간에 부여하는 주관적인 가치인 것이다. 가령 월급을 300만 원 받는다면 일하지만 200만 원을 받는다면 일하지 않는다. 하지만 250만 원을 주면 둘 사이에 어떤 쪽이든 무차별하다. 이때 250만 원이 유보임금이다.

<표 1> 소득과 노동시간 · 돌봄시간의 관계

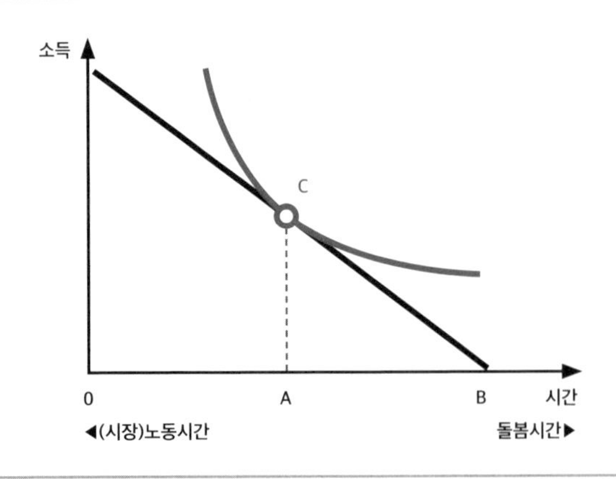

지영과 같이 자녀가 있는 기혼 여성의 경우 여가시간은 육아, 가정 내 돌봄 시간으로 치환할 수 있다. 〈표 1〉을 보면 최적 균형점인 C점에서 여성이 경제활동에 참여한다. 이 경우 0A만큼 시장노동을 하고, AB만큼 돌봄노동을 하게 된다. 기혼 여성은 대신 자녀를 돌봐줄 사람이나 기관에 양육비용을 지불해야 하기 때문에 이 비용을 뺀 나머지가 '순 시장임금'이 되는데, 이 때문에 유보임금이 높아져 자신의 모든 시간을 돌봄노동에 쏟게 된다. 〈표 2〉에서의 최적 균형점 D의 상태다.

지영이 옛 상사와 다시 일하고자 나섰다가 도로 주저앉게 된 이유도 높은 유보임금에 있다. 자신이 일하는 시간에 아이를 돌봐줄 베이비시터가 구해지지 않는 데다 버는 돈보다 돌봄을 외주화하는 데 드는 돈이 더 커서다. 그래도 일을 하는 게 낫지 않겠냐는 옛 동료의 말에 지영은 "말처럼 쉬워? 내가 나가서 오빠만큼 벌 수 있는 것도 아니

<표 2> 소득과 유보임금

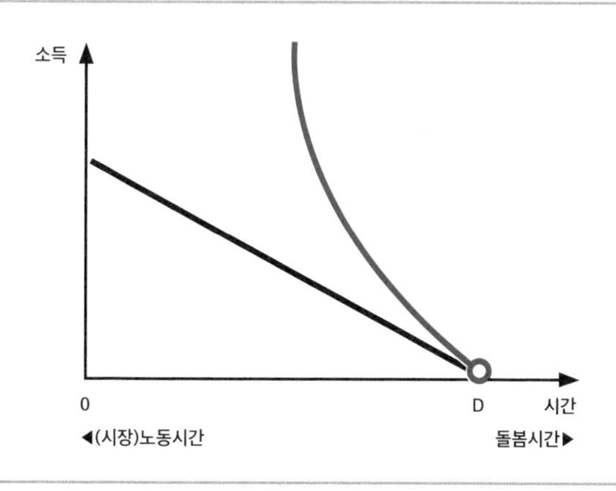

고, 내가 번 돈 아영이 어린이집이랑 시터 월급 주고 나면 모자랄 수도 있어"라고 털어놓는다.

베이비시터가 구해지지 않자 배려심 깊은 착한 남편인 대현은 육아 휴직을 결심하게 된다. 시어머니가 극구 반대하는 모습이 나오지만, 결국 영화의 결말 장면에서 대현은 딸을 어린이집에서 하원시키는 모습을 보이며 육아휴직을 한 것으로 묘사된다.

대현의 육아휴직 결정은 쉽진 않았다. 승진에서 밀리고, 돌아와도 책상이 빠져 있을 것을 걱정하는 다른 남자 동료를 착잡하게 바라보는 대현이 그려지기도 한다. 영화가 '극현실주의'라고 평가받는 부분이기도 하다. 실제로 개인 연차도 사용하기 어려운 마당에 장기 휴직은 언감생심이라는 얘기는 직장인들이 모인 커뮤니티에서 비일비재하게 나온다.

그러나 대현의 육아휴직은 지영에게도, 국가에도 바람직한 선택이다. 1974년부터 남녀 모두 육아휴직을 쓸 수 있도록 한 스웨덴은 성평등 사회 분위기를 바탕으로 여성의 경제활동 참여율을 높였다. 일방적인 육아 부담이 줄어드니 출산율을 높이는 데도 도움이 됐다. 한국의 합계출산율이 0.98명(2018년 기준)인 것에 비해 스웨덴의 합계출산율은 1.85명(2017년 기준)이다. 스웨덴에서는 이렇게 육아에 참여하는 아빠들을 '라테파파'라고 부르고 있다. 한 손엔 카페라테를 들고 다른 손으로는 유모차를 끈다고 해서다. 한국에서도 남성 육아휴직을 독려하는 분위기가 점차 확산하면서 라테파파의 한국식 신조어인 '육아빠(육아하는 아빠)'라는 단어가 나오기도 했다.

취업자가 된 지영이 GDP에 도움이 되는 이유는

누군가에 빙의된 것처럼 행동하던 지영은 정신과 치료를 받으며 건강을 회복한다. 남편이 육아를 맡게 되면서 사회생활도 다시 시작한다. 늘 무기력하던 지영은 대학 입학 때 꿈꿨던 작가로 일하며 웃음을 되찾는다. 경제활동인구로 돌아온 것이다. 노동가능인구(15~64세)는 경제활동인구(취업자+실업자)와 비경제활동인구(전업주부+재학생+구직단념자+취업준비자)로 나뉜다. 전업주부인 지영은 비경제활동인구지만, 작가로 일하는 지영은 경제활동인구 중 수입을 목적으로 일하는 취업자에 해당한다.

지영의 경제활동 재참여는 GDP에 직접적으로 기여한다. 물론 가사노동이라는 무형의 생산가치도 GDP에 포함돼야 한다는 주장과 실제 기여도를 측정하는 연구 결과도 있지만 공식 GDP 계산에선 빠진다. 한국노동연구원의 보고서 〈경제활동인구 및 인적자본 증대를 통한 성장 잠재력 제고〉에서는 경제활동 참여와 GDP 간 상관관계를 '코브-더글러스 생산함수(Cobb-Douglas production function)'로 설명한다.

$$Y = AK^{\alpha}(hL)^{1-\alpha}$$

코브 더글러스 생산함수 형태로 나타낸 국가 경제의 총생산함수에서 Y는 GDP, A는 총요소 생산성, K는 물적자본의 총량, L은 노동 총량, h는 근로자 1인당 인적자본, α는 투입자본에 분배되는 비중을 뜻한다.

성장 동력을 확보하기 위해선 생산 과정에 투입되는 노동 총량(근로자 수) L이 커져야 한다. 국가 차원에서 L을 키우기 위해 장기적으로는 출산율을 높이고, 단기적으로는 여성을 노동시장에 참여하게 하는 것이 중요할 수밖에 없다. 저성장에 들어간 한국사회에 여성 인력 활용은 필수적이다. 이는 곧 집에 갇힌 수많은 '지영'들을 나올 수 있게 해야 하는 책임이 국가에 있다는 의미다.

사실 영화는 불안한 해피엔딩이다. 대현의 육아휴직이 끝나면 지영은 다시 일을 놓아야 할까, 아영이 어린이집에서 오랜 시간 잘 버텨주길 바라야 할까, 그렇지 않으면 조부모들의 손을 빌려야 할까, 둘째가 생기면 도돌이표일까……. 현실에서 수많은 '지영'과 '대현'의 영화는 오늘도 상영 중이다.

퇴근도 월급도 없는 그림자 노동

영화 〈82년생 김지영〉은 아침에 김지영이 옷을 삶는 장면에서 시작한다. 쓰레기를 버리고 청소기를 돌리고 아이 방의 장난감을 정리하는 사이 아침 해는 어느새 저녁놀이 된다. 아이를 씻기는 동안 남편이 퇴근한다. 지영은 곧바로 저녁 밥상을 차린다. 지영이 온종일 한 집안일의 가치는 얼마일까.

전통경제학은 돌봄, 청소 등 가사노동의 가치를 무시해왔다. 가사노동은 시장 거래를 위한 생산이 아니어서 가치를 평가하기 어렵다는 이유로 GDP에 반영되지 않는다. 전업주부는 취업자로 분류되지 않

<표 3> 무급 가사노동의 경제적 가치 (단위 : 조 원)

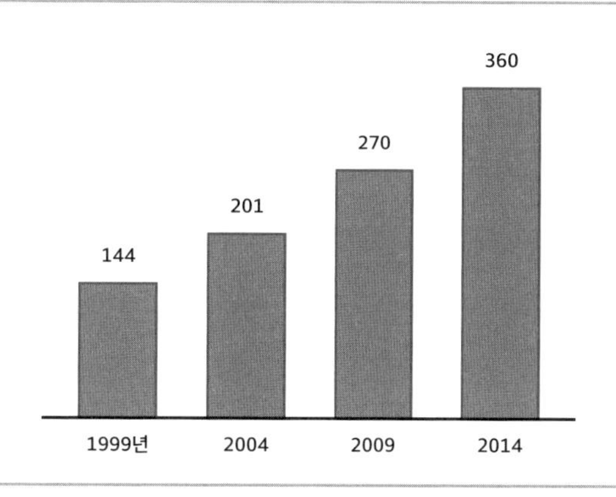

자료 : 통계청

는다. 가사노동이 '보이지 않는 노동' '그림자 노동'으로 불린 이유다. 하지만 가사노동의 가치를 배제한 지표가 현실을 왜곡하고 있다는 지적도 만만치 않다. 가령 전업주부인 지영이 취업해 가사도우미와 베이비시터에게 비용을 지급하면 이전에는 제외되던 가사노동의 가치가 GDP에 포함되기 때문이다.

또 가사노동의 긍정적 외부 효과가 폄하된다는 측면도 있다. 돌봄경제를 다룬 책《보이지 않는 가슴》에서는 "양질의 돌봄은 돌봄을 받는 당사자 외에도 많은 사람에게 여러 이득을 준다"며 "행복하고 건강하고 성공한 자녀를 기르는 부모는 중요한 공공재를 만들어내고 있는 것이다"라고 설명했다. 그래서 1985년 유엔은 "여성의 무급노동 기여는 국민계정과 경제 통계 등에 반영돼야 한다"고 선언했다. 이에 통계청은 2018년 처음으로 '가계생산 위성계정 개발 결과'를 발표하고 가사노동의 경제적 가치를 추산한 결과를 내놨다.

통계청에 따르면 가사노동의 경제적 가치는 2014년 기준 연간 360조 7,000억 원으로 명목 GDP의 24.3%를 차지했다. 성별로 보면 남성 가사노동의 경제적 가치는 연 346만 8,000원, 여성은 1,076만 9,000원으로 여성이 남성보다 세 배 이상 높았다. 그만큼 여성이 남성보다 더 오랜 시간 가사노동을 부담한다는 의미다.

정부는 2019년 제2차 사회보장 기본계획(2019~2023년)을 내놓으면서 '돌봄 경제'를 공식적으로 사용했다. 가사노동의 영역이었던 노인·장애인·아동 등에 대한 돌봄 서비스를 늘려 관련 산업을 키우고 일자리로 만들어 경제적 가치를 키우겠다는 것이다.

전지원 서울대 국제이주와포용사회센터 연구원은 "가사노동의 가치 평가는 여성들의 지위 향상뿐만 아니라 해당 분야의 공공 인프라를 구축하기 위해서도 중요하다"고 말했다.

5월에 내리는 눈을 맞는 기적, 그게 창업이었어

〈조이〉 창업의 경제학

천사를 만나고 죽음의 계곡을 건너는 창업

"아주 멋진 것들을 만들어서 세상에 보여줄 거야. 숲 너머의 성엔 공주님과 왕자님이 살아. 멋진 것들을 만들었다고 날 성에 초대할지도 몰라." "너도 잘생긴 왕자님이 필요해." "아니, 필요 없어. 이건 아주 특별한 능력이거든."

2016년 개봉한 영화 〈조이〉에서 조이(제니퍼 로렌스 분)는 방 안에서 드라마에만 빠져 사는 어머니, 바람둥이인 아버지, 무능력한 전남편, 여기에 할머니와 두 아이까지 떠안고 간신히 하루하루를 살아가던 싱글맘이다. 어릴 때는 수많은 것을 만들며 발명가를 꿈꿨던 그는 정작 자신이 꿈꿨던 인생과는 너무나 다른 현실 속에서 지쳐간다.

어느 날 걸레로 깨진 와인잔을 치우며 손을 다치게 된 조이는 사업 아이디어를 떠올리고, 결국 그가 가진 '아주 특별한 능력'으로 대성공을 거둔다.

<표 1> 국내 연도별 신규 벤처 투자 (단위 : 억 원)

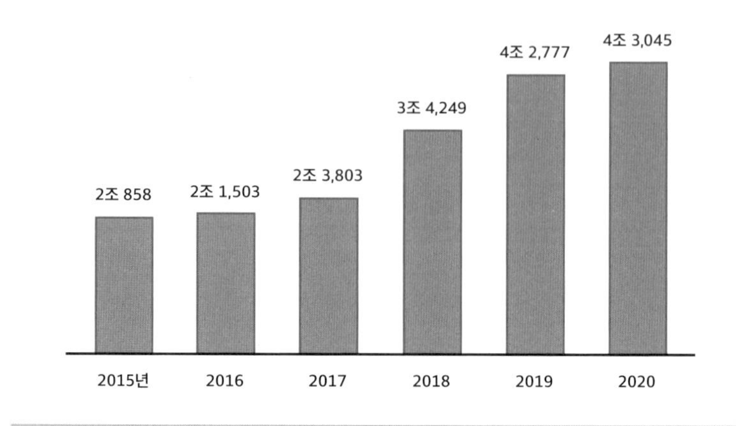

조이가 성장하는 과정은 스타트업과 비슷하다. 조이는 손을 쓰지 않고도 깨끗하게 물기를 짜낼 수 있는 대걸레 '미라클 몹'을 구상하고 아버지의 부유한 애인인 트루디(이사벨라 로셀리니 분)로부터 투자를 받아 시제품을 만들기 시작한다. 트루디 같은 엔젤 투자자는 스타트업에 천사 같은 존재다. 엔젤 투자자는 기술이나 아이디어로 볼 때 사업성이 있으나 제품개발 자금이 부족한 창업 초기 단계에 투자금을 지원하는 개인 투자자를 일컫는다. 엔젤 투자자로부터 자금을 공급받던 스타트업은 액셀러레이터(스타트업에 초기 투자를 하고 육성하는 기관)나 벤처캐피털(벤처기업에 전문적으로 투자하는 회사)로부터 대형 투자를 받으며 몸집을 불린다. 이같이 혁신을 키우는 벤처 투자는 국내에서만 4조 원대 규모다. 한국벤처캐피탈협회에 따르면 국내 신규 벤처 투자액은 2015년 2조 858억 원에서 2020년 4조 3,045억 원으로 두 배가량 뛰었다.

우여곡절 끝에 시제품을 만들었으나 조이는 마땅한 판매 채널을 찾지 못한다. 마트 앞에서 직접 제품 시연을 하다 쫓겨나는 망신을 당하기도 한다. 품질은 좋지만 다른 걸레 제품에 비해 비싸다는 이유로 시장에서 쉽게 받아들여지지 못해서다.

조이처럼 실제로 많은 스타트업이 우수한 제품을 만들었음에도 적당한 판로를 찾지 못해 무너지는 경우가 많다. 이를 '데스 밸리'라고 한다. 데스 밸리는 스타트업이 자금 조달이나 판로 확보를 못해 존폐의 갈림길에 서는 창업 후 3~6년 기간을 지칭한다. 이 용어는 미국 캘리포니아주와 네바다주 사이에 있는 국립공원 이름에서 유래했다. 평균기온이 높아 생명체가 살 수 없는 척박한 땅으로 악명 높다. 돈이 마르고 피가 마르는 이 기간에 스타트업은 외주 프로젝트와 정부 연구과제를 수주해 자금을 융통하는 것은 물론, 대표가 직접 아르바이트를 뛰기까지 한다.

싱글맘이 홈쇼핑의 여제로

데스 밸리를 겪던 조이는 전남편의 도움으로 대형 홈쇼핑회사에서 제품을 소개하게 된다. 이렇게 각 회사에 자신의 제품, 사업을 소개할 수도 있지만 각기 다른 여러 투자사 앞에서 자신의 제품을 소개할 수도 있다. 창업자들과 잠재적 투자자들이 만나 눈도장을 찍고 실무진끼리 정보를 공유하며 친목을 쌓는 네트워킹 행사인 '데모데이'가 대표적인 예다.

결국 조이는 홈쇼핑 채널에서 물건을 광고할 기회를 얻는다. 처음에는 쇼호스트가 제품을 제대로 이해하지 못해 하나도 판매를 하지 못한다. 그러나 조이는 포기하지 않고 쇼호스트로 직접 나서 자신이 왜 이 제품을 만들게 됐는지, 이 제품이 다른 제품에 비해 얼마나 혁신적인지를 진정성 있는 스토리텔링으로 호소하며 수만 개를 판매하는 기록을 세운다. 대걸레뿐만 아니라 수많은 제품을 판매하며 '홈쇼핑의 여제'로 승승장구한 그는 자신이 출연한 홈쇼핑회사에 견줄 만한 회사의 사장이 된다.

요즘 같으면 조이가 홈쇼핑 대신 '라이브 커머스'에 출연했을 것이다. '라이브 스트리밍'과 '커머스'의 합성어인 라이브 커머스는 실시간으로 쇼호스트가 제품에 대한 정보를 설명하고 바로 판매를 일으

<표 2> 폴 로머의 내생적 성장 이론

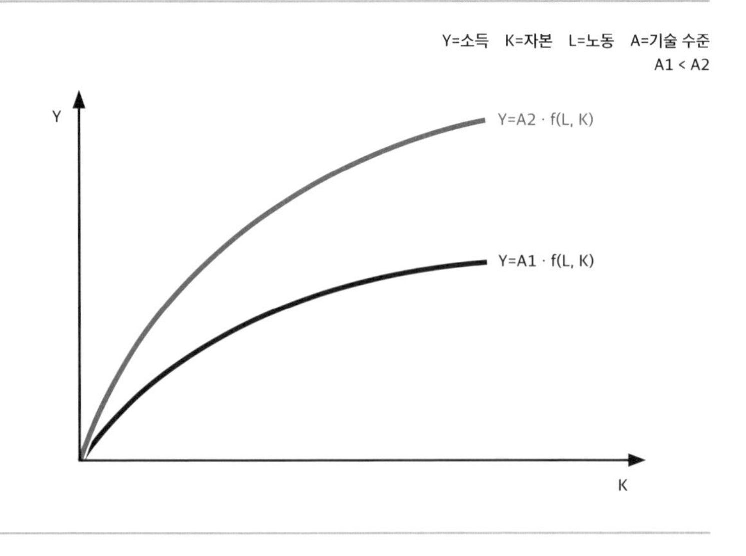

킨다는 점에서 TV 홈쇼핑과 비슷하다. 플랫폼이 다양화되면서 진입 장벽이 낮아 초보 사업자도 쉽게 도전할 수 있다는 게 특징이다. 채팅 창을 통해 시청자와 양방향 소통이 가능하다 보니 소통을 중요시하는 MZ세대(밀레니얼 세대+Z세대)에게 인기를 끌고 있다.

이에 전통의 TV 홈쇼핑 강호들도 라이브 커머스 업체들을 잇달아 투자·인수하고 있는 추세다. 현대홈쇼핑은 라이브 커머스 경쟁력을 강화하기 위해 뷰티 전문 멀티채널네트워크(MCN)에 120억 원을 투자하기도 했다.

평범한 싱글맘에서 혁신을 낳는 기업가로 변신한 조이는 한국 경제에도 유의미한 시사점을 던져준다. 정부가 조이와 같은 창업가를 더욱 많이 양성해야 경제성장의 정체에서 빠져나올 수 있기 때문이다. 조지프 슘페터는《경제발전의 이론》에서 "경제발전은 외부 여건 변화에 의한 단순한 순응과 수용이 아니라 경제체제 내부에서 발생한다"며 "기업가의 혁신, 즉 생산요소의 새로운 결합이 경제발전을 자극하는 원천"이라고 주장했다.

슘페터에 따르면 기업가의 혁신만 있다면 자본주의는 무한히 발전하고 노동자의 생활 수준도 개선된다. 2018년 노벨 경제학상 공동 수상자인 폴 로머(Paul Romer) 뉴욕대 교수도 기술과 혁신이 성장으로 이어진다는 '내생적 성장 이론'으로 슘페터의 주장을 뒷받침했다.

이 영화는 정부가 창업기업에 무엇을 지원할 수 있는지에 대해서도 보여준다. 조이가 사업화와 마케팅, 판로 개척에 어려움을 겪었던 것처럼 수많은 창업자도 같은 문제를 겪고 있다. 한 연구논문에 따르면 많은 창업자가 효과적인 자금 지원뿐만 아니라 기술개발·판로·마케팅·해외 진출 지원이 중요하다고 답했다. 단순히 돈만 뿌릴 게 아니라 종합적이고 정교한 정책이 필요하다는 의미다.

아이는 누가 키워요? 남편은 뭐해요?

영화 〈조이〉는 아이 셋을 홀로 키우던 싱글맘에서 생활용품 회사 사장으로 자수성가한 미국의 여성 CEO 조이 망가노의 성공 신화를 소재로 제작됐다. 한국도 삼산텍 등 스타트업을 소재로 한 드라마가 나오는 등 창업에 대한 높은 관심이 지속되고 있다. 그렇다면 나도 조이나 삼산텍의 CEO 서달미(수지 분)가 될 수 있을까.

사실 아직까지도 여성 창업은 쉬운 일이 아니다. 여성 창업자들은 창업 생태계에도 유리천장이 존재한다고 입을 모은다. 투자 유치나 정부 과제 심사 과정에서 이들은 아직도 "육아는 어떻게 하냐" "남편 직업은 무엇이냐"는 부적절한 질문들을 받는 경우가 많다. 한 여성 창업자는 "창업가들이 정보를 공유하는 네트워킹 자리조차 아이를 데리러 가야 하는 시간인 저녁에 열려 못 가기 일쑤"라고 토로했다.

여성 중심 스타트업 커뮤니티 '스타트업 여성들의 일과 삶'의 김지영 대표는 "업계 안에서도 남성 중심적 문화가 지배적이다 보니 '내가 창업했을 때 저 사이에서 도움을 받을 수 있을까, 성공할 수 있을까' 라는 생각이 든다고 말하는 여성들이 많다"며 "여성 벤처캐피털리스트(VC), 심사역 자체가 적은 것도 스타트업 투자를 받는 과정에서의 장벽"이라고 설명했다. 이어 "여성들이 주로 창업하는 분야인 돌봄이나 교육 서비스는 저평가받기도 한다"고 덧붙였다.

이에 소셜벤처 전문투자사 소풍은 투자 과정에서 여성 창업자에 대한 편견을 줄이기 위해 앞장서서 노력하고 있다. 2018년 〈젠더 안경을 쓰고 본 기울어진 투자 운동장〉이라는 리포트를 내기도 한 이 회사는 투자심사역들에게 사전에 성평등과 관련된 체크리스트를 숙지하고 면접에 나서도록 하고 있다. 이런 노력 덕분에 2019년 소풍의 투자 프로그램에 지원한 여성 창업기업은 전체 42.9%로 2018년 33.3%보다 9.6%포인트 증가했다.

아직은 척박한 환경이지만 그럼에도 꿈이 있다면 도전하라는 것이 업계 관계자들의 전언이다. 창업을 결심한 여성들을 위한 기회가 점차 늘고 있어서다. 페이스북은 여성 창업가 지원을 위해 만든 '#그녀의비즈니스를응원합니다(#Shemeansbusiness)' 캠페인을 하고 있다. 창업과 경영에 필요한 교육 및 네트워킹 기회를 제공한다. 한국여성벤처협회는 여성벤처창업 케어 프로그램 등을 통해 사업화 자금, 교육 및 멘토링 등을 지원하고 있다.

이 영화의 포스터는 눈을 맞는 조이의 모습을 담았다. 텍사스에서 회사를 살리는 협상을 끝내고 딸에게 줄 크리스마스 선물을 사기 위

<소풍의 젠더 감수성 체크리스트>

- 남성과 여성을 동일한 집단으로 고려하고 있는가?
- 남성적, 여성적이라는 표현에 담긴 성 고정관념을 분별할 수 있는가?
- 창업가의 성향이나 태도에 대한 선입견을 가지고 있지는 않은가?
- 여성에게 자녀 양육과 같은 사회적 편견을 부여하고 있지 않은가?

자료 : 소풍

해 장난감 가게 쇼윈도 앞에 서 있다가, 가게에 설치된 기계에서 흩날리는 가짜 눈을 맞는 조이를 포착한 것이다. 대체로 온난한 기후의 텍사스에 눈이 오는 일은 드물다. 영화 포스터는 그 드문 확률을 만들어내는 조이의 기적을 간접적으로 보여준 것이다.

"숨어 있으면 안전하긴 하지, 아무도 못 보니까. 그렇지만 웃긴 게 뭔지 알아? 넌 너 자신한테서도 숨어버렸어." 조이는 꿈에서 17년 전 자신으로부터 이런 일침을 듣는다. 꿈에서 깨자마자 조이는 한 발을 더 내디뎌 사업을 결심한다. 일단 자신으로부터 숨지 않기로 결심한 그는 가족으로부터 모욕을 들어도, 파산위기에 몰려도, 자신의 아이디어를 도용당했을 때도, 멈추지 않는다. 자신에 대한 확신을 끝까지 놓지 않았기 때문에 기적을 낳을 수 있었다.

수많은 벽 앞에서 지친 창업가들이 이 영화에서 작은 용기를 얻을 수 있기를. "당신들도 따뜻한 날에 눈을 내리게 하는 기적을 만들어낼 수 있어요."

5장

마케팅과 경쟁

– 끝까지 살아남은 자가 이긴 자다

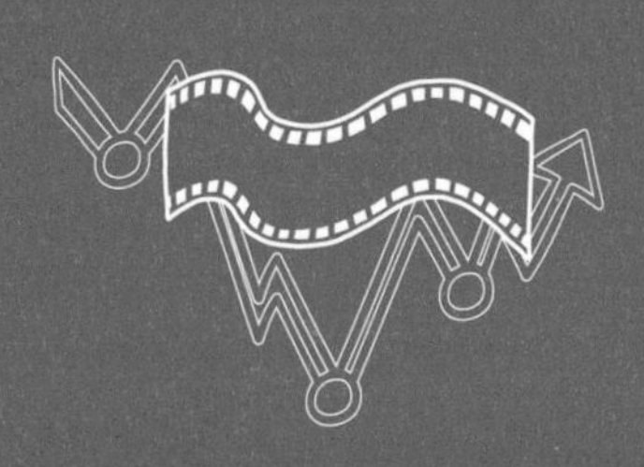

— CINEMANOMICS —

왕갈비통닭, 실제 있었다면 흥행 지속됐을까?

〈극한직업〉 자영업의 경제학

완전 경쟁시장과 독점적 경쟁시장

매일 밤낮 구르고 뛰지만 언제나 허탕만 치는 마약수사반. 해체위기에 직면해 있던 순간, 팀의 리더 고 반장(류성룡 분)은 거대 범죄조직의 마약 밀반입 정황을 포착하게 된다. 마약수사반은 조직의 아지트 앞에 치킨집을 차리고 잠복수사를 시작한다. 치킨을 팔면서 정체를 들키지 않고 범인들의 동태를 파악하기 위해서다.

하지만 영업 첫날 곧바로 위기에 맞닥뜨린다. 첫 손님의 주문 음식이 다름 아닌 양념치킨이었던 것. 주방을 맡은 마 형사(진선규 분)는 프라이드치킨밖에 튀길 줄 몰랐다. 하는 수 없이 마 형사는 부모님 식당(수원왕갈비)에서 어깨너머로 배운 왕갈비 양념을 급하게 만들어 치킨을 내기로 한다. 노릇하게 익어가는 치킨, 그리고 그 위에 끼얹어지는 달짝지근한 왕갈비 양념.

마 형사 표 왕갈비통닭이 손님 앞에 놓였다. 모든 직원들, 아니 형사들은 침묵한 채 마수걸이를 지켜본다. 손님이 치킨을 베어 물었다. 바삭 소리가 난다. 나지막이 손님이 읊조렸다. "오, 대박인데?" 정말 대박이 났다. 왕갈비통닭이 입소문을 타자 손님이 물밀듯 밀려왔다. 마약반 형사들은 눈코 뜰 새 없이 주문받고 튀기고 서빙해야 했다. 손님들이 찾아오는 이유는 하나였다. 세상 어디에도 없던 치킨을 맛보기 위해서다.

왕갈비통닭의 대박은 독점적 경쟁시장의 전형적인 성공 사례다. 경제학에선 다수의 경쟁자가 참여하는 시장을 완전 경쟁시장과 독점적 경쟁시장으로 구분한다. 경쟁자가 없거나 소수인 독과점을 제외하고선 세상엔 이 두 가지 유형의 시장만 있을 뿐이다. 완전 경쟁시장은 ① 다수의 판매자와 구매자가 참여하고 ② 기업이 자유롭게 진입·퇴출한다. 그리고 이 모든 기업은 ③ 동질한 상품을 공급하며 경쟁한다. 흔

<표 1> 완전 경쟁시장 vs 독점적 경쟁시장

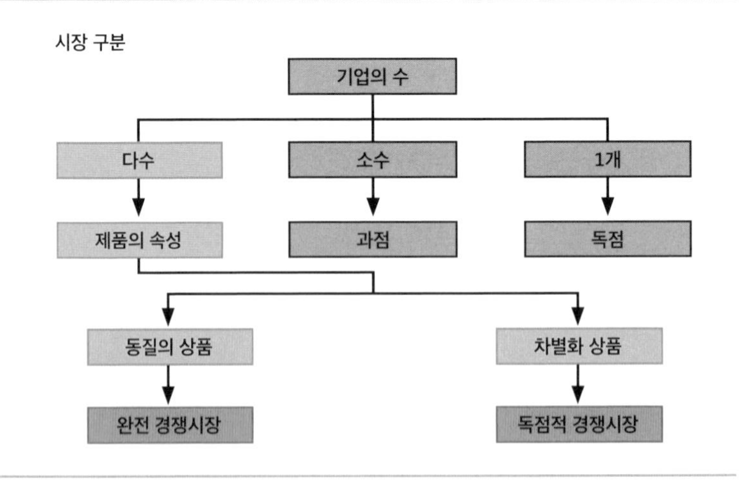

히 쌀집, 우유가게가 여기에 속한다.

독점적 경쟁시장도 ① 다수의 판매자와 구매자가 참여하고 ② 기업의 자유로운 진입·퇴출이 가능하다. 여기까진 완전 경쟁시장과 같다. 하지만 ③ 공급자마다 각자 차별화된 상품을 갖고 있다는 점이 다르다. 차별화된 상품을 파는 영화시장, 미용실 등이 이에 해당한다.

물론 이는 경제학에서의 구분일 뿐 현실에서는 칼로 베듯 나눠지지 않는다. 고시히카리 쌀, 무항생제 우유같이 어느 상품이든 차별화는 있을 수 있기 때문이다. 즉 만드는 상품의 차별화 정도에 따라 기업은 완전 경쟁시장과 독점적 경쟁시장 그 어느 중간에 위치하게 된다. 만약 고 반장네가 우리가 흔히 알고 있는 프라이드와 양념 치킨만을 팔았다면 이들은 완전 경쟁시장 가까운 곳에 속해 있었을 것이다. 하지만 그 유명한 왕갈비통닭집의 캐치프레이즈를 생각해보자. '지금까지 이런 맛은 없었다. 이것은 갈비인가 통닭인가.' 이들은 완전히 새로운 차별화 상품을 선보였다. 독점적 경쟁에 뛰어들게 된 것이다.

독점적 경쟁시장의 가격결정권

독점적 경쟁시장에 뛰어들었다는 것은 가격결정권이 생겼다는 의미와도 같다. 이는 기업이 맞닥뜨리는 수요 곡선으로 설명할 수 있다. 완전 경쟁시장의 기업엔 수요의 가격탄력성이 '완전 탄력적'인 수요 그래프가 주어진다. 완전 탄력적 수요란 가격을 조금만 올려도 수요량이 전부 달아난다는 개념이다.

<표 2> 완전 탄력적 수요

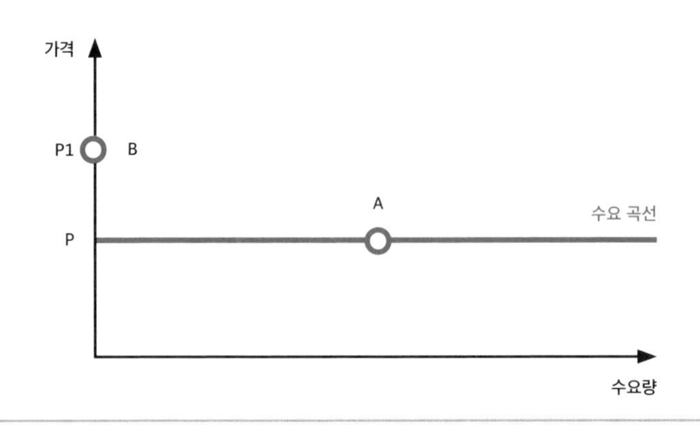

〈표 2〉의 A점에서 생산하던 기업이 가격을 P1로 올려버리면 이 그래프에선 수요가 0(B점)이 된다. 완전 경쟁시장에선 대체재가 사방에 널려 있다. 가격이 오르면 소비자들은 다른 가게로 떠나기 때문에 수요가 완전 탄력적이다. 따라서 완전 경쟁시장에 놓인 기업엔 주어진 가격(P) 외에 선택지는 없다. 가격결정권이 없다는 얘기다.

반면 독점적 경쟁시장의 기업은 '비탄력적'인 수요 그래프를 갖게 된다. 〈표 3〉의 그래프 C점에서 생산하던 기업이 가격을 P2로 올리면 생산 지점이 D로 이동한다. 수요량은 조금 줄어들 뿐이다. 상품의 대체재가 별로 없기 때문이다. 따라서 차별화 수준이 높을수록 가격을 올려도 수요가 많이 줄지 않으니 가격결정권을 누릴 수 있게 된다. 수입은 '가격×수량'이다. C와 D의 수입을 따진다면 단연 D의 수입이 높다.

영화에서 왕갈비통닭집도 독점적 경쟁시장의 전형을 보여준다. 장

<표 3> 비탄력적 수요

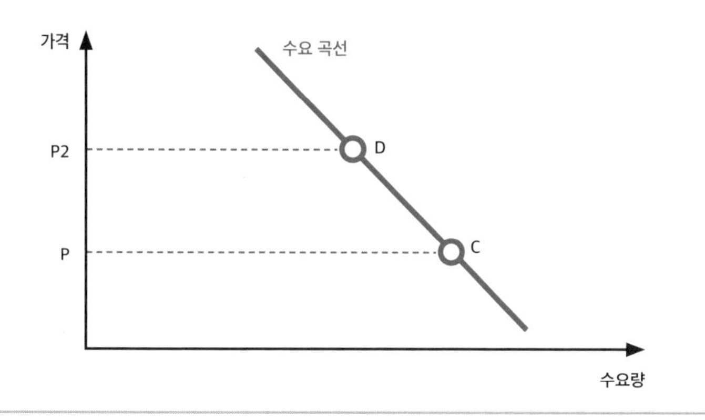

사가 너무 잘돼 본업인 잠복수사를 못하게 될 지경에 이르게 된 고 반장네는 치킨 한 마리의 가격을 3만 6,000원으로 올려버린다. 가격을 올려 손님을 내쫓으려는 전략이었다. 하지만 손님은 줄지 않는다. '황제치킨' '허세치킨'으로 별명이 붙으며 계속해서 잘 팔린다. 왕갈비통닭에 대한 수요 그래프는 매우 비탄력적이었다. 의도했든 의도하지 않았든 가격을 올리면서 고 반장네는 더 큰 수입을 벌어들이게 된다.

자영업 문제의 핵심은 과당경쟁

상품 차별화를 통해 독점적 경쟁시장에 진입하는 모든 기업이 항상 성공하는 것은 아니다. 독점적 경쟁시장에서도 '기업의 자유로운 진입 · 퇴출'이 열려 있기 때문이다. 독점적 경쟁시장에서 누군가 차별화된 상품으로 이익을 보고 있다면 다른 누군가는 금세 '베끼기 상품'을 만들 것이다. 다수의 경쟁자가 생긴다면 개별 기업의 수요는 쪼그라들 수밖에 없다. 수요 그래프가 원점으로 더 붙어버리는 것이다. 차별화해 초반에 이득을 보는 기업들도 장기적으로는 큰 이익을 보기 힘들다. 한국 자영업 생태계는 이런 프로세스가 가장 잘 작동하는 곳 중 하나다.

한국 자영업엔 과당경쟁이 일상화돼 있다. 경제협력개발기구(OECD)에 따르면 한국의 취업자 대비 자영업자 비중은 25.1%(2018년 기준)로 OECD 국가 중 여덟 번째로 높다. 미국(6.3%) 독일(9.9%) 일본(10.3%) 등에 비하면 매우 높은 수치다. 자영업에 종사하는 사람이 많다는 것은 대박 아이템이 생기면 그 시장으로 뛰어들 대기 자영업자가 그만큼 많다는 의미다. 만약 왕갈비통닭집이 실존했다면 한국

<표 4> 국가별 취업자 대비 자영업자 비중 (단위 : %)

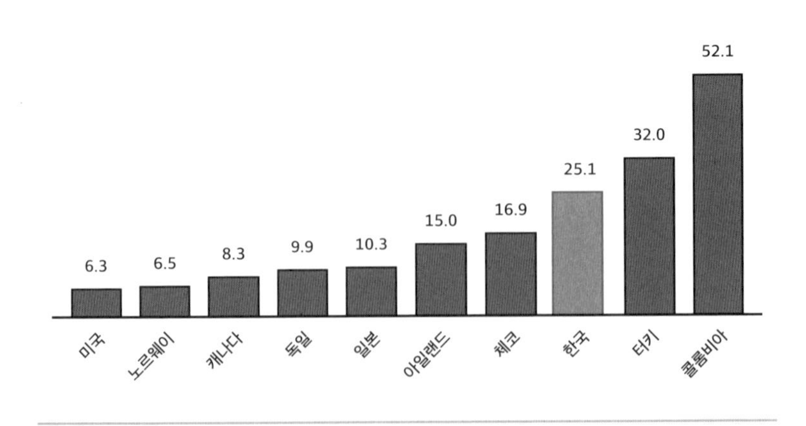

* 2018년 기준
자료 : OECD

의 자영업 특성상 유사 브랜드들의 치열한 시장 나눠 먹기가 이뤄졌을 것이다. 실제로 〈극한직업〉 개봉 이후에 다수의 왕갈비통닭 치킨집이 생겼다.

지금까지 살펴본 대로라면 차별화 여부와 무관하게 과당경쟁에서 자유롭지 못하다. 국세청에 따르면 한국의 자영업 폐업률(신규업체 수 대비 폐업업체 수)은 89.2%(2018년 기준)다. 2016년 77.7%, 2017년 87.9%에서 계속 증가 추세다. 정부는 다양한 자영업 지원책을 내놓고 있다. 카드 결제 수수료 부담을 낮춰주는 제로페이, 최저임금 상승분 일부를 지원하는 일자리안정자금 등이 그것이다. 하지만 경제학자들은 이런 식의 정부 대처는 증상만을 완화시키는 대증요법에 불과하다고 지적한다.

자영업 문제의 근본 원인은 과당경쟁 구조에 있다. 과당경쟁은 일자리의 만성 부족에서 비롯된다. 경제를 활성화해 대기업이든 중소기업이든 일자리가 넘치도록 해야 너도나도 자영업에 불나방처럼 뛰어드는 것을 막을 수 있다.

영화 후반부 마약 조직의 수장 이무배(신하균 분)가 "치킨집 하면서 왜 목숨을 걸어?"라고 비아냥거리자 고 반장은 울컥한다. 그러곤 "네가 소상공인을 모르나 본데…… 우리는 다 목숨 걸고 해!"라고 소리친다. 오늘도 고생하는 이 땅의 수백만 자영업자의 눈물샘을 자극했던 장면이다.

허니버터칩, 삼성 Z플립도 퍼플오션 전략의 결과물

"지금까지 이런 맛은 없었다. 이것은 갈비인가 통닭인가."

고 반장네가 개발한 왕갈비통닭은 새로운 메뉴다. 하지만 동시에 익숙한 치킨이기도 하다. 기존 고추장을 베이스로 한 양념치킨의 소스를 갈비양념으로 대체했을 뿐이다. 우리는 여기서 '퍼플오션(purple ocean) 전략'을 엿볼 수 있다.

퍼플오션 전략이란 레드오션(red ocean)과 블루오션(blue ocean)의 중간 개념이다. 완전히 새로운 분야를 개척하는 블루오션 상품보다 기존의 익숙한 레드오션 상품에서 발상의 전환을 통해 조금 다른 상품을 만드는 것이다.

퍼플오션 전략은 블루오션 전략의 대체 전략으로 등장하게 됐다. 블루오션이라는 개념은 2000년대 중반 처음 국내에 소개됐다. 당시 수많은 기업이 블루오션 전략을 고민했지만 결과는 신통치 않았다. 블루오션을 찾는다고 해도 경쟁자들이 쫓아와 금세 레드오션이 되곤 했다. 이에 아이디어 연구비용을 절감할 수 있는 퍼플오션 전략이 주목받게 됐다.

국내엔 퍼플오션 전략으로 큰 성과를 거둔 상품이 이미 많이 나왔다. 허니버터칩이 대표적인 사례다. 허니버터칩은 기존 감자칩에 고소한 버터의 풍미를 입혀 출시된 과자다. 2014년 8월 출시한 이후 SNS에서 입소문을 타며 3개월 만에 50억 원의 매출을 올렸다. 암시장에서 거래되는 해프닝이 벌어질 정도로 높은 인기를 구가했다.

최근 삼성전자가 내놓은 폴더블폰도 퍼플오션 전략의 결과물이다.

과거 블루오션이었지만 현재는 레드오션 상품이 된 스마트폰, 이를 뛰어넘는 블루오션 시장을 개척하기 위해선 천문학적인 비용이 불가피하다. 삼성은 간단하지만 혁신적인 아이디어로 이를 돌파한다. 화면을 이어 붙여 폴더블폰 시장을 개척했다.

최근 콘텐츠시장에서 각광받는 '원소스 멀티유즈(one source-multi use) 전략'도 퍼플오션 전략의 일종으로 볼 수 있다. 원소스 멀티유즈란 기존에 인기 있었던 만화나 소설 등을 토대로 영화, 드라마 등을 제작하거나 원작의 캐릭터를 상품화해 완구류, 의류 등에 적용하는 전략을 말한다. 높은 시청률을 기록했던 드라마 〈이태원 클라쓰〉도 동명의 웹툰에서 탄생했다는 점에서 원소스 멀티유즈 전략이자 퍼플오션 전략의 사례다.

2

우리 공연 비난한 칼럼 갖고 오면 50% 할인해줄게

〈위대한 쇼맨〉 마케팅의 경제학

광고 · 마케팅의 아버지 피니어스 바넘

가난한 봉제사의 아들인 피니어스 바넘(휴 잭맨 분). 첫사랑인 채리티(미셸 윌리엄스 분)에게 평생 꿈과 행복으로 가득 찬 삶을 약속하지만, 현실은 무역회사 말단 직원이다. 그는 어느 날 회사가 보유한 선단이 남중국해에서 폭풍에 휩쓸려 침몰했다는 소식을 듣는다. 회사가 파산하자 한순간에 길거리에 내몰린 바넘. 그는 침몰한 선단의 등기서류를 빼돌려 이를 담보로 은행에서 거액의 대출을 받는다. 바넘은 미국 각지의 기이한 인물을 끌어모아 뉴욕 한복판에서 서커스 공연을 하며 평생 꿈꿔왔던 환상적인 쇼를 준비한다.

〈위대한 쇼맨〉은 근대적 서커스의 창시자인 피니어스 바넘의 삶을 다룬 전기영화로, 개봉 당시 국내외에서 바넘을 미화했다는 비판에 시달렸다. 그만큼 바넘의 삶과 업적들이 당시는 물론 현대의 기준으로 봐도 논란의 소지가 컸기 때문이다. 바넘은 장애인과 외국인을 전

<표 1> 국내 광고산업 규모 (단위 : 조 원)

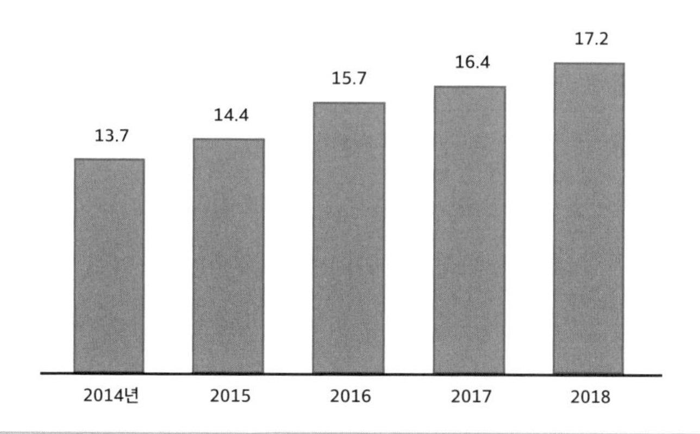

자료 : 문화체육관광부

시해 돈벌이 수단으로 삼은 문제의 사업가였다.

동시에 이들 한 명 한 명과 계약서를 체결하고, 당시 기준으로 높은 임금을 준 이색적인 인물이었다. 바넘은 말년에 노예해방운동가가 됐고, 브리지포트시의 시장을 지내기도 했다.

바넘 찬반론자들이 모두 공감하는 점은 그가 현대적인 의미에서 광고를 활용한 선구자라는 사실이다. 바넘은 소비자를 끌어모으기 위해 거짓말과 과장, 왜곡을 서슴지 않았다. 체중이 220㎏인 단원은 350㎏으로 몸무게를 부풀렸다. 장신의 미국인을 지지대 위에 서게 해 '아일랜드의 거인'으로 둔갑시켰다. 실제 역사 속 바넘은 고령인 흑인 여성을 '워싱턴의 간호사'로 홍보해 큰 성공을 거둔다.

영화의 배경이 된 19세기 미국은 마케팅이라는 개념조차 존재하지 않던 시대였다. 바넘은 그 속에서도 소비자들의 소비욕구를 자극하는 방법을 본능적으로 파악하고 있었다. 그는 자신의 공연을 누구라도 만족시킬 수 있는 공간으로 포장한다. 어떤 무대가 등장하고 공연이 이뤄지는지보다는 '환상적인' '이국적인' 등의 표현을 핵심으로 내세워 관객들에게 '당신이 있고 싶은 곳이 바로 여기'라고 유혹한다. 이런 전략은 훗날 '바넘 효과'라는 말이 생겨나게 했다. 누구에게나 보편적으로 받아들여질 만한 정보를 내세워 소비자가 알아서 상품과 친밀감 및 일치감을 갖도록 하는 것이 바넘 효과의 핵심이다.

바넘 효과는 마케팅업계에서 애용하는 전략의 하나로 자리 잡았다. 최근 MZ세대 소비자들을 사로잡은 MBTI(심리유형검사) 마케팅이 바넘 효과의 대표적인 사례로 꼽힌다. MBTI 마케팅은 소비자들에게 성격 테스트를 하게 해 스스로 자신이 어떤 부류의 인간인지 탐색하게 만든다. 자신을 탐구하고, 이를 외부와 공유하기를 즐기는 MZ세대에게 특히 성공적이라는 평가를 받는다.

카카오는 2020년 4월 MBTI 기획전을 열고 소비자에게 MBTI 유형에 맞는 상품을 추천하는 이벤트를 열기도 했다. 배달의민족, 휠라코리아 등 젊은 세대가 주 고객층인 기업들도 비슷한 캠페인을 선보였다.

소비자의 손실회피 심리를 공략하라

초기 흥행에 성공한 공연은 바넘에게 꿈에 그리던 부를 가져다준다. 그는 어릴 적 아내와 뛰어놀았던 대저택을 구매하고, 가난한 시절 딸에게 사줄 수 없었던 발레슈즈도 선물할 수 있게 된다.

하지만 위기는 빠르게 다가온다. 평론가들은 그의 공연이 천박하기 그지없다며 비난하고 나선다. 특히 바넘을 자극한 것은 미국 지식인들에게 폭넓은 지지를 받던 평론가 베넷의 신문 기고였다. 베넷은 바넘의 쇼가 거짓말투성이에 가짜들을 나열해놓은 것에 불과하다고 지적한다.

바넘은 위기를 정면돌파하기로 결심한다. 아예 공연장 이름을 '바넘의 서커스'로 바꿨다. 공연을 비난한 베넷의 칼럼을 지참한 관객에게는 다음 공연에서 표값의 50%를 할인해주겠다고 대대적인 광고를 한다. 이 덕분에 바넘과 그의 서커스는 바다 건너 영국 빅토리아 여왕으로부터 초청받을 정도로 크게 성공한다.

바넘이 광고를 통해 비판적인 여론을 극복하는 과정에는 오늘날 행동경제학자들이 꼽는 인간의 불합리적 판단과 이를 공략하기 위한 이론적 토대가 담겨 있다. 오늘날 경제학계의 주축으로 올라선 행동경제학은 2002년 노벨 경제학상 수상자인 심리학자 대니얼 카너먼(Daniel Kahneman)이 그 토대를 제공했다. 카너먼은 동료 심리학자인 아모스 트버스키(Amos Tversky)와 함께 1979년 〈전망 이론 : 리스크 상황에서 인간의 판단에 대한 분석〉이라는 논문을 발표한다.

그는 전망 이론을 통해 현실의 인간이 기존 경제학의 가정과 달리 결코 합리적인 동물이 아니라는 주장을 펼쳤다. 인간은 어떤 상황에서의 이익과 손실을 평가할 때, 절대적으로 동일한 수준의 이익과 손실이 존재한다면 손실을 기피하는 성향을 보인다는 점이 전망 이론의 핵심이다.

<표 2> 전망 이론이 제시한 소비자의 효용함수

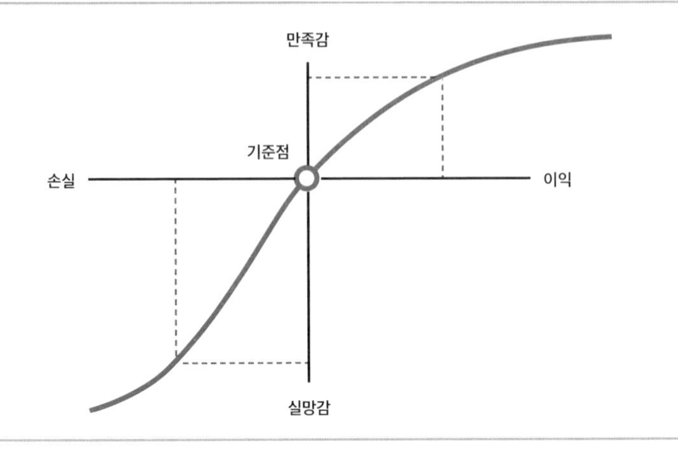

〈표 2〉에서 보듯 손실과 이익의 효용은 S자 모양을 띠는데, 손실 영역의 기울기가 더 가파르다. 같은 금액이더라도 손실이 이익보다 판단에 큰 영향을 끼치는 이 현상을 행동경제학에서는 '손실회피'라고 정의한다.

바넘은 다음 공연까지 관객에게 할인 티켓을 제공한다는 광고를 내걸면서 사람들의 손실회피 심리를 자극했다. 관객에게 다음 공연까지 할인을 받지 않으면 지금보다 비싼 가격에 티켓을 구매해야 한다는, 일종의 손실 인식을 심어준 것이다. 백화점이나 소셜커머스 업체들이 할인할 때 기간을 제한하는 것도 소비자에게 이익을 제공하는 것을 넘어 손실을 인식시켜 소비자의 손실회피 성향을 자극하기 위해서다.

카너먼은 나아가 인간이 이익과 손실을 절대적으로 판단하기보다는 일정한 기준점을 중심으로 상대적으로 판단한다고 봤다. 연봉이 100만 원 인상될 때 연봉이 1,000만 원인 직원과 1억 원인 직원의 반응이 전혀 다른 것도 인간이 기준점을 중심으로 손익을 인식하기 때문이라는 것이다.

영화 속 바넘과 할인된 가격을 제시하는 현실 속 기업들은 공통적으로 정가와 할인가를 동시에 노출하는 전략을 쓴다. 1만 원짜리 티셔츠를 5,000원에 할인 판매한다는 광고를 접한 소비자가 할인된 가격을 객관적으로 평가하기보다는 1만 원짜리 티셔츠를 절반 가격에 구매할 수 있다는 점에 집중하도록 유도하는 것이다.

바넘은 인간의 욕구를 파악하는 데 탁월한 능력을 지녔다. 그 능력을 광고와 공연기획에 활용해 현대적인 쇼 비즈니스를 창시해낸 사업가였다. 복합적인 평가를 받았던 바넘의 삶처럼, 그를 담아낸 〈위대한 쇼맨〉 역시 일반 대중과 평론가들에게 상반된 반응을 이끌어냈다.

국내에서 200만 명이 넘는 관객을 동원하고, 세계적으로도 4억 달러가 넘는 흥행을 기록했지만 평론가들에게는 음악 외의 거의 모든 면에서 비난을 받았다. 쏟아질 비난을 예상이라도 한 듯이 영화는 바넘이 스스로를 변호하고자 했던 말을 인용하며 막을 내린다.

"사람들을 즐겁게 하는 것이야말로 가장 위대한 예술이다."

저소득층에게 문화예술 쿠폰을 주는 이유

〈위대한 쇼맨〉에서는 문화예술의 가치, 그리고 이를 대중에게 어떻게 공급해야 하는지에 대한 고민이 지속적으로 등장한다. 바넘의 서커스는 영화 내에서 평론가들에게 저급하고 불량스러운 문화로, 이를 관람하는 관객들은 '천박한 하류층'으로 비난받는다. 이에 바넘은 서커스로 대표되는 대중예술은 사람들을 즐겁게 해주기 위해 존재하고, 사회 구성원의 꿈과 욕구를 충족시키기 위해 반드시 필요하다고 받아친다.

일반적으로 문화예술의 역할 및 기능은 인문학자나 사회학자들의 연구 대상이지만, 경제학자 중에서도 문화예술 소비의 중요성을 연구한 이들이 있다. 런던정경대 교수이자 오케스트라 지휘자였던 영국의 앨런 피콕(Alan Peacok) 경은 문화경제학의 대표적인 학자로 꼽힌다. 그는 문화예술이 사회에 긍정적인 외부 효과를 갖고 있고, 이 때문에 정부가 문화예술을 지원할 필요가 있다고 주장했다.

1970년대와 1980년대에 걸쳐 피콕은 영국 산업통상부의 경제고문이자 국영방송인 BBC의 예산심사위원장을 맡아 영국의 문화정책을 설계하는 역할을 맡게 된다. 피콕은 문화예술 산업의 특성과 소비 행태를 고려했을 때 정부의 문화예술 지원이 공급자보다는 소비자에게, 직접 지원금보다는 쿠폰 지급 형식으로 이뤄져야 한다고 주장했다.

문화예술 공급자들도 결국 수익을 추구하는 존재이기 때문에 중앙정부의 투자가 이뤄지더라도 결국 가장 높은 투자 대비 수익률(ROI)이 기대되는 대도시에서 활동이 집중될 것이라는 우려 때문이다. 이는 공연이나 스포츠 등에서 상대적으로 소외받는 지방 주민들의 문화예술 접근성을 더욱 낮추는 결과로 이어진다.

피콕은 소비자에게 지원금을 직접 지급하면 이들이 예술보다는 생활필수품 등 다른 용도에 지원금을 소비할 가능성이 크다고 봤다. 특히 그는 정부 지원 대상이 되는 저소득층은 예술보다는 식비 등 기타

필수 지출에 대한 소비 수요가 크기 때문에 용도가 한정돼 있는 쿠폰 형식으로 지원이 이뤄져야 한다고 강조했다.

피콕을 비롯한 문화경제학자들의 연구는 영국은 물론 한국의 문화예술 지원정책에도 영향을 끼쳤다. 저소득층에게 연 9만 원의 문화예술 소비 쿠폰을 지급하는 문화누리카드와 매달 마지막 주 수요일 이뤄지는 각종 공연 및 연극 할인 등이 대표적인 소비자 중심 지원정책이다.

③

SNS 초짜 요리사가 하룻밤 새 인플루언서로

〈아메리칸 셰프〉 구독자 수의 경제학

메가 인플루언서는 기업과 전속 계약 맺기도

모든 사건은 거물 블로거 램지(올리버 플랫 분)가 요리사 칼(존 파브로 분)의 음식을 먹고 남긴 리뷰 한 건으로부터 시작됐다. "실망했다. 칼의 추락을 보여주는 요리. 별 두 개." 혹평에 상처 입은 칼은 트위터로 램지를 공개 저격한다. 둘의 설전은 SNS를 통해 생중계되고 상황은 칼이 전혀 예상치 못한 쪽으로 흘러간다.

영화 〈아메리칸 셰프〉는 SNS 초짜 요리사가 하룻밤 새 인플루언서가 되면서 벌어지는 이야기다. 주인공은 로스앤젤레스의 요리사 칼. 본인 레스토랑도 없고 남의 식당에 고용돼 일하지만 요리개발에 대한 열정만은 끓어 넘친다. 일에만 몰입하는 바람에 아내와 이혼하고 아들과도 소원해졌지만 요리라면 누구에게도 안 밀린다.

그런 그에게도 LA에서 가장 핫한 음식 블로거 램지의 식당 방문은 떨리는 일이다. 칼은 새로운 메뉴를 야심차게 준비한다. 문제는 칼이 새 메뉴를 시도할 때마다 태클을 거는 레스토랑 사장. 기존 메뉴대로 가라는 사장의 요구에 칼은 항변한다. "거물이 오니까 좋은 메뉴를 내야죠. 지금 메뉴는 창의성이 없어요." "아니. 거물이니까 안정적으로 가. 그 사람 블로그가 대기업에 1,000만 달러(약 119억 원) 받고 팔렸어. 모험하지 마."

칼과 사장이 램지를 신경 쓰는 이유는 그만큼 영향력이 크기 때문이다. 램지처럼 온라인 콘텐츠로 유행을 이끄는 사람을 '인플루언서', 이들을 이용한 홍보를 '인플루언서 마케팅'이라고 한다. 2020년 전 세계 기업들이 인플루언서에게 지급한 금액은 100억 달러(약 11조 8,340원)로 추정된다.

사장의 겁박에 가까운 설득에 신메뉴를 포기한 칼은 결국 램지를 만족시키지 못한다. 램지는 "지루하고 진부하다"는 평가를 남긴다. 칼은 트위터에서 램지의 혹평이 수없이 리트윗되는 상황을 목격한다. 참지 못하고 램지의 트위터 계정에 욕설을 날린 칼. "요리를 면상으로 짓이기니 맛을 모르지." 자신이 보낸 메시지가 램지뿐만 아니라 모두에게 보인다는 걸 SNS 초짜인 칼은 모른다.

"아빠, 밤사이에 팔로어가 1,653명 생겼어." "팔로어가 뭐냐"고 묻는 램지에게 초등학생 아들은 설명한다. "1,653명에게 아빠 글이 보인다는 거야." 램지를 공개 저격하면서 하룻밤 새 유명인이 된 것이다. 인플루언서 시장에선 구독자 수가 많을수록 영향력이 커진다. 메가 인플루언서(구독자 100만 명 이상)들은 아예 콘텐츠기업과 전속 계약을 하는 경우도 많다. 램지의 블로그를 대기업이 거액에 사들인 것처럼 한 회사가 해당 인플루언서의 콘텐츠 유통을 독점하는 것이다.

램지와의 설전으로 트위터 팔로어가 2만 명까지 늘어난 칼이 계정을 삭제하겠다고 하자 홍보 전문가는 만류한다. "아니, 왜 지워요? 이게 다 돈인데." 미국 마케팅업체 이제아에 따르면 파워 블로거의 게시물당 평균 광고비는 2014년 407달러(약 48만 원)에서 2019년 1,442달러(약 171만 원)로 세 배가량 늘었다. 구독자가 많은 계정일수록 단가가 올라가는 것은 물론이다.

밈노믹스와 쇼트폼 콘텐츠

램지가 레스토랑을 재방문한 날, 신메뉴를 준비하던 칼은 사장과의 마찰로 주방에서 쫓겨나고 만다. 화가 난 칼은 식당에서 난동을 부리고 이는 SNS로 생중계된다. 램지를 향해 고함을 지르는 칼의 영상이 입소문을 타고 무섭게 퍼진다. 어쩌면 좋냐며 찾아온 칼에게 홍보 전문가는 말한다. "램지가 미친 듯이 포스팅을 하고 있어요. 이걸 언론사들이 공유하고 SNS에선 짤방으로 만들어 또 공유하고. 이 정도면 기록이에요."

칼이 일종의 밈(meme, 유행 요소를 모방 또는 재가공해 만든 콘텐츠)의 주인공이 된 것이다. 밈은 진화생물학자 리처드 도킨스가 처음 만든 용어로 최근 유통업계에서 마케팅에 적극적으로 활용하면서 '밈노믹스(meme+economics)'라는 신조어가 생겼다. 가수 비의 '1일 3깡'이 밈으로 소비되자 기업들이 앞다퉈 관련 홍보에 나선 게 대표적이다.

홍보 전문가는 칼에게 "요리 검증 프로그램 MC 자리는 따놨다"고

위로하지만 칼은 그저 괴로울 뿐이다. 이 일로 레스토랑에서도 잘렸다. "지금 사람들이 절 비웃는 건가요, 아니면 공감하는 건가요." "둘 다요." 밈노믹스의 특징을 잘 드러낸 표현이다.

요리를 계속하고 싶었던 칼은 푸드트럭에 도전한다. 아내와의 이혼 후 멀어졌던 아들도 방학을 맞아 합류한다. 그렇게 팔기 시작한 메뉴는 쿠바 샌드위치. SNS에 익숙한 아들은 매일 푸드트럭의 영업 장소를 위치 태그를 걸어 알린다. 샌드위치를 만드는 과정과 재료 사진도 실시간으로 공유한다. 결과는 대박이었다. 램지와 싸우면서 얻은 2만 명의 팔로어가 칼에게 기회가 됐다. 칼의 푸드트럭은 SNS에서 인증샷 성지가 된다.

이렇게 누군가의 소비가 다른 사람의 소비를 부추기는 현상을 밴드왜건 효과라고 부른다. SNS 인증샷 열풍도 다른 사람의 소비를 따라 하고 싶다는 심리가 어느 정도 반영된 것이다. 칼의 푸드트럭은 '에펠탑 효과'까지 누린다. 자주 노출되는 것만으로도 상품의 호감도가 상승한다는 것을 설명하는 용어다.

칼과 아들은 몇 달간 함께 트럭을 타고 샌드위치를 만들면서 한동안 느끼지 못했던 따뜻한 정을 나누고, 아들은 요리사를 꿈꾸기 시작한다. 하지만 칼은 언제까지 아들이 자신과 함께 다니며 푸드트럭을 운영할 수는 없다고 판단한다. 방학이 끝나자 전 부인에게 다시 아들을 돌려보내려는 칼. 하지만 아들이 떠나기 전 선물로 보낸 '1초 동영상'이 칼의 마음을 돌린다. 낡은 트럭을 청소할 때부터 레시피를 고민하고, 함께 웃고 떠드는 모습까지 푸드트럭의 나날들을 매일 1초씩 찍어 이어붙인 것이다. 아들의 1초 동영상은 MZ세대가 추구하는 '쇼트

<표 1> 동영상 시청 시 연령별 선호 길이 (단위 : 분)

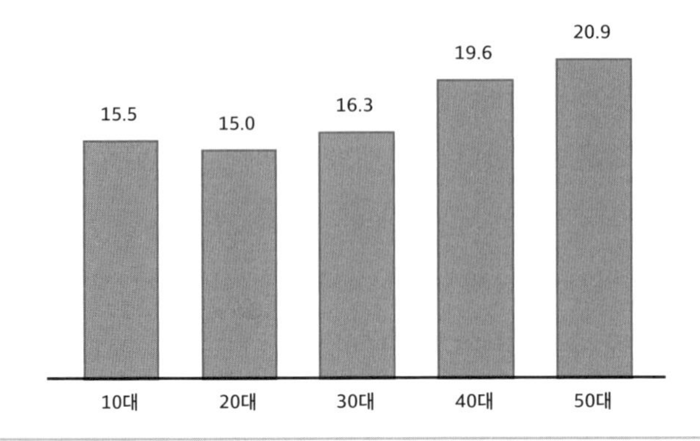

자료 : 메조미디어

폼 경제'를 보여준다. 5초에서 길게는 15분, 스마트폰을 이용해 틈틈이 즐길 수 있는 쇼트폼 콘텐츠가 산업 전반을 휩쓸고 있는 현상을 말한다. 2019년 전체 국내 광고 중 50%가 1분 이하로 제작된 쇼트폼 영상이다. 긴 호흡보다는 짧고 명징한 메시지를 선호하는 MZ세대를 공략하기 위한 것이다.

쇼트폼의 원조 격인 콘텐츠 서비스 틱톡은 현재 기업가치만 1,000억 달러로 추산(블룸버그 기준)된다. 유튜브는 쇼트폼 서비스인 '쇼츠'를 준비하고 있고, 모바일 쇼트폼업체인 '퀴지'는 드림웍스 창업자인 제프리 카젠버그 등으로부터 18억 달러(약 2조 2,000억 원)를 투자받았다. 1초 동영상에 감동한 칼은 아들에게 다시 손을 내민다. "푸드트럭 계속하자. 대신 학교 공부엔 피해 주지 않는다는 조건으로."

결말은 램지가 칼의 푸드트럭을 찾아오는 장면이다. 칼을 불러낸 램지는 사과 아닌 사과를 툭 던진다. "난 원래 그쪽 팬인데. 하지만 그

식당에서 냈던 요리는 정말 엉망이었잖아요." 놀라는 칼을 향해 덧붙인다. "대기업에 내 블로그를 팔아 번 돈으로 땅 좀 샀어요. 식당 하나 해봐요. 메뉴는 마음대로 하고."

램지가 칼의 음식에 투자하겠다는 뜻을 밝힌 것이다. 망설이는 칼에게 램지는 덧붙인다. "우리 화해한 사연도 이슈감이니 손님은 몰릴 거예요. 당신은 요리만 하면 돼요. 이번 샌드위치는 정말 맛있었거든요." SNS 때문에 직장을 잃고 힘들어했던 칼이 SNS 덕에 인플루언서로 이름을 날리고, 아들과의 관계를 회복하고, 결국엔 그토록 원했던 자신만의 식당을 갖는 데도 성공하게 된 셈이다.

규제 사각지대 '뒷광고' 논란

"샌드위치 맛있지만 내 블로그엔 안 쓸 거예요. 당신을 밀어주고 싶으니까. 내가 투자하는 사업은 글로 못 쓰거든요."

영화의 마지막 부분. 램지는 칼의 샌드위치 사업에 투자하겠다며 이렇게 말한다. 인플루언서로서 신뢰도를 유지하기 위해 직접 투자한 상품에 대한 리뷰를 쓰진 않겠다는 얘기다. 램지의 발언은 '인플루언서 경제'의 특징을 보여준다. 인플루언서들은 솔직한 사용 경험을 대중에게 공유하면서 막강한 영향력을 발휘하지만, 반대로 신뢰가 깨질 경우 소비자들의 큰 반발을 부른다.

최근 유튜브에서 벌어진 '뒷광고' 논란이 대표적이다. 객관적인 것처럼 제품을 소개한 유명 유튜버들이 뒤로는 수천만 원에 달하는 광고비를 받은 정황이 드러났다. 뒷광고인 줄 모른 채 유튜버를 믿고 제품을 구매한 소비자들 사이에선 사기행위라는 비판이 쏟아졌다. 한국소비자원이 2019년 10월 실시한 조사에 따르면 국내 상위 인플루언서 계정의 광고 게시글 중 경제적 대가를 받았다고 밝힌 비율은 29.9%에 불과했다.

광고 생태계가 인플루언서 경제로 급변하고 있는데, 제도가 따라오지 못한다는 지적도 있다. 유튜브 통계분석 스타트업 플레이보드에 따르면 국내 개인 유튜브 채널 중 광고 수익을 올리는 채널은 5만 개가 넘는다. 이 중 3,800여 개는 연 8,000만 원 이상의 수익을 내고 있는 것으로 추정된다. 수익이 억대에 달하는 구독자 100만 명 이상 채널만 331개나 된다. 하지만 공정 광고 기준을 담고 있는 현행법은 적용 대상을 사업주에만 한정하고 있다. 광고주가 아닌 인플루언서에겐 벌금 등을 부과할 근거가 없다.

<표 2> 커지는 인플루언서 마케팅 시장 (단위 : 억 달러)

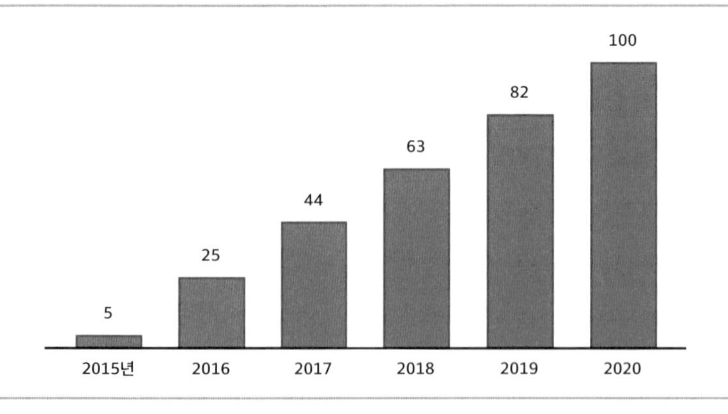

* 2020년은 전망치
자료 : 미디어킥스

인플루언서들의 뒷광고는 해외에서도 논쟁이 뜨겁다. 프랑스는 뒷광고를 한 인플루언서에게 최대 2년의 징역이나 30만 유로(약 4억 2,000만 원)의 벌금을 물린다. 벨기에는 광고 표시가 없는 광고 영상을 당국이 강제로 삭제할 수 있고, 최대 8만 유로(약 1억 1,000만원)의 벌금을 부과한다. 뒷광고 논란이 벌어진 뒤 공정거래위원회도 유튜브나 인스타그램 등에 게재된 동영상 콘텐츠에 광고 표시 규제를 엄격하게 적용하겠다는 내용의 지침 개정을 예고했다.

일각에선 정부 규제가 인플루언서 생태계에 악영향을 미칠 것이라고 우려한다. 광고 표시를 과도하게 강제할 경우 '음지 광고'가 오히려 늘어나고, 그동안 자유롭게 활동하면서 스스로 시장을 키워온 인플루언서들의 창의성을 해칠 수도 있다는 것이다.

약간의 적을 만들지 않고는 5억 명의 친구를 얻지 못해

〈소셜 네트워크〉 SNS의 경제학

배타성으로 시작한 페이스북

노트북 앞에 앉은 마크 저커버그(제시 아이젠버그 분). 자신에게 이별을 통보한 여자친구에 대한 악담을 블로그에 퍼붓는다. "얼굴은 참 예뻤지. 걜 잊으려면 몰두할 게 필요해." 그런 마크의 눈에 들어온 건 컴퓨터에 떠 있는 커클랜드 페이스북. 마크가 있는 커클랜드 기숙사 학생들의 사진첩이다. 술에 취한 룸메이트가 이들의 사진을 비교하는 웹사이트를 개설하자고 제안한다. 마크는 회심의 미소를 짓는다. "굿 아이디어!"

마크는 하버드대의 모든 기숙사 사진첩을 해킹한다. 친구 왈도 새브린(앤드루 가필드 분)의 도움으로 순위를 매기는 알고리즘을 개발해 하버드대 여학생들의 얼굴을 비교하는 사이트 페이스매시를 개설한다. 마크가 두세 명에게 보낸 웹사이트 링크는 입소문을 타고 순식간에 보스턴 일대 대학생 사이에 퍼진다. 갑자기 너무 많은 트래픽이 몰려 하버드대 서버가 오전 4시에 다운될 지경에 이른다.

결과는 세계 최고 대학으로 불리는 곳에서의 6개월 유기정학 처분. 여성을 성적 대상화했다는 점에 모든 여학생들이 기피하는 인물로 낙인찍히기까지 한다. 이 소식을 접한 윙클보스 형제(아미 해머 분)는 자신들이 개설하려는 하버드대생만의 배타적인 온라인 커뮤니티 하버드커넥션의 프로그래머로 영입하려고 한다. "그럼 마이스페이스 같은 다른 SNS와는 뭐가 다른데?" 마크의 질문에 윙클보스 형제는 이렇게 대답한다. "하버드대 이메일 계정."

마크는 '배타성'이라는 이 아이디어에 착안해 새로운 SNS를 만들기로 결심한다. "페이스매시에 사람들이 몰린 건 여자들 사진이어서가 아냐. 자기들이 아는 여자 사진이라서지." 마크는 왈도에게 이렇게 말한다. 최고재무책임자(CFO) 자리를 수락한 왈도에게서 1,000달러(약 110만 원)를 투자받아 이 프로젝트를 시작한다. 세계 최대 SNS 페이스북의 탄생이다.

"나한테 페이스북 해줘." 이 말이 유행어가 될 정도로 페이스북은 대박을 터뜨린다. 애초 페이스북은 하버드대생만을 위한 SNS로 시작했다. 하지만 우연히 만난 전 여자친구가 페이스북을 모른다는 사실에 자존심이 상한 마크는 인근 대학으로 사업을 확장하기로 결심한다. "실리콘밸리에 우리 실력을 보여줘야지."

캘리포니아 진출은 페이스북 성장의 이정표가 된다. 명문대생이 푹 빠진 SNS에 관한 이야기는 세계 최초 개인 간(P2P) 음원 스트리밍 서비스인 냅스터를 창업한 숀 파커(저스틴 팀버레이크 분)의 귀에도 들어간다. 숀은 마크와 왈도를 만나 어떤 전략을 쓰냐고 묻는다. "공략하려는 학교에 이미 SNS가 있으면 근방의 학교 리스트를 먼저 공략해요." 이미 공략한 학교는 29개에 가입자만 7만 5,000명. "친구들이 쓰면 다 따라가죠."

이런 페이스북의 전략은 '네트워크 효과'를 활용한 대표적인 사례다. 네트워크 효과는 재화의 수요가 늘어나면 이용자가 재화에 대해 느끼는 가치도 함께 변하는 효과를 말한다. 경제학에서는 각 경제주체는 만족도, 생산량, 이익 등 스스로의 목표를 극대화하고자 경제행위를 한다고 본다. 그런데 한 사람의 경제행위는 종종 다른 사람에게 영향을 미치게 되는데 이를 외부 효과라고 한다. 네트워크 효과는 글자 그대로 네트워크에서 유발되는 외부 효과다.

마크와 왈도는 페이스매시를 개설했을 때처럼 페이스북도 몇 명에게 링크를 보내는 방식으로 시작한다. "대학생활을 온라인에 그대로 옮겨놓는 것"이라는 마크의 설명처럼 친구들이 더 많이 페이스북에

<표 1> 교육으로 본 긍정적 외부 효과의 예시

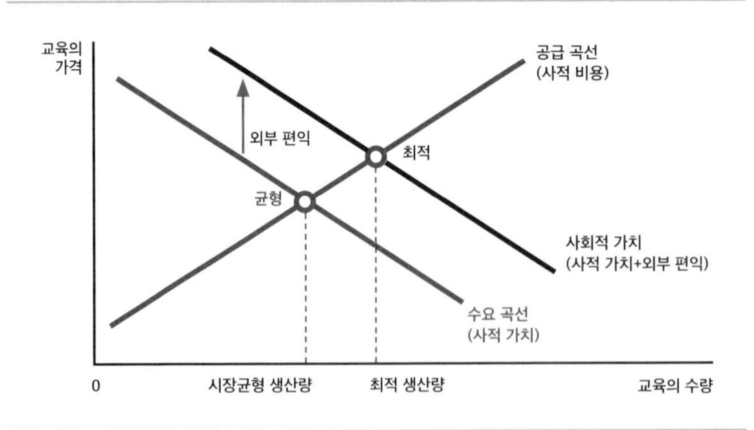

가입할수록 가입자들이 느끼는 만족도는 올라간다. 가입자 만족도가 올라가면 〈표 1〉처럼 사회적 가치 곡선이 수요 곡선보다 위에 놓이게 된다. 이때 수요 곡선은 페이스북 기존 가입자가 느끼는 가치로 볼 수 있다. 자연스레 기존에 형성된 균형점도 오른쪽으로 이동해 최적 균형점으로 이동한다. 이런 긍정적 네트워크 효과는 밴드왜건 효과라고 한다.

배타성에서 개방성으로

"100만 달러보다 더 멋진 게 뭐게? 10억 달러야."

이 말 한 마디에 마크는 숀에게 홀딱 빠진다. 광고를 유치해 수익을 내야 한다는 왈도의 제안은 무시한 채 마크는 숀의 제안대로 캘리포니아로 사업 중심을 옮긴다. "여름까지 100개 학교를 공략한다고? 난 2개 대륙을 공략할게." 숀의 이 말은 현실이 된다. 페이스북은 순식간에 영국 등 해외 주요 학교로까지 발을 뻗친다.

초창기 페이스북이 다른 SNS와 가장 차별화된 점은 아무나 가입하지 못하는 배타성이었다. 마크의 첫 사업 제안을 들은 왈도도 "사회 구조가 가장 중요한 세상에서 배타성이 열쇠"라고 한다. 하지만 하버드대에서 인근 명문대로, 미국 대학들로, 세계 주요 대학으로 사업 범위를 넓혀나가며 페이스북은 점차 배타성에서 개방성 중심 전략으로 나아가게 된다. 윙클보스 형제가 내놓은 하버드대생만의 배타적인 SNS인 하버드커넥션은 여러 주요 대학에서 수만 명의 가입자를 확보한 페이스북을 이길 수 없었다. 페이스북을 버리고 하버드커넥션을 사용할 유인이 없어서다. 소비자가 어떤 서비스를 이용하기 시작하면 다른 비슷한 서비스로의 수요 이전이 어렵게 되는 현상을 '자물쇠 효과'라고 한다.

뉴욕에서 홀로 광고를 유치하려고 백방으로 뛰어다니다 캘리포니아로 온 왈도는 마크가 CFO인 자신은 듣지도 못한 대규모 투자를 유치했다는 소식을 듣는다. 마크는 한술 더 떠 왈도에게 숀과 자신의 방향을 따르지 않으면 함께할 수 없다고 말한다. 영향력이 줄어드는 걸 걱정한 왈도는 지금껏 자신의 사비로 충당하던 회사의 자산을 동결시켜버린다. 페이스북 공동창립자이자 자신의 돈 1,000달러로 회사 운영을 시작한 왈도는 가입자 100만 명을 넘어선 날 페이스북에서 사실상 쫓겨난다.

전 세계 수억 명의 가입자를 보유한 페이스북의 창립 과정을 그린 영화 〈소셜 네트워크〉는 마크와 왈도의 결별을 통해 SNS의 양면성을 은연중에 내비친다. 세계 최대 SNS의 창립자로 인류의 소통에 지대한 영향을 끼쳤음에도 정작 자신은 하나뿐인 친구를 잃은 마크. 온라인에서 보여지는 자신의 모습과 피상적인 네트워크에 집착하다가 오히려 진정한 인간관계를 만들지 못하는 현대인의 모습을 보여준다. "약간의 적을 만들지 않고는 5억 명의 친구를 얻지 못한다"는 문구가 새겨진 영화 포스터처럼 말이다.

빅테크 겨냥한 반독점법, 칼 갈고 있는 바이든

영화 〈소셜 네트워크〉에서 마크와 왈도가 단돈 1,000달러로 시작한 페이스북은 10여 년이 지나 시가총액 7,647억 달러(약 909조 원)로 세계 6위 기업이 된다. 월간 사용자(MAU)는 세계 인구 3분의 1에 가까운 27억 4,000만 명에 달한다.

급속도로 몸집이 커지며 페이스북도 반독점법의 칼날을 피하지 못하고 있다. 반독점법은 M&A 등 시장 독점을 강화하는 행위나 가격 담합 등을 통해 다른 기업의 시장 진입을 방해하거나 소비자의 이익을 침해하는 각종 불공정행위를 금지하는 법을 말한다.

반독점법은 1890년 미국에서 탄생했다. 동종업체의 카르텔과 기업 합동 행위를 처벌하기 위해 제정된 셔먼법이 시초다. 현재 한국을 비롯해 80여 개국이 반독점정책을 시행하지만 미국 반독점법은 기업을 강제로 분할할 수 있는 권한도 있을 만큼 강력하다.

조 바이든 미국 행정부는 반독점법의 규제를 더 조일 분위기다. 미국 언론은 바이든이 구글을 상대로 제기된 반독점 소송을 다른 빅테크(대형 IT기업)로 확대할 것이며, 이 중 페이스북이 집중 타깃이 될 것

<표 2> 독과점의 종류

	공급자 수	실제 예시
독점	1	상수도, 전기
과점	소수	담배, 이동통신회사, 영화관

이라고 보도했다. 2020년 10월 미국 하원 법제사법위원회 반독점소위원회는 4대 빅테크, 즉 'GAFA'로 불리는 구글, 아마존, 페이스북, 애플이 독점적 시장 지배력을 남용해왔다는 내용의 보고서를 공개했다. 보고서는 페이스북을 겨냥해서는 경쟁사 인수와 기술 베끼기 등을 동원했다고 주장한다. 페이스북은 2012년 경쟁사 인스타그램을 인수한 데 이어 2014년엔 미국 국민 메신저인 왓츠앱을 사들인 바 있다.

이 보고서는 대선에서 승리한 민주당이 주도적으로 작성한 것으로 알려져 페이스북을 향한 압박은 더 거세질 전망이다. 하원을 장악한 민주당이 상원에서 공화당의 독주를 막을 경우 반독점법 개정 움직임이 현실화할 가능성이 있다는 분석도 나온다.

레드오션이 된 할리우드 오디션

〈라라랜드〉 오디션의 경제학

블루오션이 된 1인극

"사람들 속에 네가 알아야 할 누군가가 있을 수도 있잖아. 너에게 날개를 달아줄 그 사람."

친구들의 거듭된 설득에 미아(에마 스톤 분)는 썩 내키지 않는 파티장으로 향한다. 그러나 예상대로 날개를 달아줄 사람 따윈 보이지 않는다. 오히려 군중 속에서 느낀 것은 외로움뿐이었다.

설상가상으로 주차해둔 차는 견인돼 사라졌다. 미아는 터덜터덜 혼자 거리를 걷다 들려오는 피아노 선율에 홀린 듯이 어느 식당에 들어선다. 그리고 그 음악을 연주하는 세바스찬(라이언 고슬링 분)을 처음 마주한다. 피아노 연주가 끝나자 미아는 세바스찬에게 다가가 말한다. "방금 당신 연주를 들었어요. 꼭 말해주고 싶은데……." 말을 마치기도 전에 그는 미아의 어깨를 치고 가버린다.

<표 1> 완전 비탄력적 공급

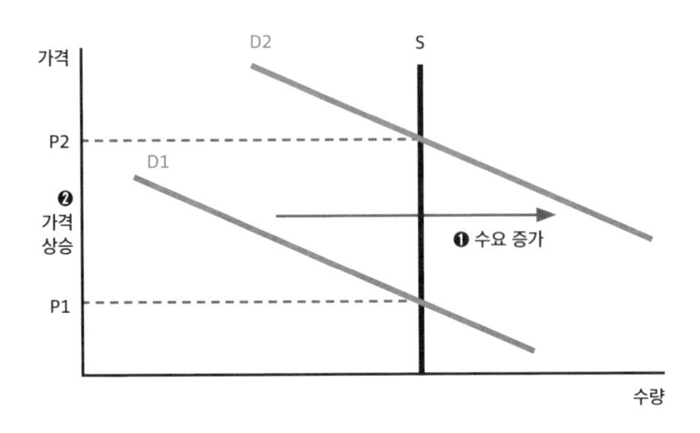

영화 〈라라랜드〉의 배경은 할리우드 영화산업의 중심지 로스앤젤레스다. 주인공 미아는 배우의 꿈을 안고 LA로 온 배우 지망생이다. 하지만 현실은 대형 영화스튜디오 안에 있는 카페에서 일하는 아르바이트생. 오디션 기회가 있을 때마다 미아는 철저히 을이 된다. 캐스팅 담당자들은 연기 중 마음대로 들어와 샌드위치를 받아가기도 하고, 우는 연기를 하는 앞에서 조롱하듯 웃기도 한다.

미아가 을이 될 수밖에 없는 이유는 경제학적으로만 바라보면 간단하다. 오디션에서 뽑는 배역은 정해져 있는데, 미아처럼 배역을 따려는 지원자는 많기 때문이다. 〈표 1〉처럼 캐스팅의 공급은 일정한데 캐스팅되기 원하는 배우가 늘어나면 수요 곡선은 D1에서 D2로 이동한다. 자연스레 공급 곡선과 수요 곡선이 만나는 지점인 비용은 올라간다. 이때의 비용은 오디션 참가자들이 배역을 따기 위해 들이는 노력이다. 성형수술을 할 수도 있고, 돈을 내고 연기학원을 다녀야 할 수도

<표 2> 완전 탄력적 공급

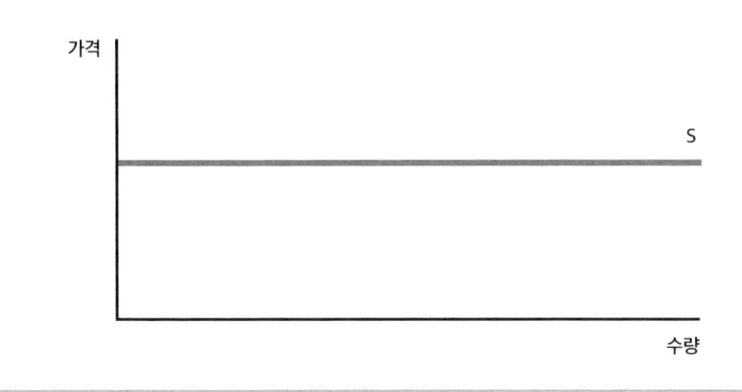

* 특정 가격에서 공급량은 임의의 수치

있다. 아니면 미아처럼 아르바이트를 하던 중 뛰쳐나가 해고될 위험을 감수해야 할 수도 있다.

경제학에서는 어느 재화의 가격이 변할 때 그 재화의 공급량이 얼마나 변하는지 나타내는 지표를 '공급의 가격탄력성'이라고 부른다. 〈표 1〉의 공급 곡선처럼 가격이 상승해도 공급량이 변하지 않으면 '완전 비탄력적 공급'이라고 부른다. 반대로 〈표 2〉처럼 일정 비용에서 무제한으로 공급이 가능한 것을 '완전 탄력적 공급'이라고 한다. 최근 천정부지로 치솟은 서울 집값은 단기적으로 보면 〈표 1〉과 비슷하다고 볼 수 있다. 공급이 일정하다 보니 수요가 늘어나는 만큼 가격이 오르는 것이다.

미아는 겨울이 지나 찾은 어느 파티에서 공연 밴드로 온 세바스찬을 다시 만난다. 파티장에서 나와 걷던 두 사람은 언덕에서 석양이 지는 보랏빛 하늘을 마주한다. 주황색으로 변해가는 하늘을 보며 두 사람은 함께 춤을 춘다.

자신만의 재즈바를 열어 정통 재즈의 명맥을 잇는 것이 목표인 세바스찬의 삶은 미아를 만난 뒤 크게 변한다. 우선 안정적인 수입을 얻어야겠다고 마음먹은 그는 라이벌이던 키이스(존 레전드 분)가 제안한 밴드 메신저스에 합류한다. 음악은 세바스찬이 추구하는 정통 재즈와는 거리가 멀다. "아무도 안 듣는 걸 어떻게 지켜? 넌 과거에 집착하지만 재즈는 미래에 있어." 키이스는 일침을 놓는다. 세바스찬이 합류한 밴드는 성공가도를 달린다.

세바스찬은 미아에게도 방향을 틀 것을 조언한다. "자신에게 걸맞은 역할을 직접 만들고 허접한 오디션은 패배자들에게나 맡기라"는 말과 함께. 미아는 오디션을 포기하고 자신이 각본, 연출, 배우 모두 맡는 1인극을 준비한다. 몇 달을 준비한 공연 당일, 무대 커튼이 열렸지만 관객은 거의 없다. 당연히 있을 것이라고 기대한 세바스찬마저 보이지 않는다. 늦게까지 밴드 일정을 소화하던 그는 뒤늦게 공연장을 찾지만 연극은 끝난 지 오래다.

미아는 절망감에 세바스찬에게 이별을 통보하고 고향인 볼더시티로 돌아간다. 포부를 갖고 준비한 공연의 제목 '볼더시티여 안녕(작별)'과는 반대로 미아는 꿈을 찾아 온 LA와 작별한다.

홀로 일상을 살던 세바스찬에게 전화 한 통이 걸려온다. 미아의 1인극을 본 캐스팅 담당자의 전화였다. 세바스찬은 그 길로 미아를 만나러 볼더시티로 향한다. 세바스찬의 끊임없는 설득에 결국 미아는 오디션장을 향한다. 그곳은 미아가 그동안 을이 돼온 수많은 오디션과는 달랐다. "촬영지는 파리고 대본은 없어요. 진행형 프로젝트고 여

<표 3> 블루오션 전략

구분	의미
블루오션	경쟁자가 없는 유망한 시장
레드오션	경쟁이 매우 치열한 기존 시장
퍼플오션	경쟁이 치열한 기존 시장 내에서 새로운 아이디어로 창출한 시장

배우 중심으로 캐릭터를 만들 겁니다." 아무 얘기나 들려달라는 주문에 미아는 자신으로 하여금 배우의 꿈을 갖게 해준 이모의 이야기를 한다.

미아는 처음으로 준비도 하지 않았던 오디션에 합격한다. 실패한 줄 알았던 1인극이 뜻밖의 결과를 불러온 것이다. 미아는 처음부터 자신이 모든 걸 기획한 1인극을 통해 의도치 않게 블루오션 전략을 구사한 것이다. 경제학에서 블루오션은 현재 존재하지 않거나 알려져 있지 않아 경쟁자가 없는 시장을 말한다. 블루오션 전략은 차별화한 상품과 서비스를 무기로 무경쟁시장, 즉 블루오션을 찾아 없던 수요를 창출하는 것을 뜻한다. 반대로 같은 옷을 입고 같은 대사를 하는 수많은 참가자와 경쟁해야 했던 기존 오디션들은 레드오션이라고 볼 수 있다.

'나비 효과'의 끝이 이별일 줄 알았을까

오디션을 보는 대신 1인극을 해보라는 세바스찬의 조언은 미아의 인생을 바꿨다. 세바스찬은 미아를 사랑하는 마음에 한 말이었지만 이 말은 '나비 효과'를 불러온다. 미아가 조언을 따라 1인극을 했고, 이를 보러 온 캐스팅 담당자가 미아에게 오디션을 제안했고, 그 결과 미아는 파리로 가게 된다. 그리고 두 사람은 이별한다. 경제학뿐 아니라 사회과학 전반에서 폭넓게 쓰이는 나비 효과는 나비의 날갯짓과 같은 작은 사건이 추후 예상하지 못한 엄청난 결과로 이어진다는 이론이다.

처음 데이트를 한 그리피스 천문대 앞에 마주 앉은 미아와 세바스찬은 서로를 정말 사랑하지만 이별할 수밖에 없음을 직감한다. "우리 어떻게 해야 해?" "그냥 흘러가는 대로 가보자." "언제나 자길 사랑할 거야." "나도 항상 사랑할 거야."

5년이 흘러 대스타가 된 미아는 남편과 함께 거리를 걷다가 5년 전 어느 날처럼 음악 선율에 이끌려 바에 들어간다. 바에 들어서자 보이는 간판은 '셉스.' 세바스찬에게 언젠가 재즈바를 열면 가게 이름으로 쓰라고 미아가 만들어준 이름이다. 로고도 미아가 그려준 그대로다. 이제는 다른 사람과 가정을 꾸린 미아는 자신이 한때 너무나 사랑했던 사람의 연주를 지켜본다. 그는 미아가 처음 봤을 때와 같은 음악을 연주한다.

영화는 세바스찬의 연주와 함께 나비 효과가 없었다면 달라졌을 미아의 인생을 영화 필름 속 장면들처럼 보여준다. 미아의 첫 공연 관중 속에 있는 세바스찬, 파리로 함께 넘어가 파리의 재즈클럽과 센강을 만끽하는 두 사람, 두 사람이 아이와 함께 꾸린 행복한 가정 모습까지. 역사에도, 사랑에도 언제나 없는 '만약'을 그리며 말이다.

〈라라랜드〉 대박에 로스앤젤레스 관광 특수

보랏빛으로 물든 하늘 아래에서 언덕 밑으로 쏟아지듯 펼쳐지는 도시의 풍경을 보며 탭댄스를 추는 두 남녀. 영화 〈라라랜드〉의 흥행은 이 아름다운 장면을 단순히 영화의 상징적인 장면이 아니라 영화의 배경이 된 LA를 상징하는 풍경으로 바꿨다. '서울특별시 나성구'라는 별명처럼 한인 인구만 많다는 LA의 이미지는 아름다운 석양과 바닷가, 그리피스 천문대로 대체됐다.

영화의 세계적인 흥행으로 LA는 관광 특수를 맞이했다. 로스앤젤레스관광청에 따르면 영화 개봉 이듬해인 2017년 LA국제공항을 거쳐 간 여행객은 전년 대비 5% 늘어난 총 8,490만 명으로 역대 최고치를 기록했다. LA시는 2017년 이를 기념하기 위해 매년 4월 25일을 '라라랜드 데이'로 지정했다. 영화가 도시에 가져온 경제적 효과가 매우 컸기 때문이다.

경제학에서는 이처럼 영화를 통해 얻는 막대한 경제 효과를 '프로도 효과'라고 부른다. 프로도 효과는 영화 〈반지의 제왕〉 등장인물인 프로도의 이름에서 유래했다. 〈반지의 제왕〉 시리즈가 세계적으로 대흥행하자 영화 촬영지인 뉴질랜드는 경제 특수를 맞았다.

인구가 400만 명에 불과한 뉴질랜드는 영화 개봉 이후 관광객 수가 연평균 5.6%씩 증가했다. 〈반지의 제왕〉으로 얻은 직접적인 고용 효과만 총 3억 6,000만 달러(약 4,000억 원), 관광산업의 파급 효과는 38억 달러(약 4조 2,000억 원)에 달한 것으로 집계됐다.

우리나라도 영화 등 문화사업을 통해 프로도 효과를 크게 거둔 나라 중 하나다. 한국 드라마나 K팝에 빠져 한국을 찾는 외국인 관광객들이 대표적이다. 드라마 〈겨울연가〉 촬영지 강원 춘천시 남이섬, 서울 합정·강남·용산 등지의 대형 연예기획사 주변이 코로나19 확산 이전까지 늘 붐빈 것도 같은 이유다.

하지만 프로도 효과를 노린 관 주도의 육성은 부작용만 낳는다는 지적도 있다. 2014년 서울을 배경으로 촬영한 〈어벤져스 : 에이지 오브 울트론〉이 대표적이다. 당시 한국관광공사는 장기적인 경제적 효과가 2조 원에 달할 것으로 예상하며 정부 차원에서 전폭적으로 촬영을 지원했다. 서울 마포대교가 전면 통제되고 버스 노선이 변경되는 등 시민들이 큰 불편함을 겪었다. 하지만 당시 최대 수혜자는 영화에 간판이 크게 등장한 족발집이라는 조소까지 나올 정도로 서울에 대한 인상이 강하게 남지 않았다는 평이 많았다.

릭은 배역을 따낼 수 있을까

〈원스 어폰 어 타임 인 할리우드〉 집적의 경제학

끼리끼리 모여 있을 때 더 커지는 '집적의 이익'

"그럼 요즘 자네, 계속 단역만 하고 있는 건가?"

할리우드의 캐스팅 디렉터인 마빈(알 파치노 분)은 한물간 액션배우 릭(리어나도 디캐프리오 분)에게 묻는다. 한때 서부영화 주연으로 잘나갔지만 인기를 잃고 하락세를 타고 있는 릭은 의기소침하게 답한다. "뭐, 그렇죠. 악역이에요." "격투 신에선 매번 지고?" "당연하죠. 악역인데." "풋풋한 놈들한테 얻어터지다 보면 자네 이미지는 그렇게 고정돼버리는 거야. 릭, 다음 주엔 어떤 놈한테 맞을 건가?"

〈원스 어폰 어 타임 인 할리우드〉는 1969년 할리우드를 충격에 빠뜨렸던 샤론 테이트 사건을 재구성해 만든 영화다. 황금기로 불렸던 1940~1950년대를 지나 격변의 시기를 맞이한 1960년대 후반 할리우드를 배경으로 한다. 캐스팅을 기대했던 릭은 마빈과의 미팅에서 큰 소득 없이 돌아온다. 자신의 전속 스턴트맨이자 로드매니저인 클리프(브래드 피트 분) 앞에서 울먹인다. "난 이제 끝이야. 한물갔어. 아주 대놓고 뼈 때리더라."

그래도 릭이 희망을 잃지 않는 이유가 있다. 여전히 할리우드에서 일하고 있기 때문이다. 작은 악역이라도 괜찮다. 할리우드에 있는 한 다시 기회가 올 것이라고 믿는다. 릭은 스타 감독인 로만 폴란스키와 그의 부인이자 배우인 샤론(마고 로비 분)이 자신의 이웃이라는 사실을 알게 된다. "일이 더럽게 안 풀려도 지금 내 옆집에 누가 사는지 봐. 세상에서 가장 핫한 감독이 산다고."

감독과 배우뿐만이 아니다. 촬영기사, 스턴트맨, 소품 담당자, 캐스팅 매니저까지 영화를 꿈꾸는 이들은 할리우드에 모여든다. 폴란스키 감독의 아내인 샤론도 마찬가지다. 연기를 하겠다는 목표를 위해 할리우드에 입성한 인물이다. 재능 있는 배우인 샤론은 자신이 출연한 영화를 보기 위해 극장을 찾으며 즐거워한다. 사진을 찍어달라는 팬의 요청에 영화 포스터 앞에서 선뜻 포즈를 취해주기도 한다.

로스앤젤레스에 있는 할리우드는 영화 중심 클러스터(집적지)다. 2019년 기준 미국의 영화시장 규모만 113억 2,000만 달러(약 13조 8,000억 원). 할리우드는 세계의 반짝이는 인재들을 끌어들인다. 이렇게 특정 산업과 관련한 회사와 종사자들이 한데 모이면 긍정적인 효과가 생긴다. 이를 '집적의 경제'라고 한다.

회사들이 집적으로 얻을 수 있는 가장 큰 이익은 중간재 생산요소를 공유하면서 생긴다. 할리우드로 치면 영화 소품업체와 음악회사, 시나리오 작가 등이다. 영화제작사는 이를 공유하면서 생산비용을 크게 줄일 수 있다. 섬유산업이 발달한 서울 동대문 근처에 의류 상점들

<표 1> 집적화 정도에 따른 이익

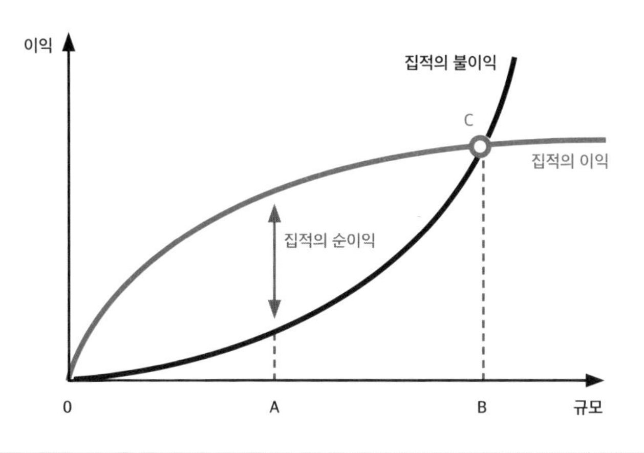

이 입점해 있는 것과 마찬가지다. 〈표 1〉처럼 집적으로 생기는 이익보다 불이익이 커지기 전까지 집적화는 계속된다. 중간재업체의 결과물이 만족스럽지 않으면 회사는 근처의 또 다른 거래처를 찾으면 된다. 노동자로서도 이직과 구직이 쉽다. 릭이 폴란스키가 자신의 이웃이라는 사실을 알고 기뻐하는 것도 할리우드라는 집적된 환경을 이용해 배역을 따낼 수 있으리란 기대 때문이다.

한계비용이 적은 영화산업

집적 수준이 높은 할리우드에선 그만큼 스타 쏠림 현상도 일어난다. 비슷한 회사들이 모여 있어 특정 인재에 대한 수요가 늘어나면 회사

간 경쟁이 벌어지고, 결국 해당 인재의 몸값 인상으로 이어진다. 게다가 영화라는 상품은 개봉 전까진 소비자의 반응을 예상하기 어렵다. 그래서 영화제작사들은 어느 정도의 수요를 담보해주는 스타들을 찾게 된다. 릭이 마빈과의 미팅 후 눈물을 보인 건 자신이 이 같은 스타 시스템에서 밀려났다는 사실을 깨달았기 때문이다.

어떤 영화는 주연급 스타 한 명의 출연료가 총제작비의 30%를 넘기도 한다. 일각에선 주연배우의 출연료가 제작비의 20%를 넘지 않도록 제한하는 일종의 '샐러리캡'을 도입해야 한다는 주장도 나온다. 스타 한 명을 캐스팅하기 위해 지나치게 큰돈이 들어가면 다른 배우의 출연료가 깎이거나 꼭 필요한 다른 예산이 줄어들 수도 있기 때문이다.

할리우드의 집적 경제는 곧 규모의 경제로 이어지기도 한다. 한 영화제작사가 비용 문제에 부딪혔을 때 다른 제작사와 협업해 제작비를 마련하는 식이다. 고정비용(생산량과 상관없이 드는 비용)이 크고 한계비용(생산물 한 단위를 추가로 생산할 때 드는 비용)이 작은 영화산업의 특징 때문이기도 하다. 영화는 한 번 제작할 때 막대한 초기 자본이 필요하다. 하지만 작품을 완성한 뒤엔 여러 차례 상영한다고 해서 추가로 큰돈이 들어가진 않는다. 즉 규모의 경제를 통해 대형 영화를 만들어 제작비를 회수하고 나면 이후 흥행 수입은 거의 순이익이 된다.

영화가 샤론을 살려낸 까닭은

책을 읽으며 자신의 촬영 순서를 기다리던 릭. 책의 내용을 묻는 여덟 살 아역배우의 질문에 갑자기 북받쳐 울음을 터뜨리고 만다. 책 주인공이 젊어선 최고였지만 부상을 당한 뒤 점차 쓸모가 없어지는 인물이었기 때문이다. 릭은 주인공을 이렇게 묘사한다. "이젠 최고가 아니야. 최고와 거리가 멀지. 그래도 받아들이고 있어. 매일 조금씩 쓸모없어진다는 걸." 이후 이어진 촬영에서 릭은 '인생 연기'를 펼친다. "내가 본 최고의 연기였다"는 감독과 동료 배우들의 칭찬에 릭은 눈시울을 붉힌다.

릭은 할리우드를 떠나 이탈리아에서 스파게티 웨스턴(이탈리아식 서부영화)을 찍어보자는 마빈의 제안을 수락한다. 자신의 경쟁력을 확보하기 위해 시장을 옮기기로 결정한 것이다. 임금격차설에 따르면

<표 2> 커지는 미국 영화시장 규모 (단위 : 억 달러)

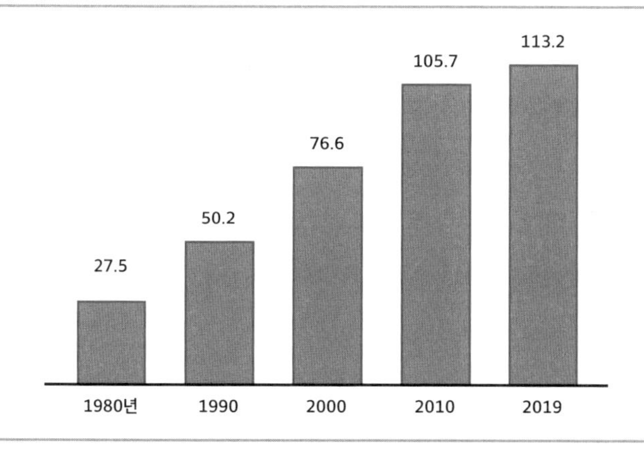

자료 : 스타티스타

노동력은 대체로 임금이 낮은 곳에서 높은 곳으로 이동한다. 이탈리아 액션물 주연을 맡은 릭은 적지 않은 돈을 번다. 하지만 이탈리아 영화 네 편을 찍은 릭이 돌아온 곳은 다시 할리우드다. 당장 돈을 벌지 못한다 하더라도 세계 영화산업의 중심지 할리우드가 지닌 매력을 외면할 수 없었기 때문이다.

릭이 형제처럼 지내던 로드매니저 클리프에게 "형편이 안 된다"며 해고를 통보한 날, 둘은 릭의 할리우드 집에서 마지막으로 술을 함께 마신다. 그리고 그날 찰스 맨슨 일당이 그 집에 쳐들어온다. 실존 인물인 찰스 맨슨은 1969년 폴란스키 감독의 집에 침입해 임신 중이던 샤론을 비롯해 5명을 잔인하게 살해한 범죄자다. 다행히도 영화는 끔찍했던 실제 사고와는 다르게 흐른다. 그날 밤의 잔혹했던 살인마들은 액션배우인 릭과 스턴트맨 출신인 클리프에게 말 그대로 박살이 난다. 현실에서 비극적인 운명을 맞았던 샤론도 영화 속에선 무사하다. 이 일을 계기로 샤론이 릭을 자신의 집에 초대하는 장면으로 영화는 마무리된다. 릭이 그토록 바라던 것처럼 폴란스키 감독과 친분을 쌓을 기회를 얻은 것이다.

영화가 실제와 달리 샤론을 살린 이유는 무엇일까. 어쩌면 할리우드 역사상 가장 비극적인 사건의 희생자로만 기억됐던 재능 있는 배우 샤론을 영화에서나마 구해내고 싶었던 것일지도 모르겠다. 더 크게 보면 이 영화는 수많은 배우와 감독이 꿈을 품고 모여드는 기회와 낭만의 땅, 할리우드 그 자체에 대한 헌사인 것이다.

릭은 〈마운티 로〉라는 서부극에서 주연을 맡아 한때 인기를 누린 인물로 그려진다. 만나는 사람마다 릭의 실제 이름이 아니라 극 중 캐릭터 제이크 케이힐로 부를 정도다. 그가 가장 잘나가던 시절도 제이크 케이힐이라는 캐릭터로 여러 작품에 연이어 등장했을 때다. 그런데 릭이 극 중에서 제이크 케이힐로 분한 이 작품을 머지않아 TV에서 볼 가능성이 커졌다. 이 영화의 감독인 쿠엔틴 타란티노가 〈마운티 로〉를 드라마로 제작하겠다고 최근 밝혔기 때문이다. 영화 속에 등장한 작품을 스핀오프(spin-off, 오리지널 영화나 드라마를 바탕으로 새롭게 파생돼 나온 작품)로 다시 만들겠다는 것이다.

이렇듯 영화계에선 성공한 작품의 캐릭터를 활용하거나 전후 이야기를 다루는 속편이 나오는 사례가 많다. 성공한 작품의 후속편이라는 사실만으로도 엄청난 마케팅 효과가 있기 때문이다. 전편이 재미있고 완성도가 높았다면 속편 역시 그럴 것으로 관객들은 추론한다. 극 중 세계관에 몰입하거나 캐릭터에 애정을 품는 팬까지 생기면 흥행은 더 쉬워진다. 시리즈 개봉 때마다 결근과 결석이 속출한다는 〈스타워즈〉(현재까지 총 11편)와 〈해리포터〉(총 8편), 〈마블〉(총 23편) 시리즈 등이 대표적이다. 넓게 보면 소설이나 만화를 원작으로 하는 영화도 일종의 속편 전략을 펼치고 있다고 볼 수 있다.

이 같은 현상은 영화가 '경험재'라는 사실을 보여준다. 경험재는 실제 소비하기 전까지는 그로 인해 얻게 될 효용을 예측하기 어려운 상품을 뜻한다. 대표적인 게 영화와 책 같은 콘텐츠 상품이다. 직접 극장에서 확인하거나 책을 펴들기 전까진 자신이 얻을 효용을 미리 알기 힘들다. 부품의 성능이 숫자로 표현돼 효용을 어느 정도 예측할 수 있는 컴퓨터 같은 '탐색재'와 다르다. 경험재 시장에서 성공한 작품의 속편이라는 사실은 선택을 앞둔 관객이 느끼는 불확실성을 크게 줄여준다.

물론 모든 속편이 성공하는 것은 아니다. 일반적으로 모(母)브랜드인 전편이 높은 브랜드 자산을 갖고 있어야 속편 제작이 가능하다. 전편의 브랜드만 가져오고 상품 내용이 크게 다르다면 관객은 실망해 돌아설 가능성이 높다. 전편과 속편이 너무 비슷해도 실패 확률이 커진다. 같은 상품을 반복해서 소비할 경우 추가 소비를 통해 얻을 수 있는 한계효용은 줄어들기 때문이다.

에디슨의 어두운 야망이 빛의 세상을 밝혔다

〈커런트 워〉 경쟁시장의 경제학

직류 대 교류의 복점경쟁

“오늘 밤 세상은 바뀔 겁니다. 정말 그러길 바랍니다. 저희는 어두운 밤하늘 속 작은 불빛을 상자에 담았습니다. 상자의 뚜껑을 열고 어떻게 되는지 봅시다.”

1882년 9월 4일 뉴욕 증권거래소. 발명왕 토머스 에디슨(베네딕트 컴버배치 분)은 수많은 관중 앞에서 레버를 당긴다. 그러자 무수한 전구가 점등되며 월가의 어둠을 걷어낸다. 전기의 가능성을 남들보다 먼저 예상하고 에디슨 제너럴일렉트릭을 설립해 송전 시스템을 개발한 에디슨의 노력이 현실로 구현된 순간이다.

하지만 전기의 가능성에 주목한 것은 에디슨만이 아니었다. 유압식 열차 브레이크를 개발해 큰돈을 번 사업가 조지 웨스팅하우스(마이클 섀넌 분) 역시 전기에너지의 사업성을 높게 평가했다. 이에 웨스팅하우스는 에디슨과 동업하기를 희망했다. 하지만 투자자를 단순히 돈줄로 여기고 직접 모든 경영 판단을 내리는 에디슨은 웨스팅하우스의 식사 초대를 거절한다. 분노한 웨스팅하우스는 1886년 웨스팅하우스 일렉트릭을 설립해 전기를 보급한다.

에디슨과 웨스팅하우스는 미국의 전기 보급 시장을 양분했다. 이들의 경쟁은 미국 지도를 노란색 전구(에디슨)와 붉은색 전구(웨스팅하우스)로 점차 뒤덮는다. 원조인 에디슨은 웨스팅하우스가 자신의 기술을 훔친 도둑에 불과하다고 무시하지만, 직류 방식을 사용한 에디슨사와 달리 교류 방식을 활용한 후발주자의 강력한 도전을 받는다. 전력 시스템의 표준을 둘러싼 전류전쟁(커런트 워)의 막이 오른 것이다.

에디슨의 직류 송전 방식은 발전소에서 사용자에게 전기를 직접 전달하는 방식으로, 송전 거리가 멀어질수록 전압이 약해진다는 문제가 있었다. 이를 해결하기 위해서는 발전소와 가정의 거리를 좁힐 수밖에 없었고, 그 결과 100m당 한 개의 발전기가 필요했다. 넓고 먼 지역에 전기를 보급할수록 엄청난 양의 발전기와 구리 선이 필요해 비용은 치솟았다. 반면 웨스팅하우스사가 선택한 교류는 높은 전압의 전기를 송전해 필요한 곳에서 변압기로 전압을 낮추면 되는 방식이었다. 교류 방식은 비용 측면에서 직류 방식보다 우위를 보였고, 웨스팅하우스는 이를 바탕으로 에디슨이 선점한 시장에 침투한다.

전류전쟁은 태동기를 맞은 미국 전기시장을 둘러싼 패권싸움이었다. 당시 기준으로 첨단기술이었던 전기의 보급을 위해서는 막대한 자금과 인력 그리고 기술력이 필요했다. 경제학에서는 이처럼 진입장벽으로 인해 한 시장에 단 두 개의 회사가 경쟁하는 경우를 두고 '복점시장(duopoly market)'이라고 부른다.

<표 1> 복점시장의 베르트랑 모형

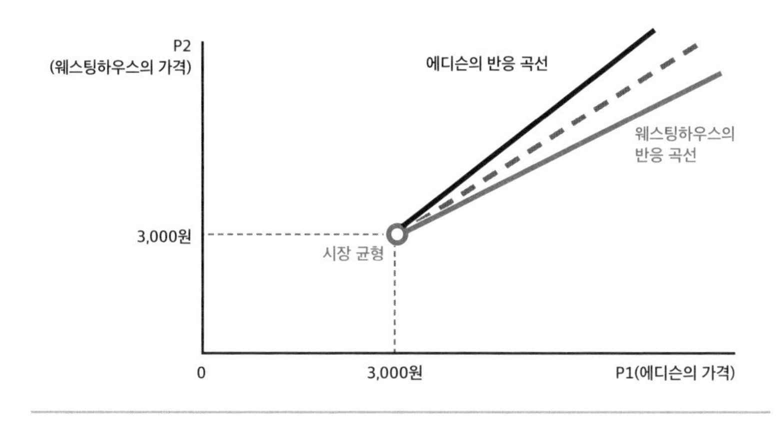

복점시장에서 두 경쟁자가 동일한 상품(전기)을 공급할 때, 두 기업은 상대의 선택을 보고 어떤 반응을 해야 할까. 프랑스의 경제학자 조제프 루이 프랑수아 베르트랑(Joseph Louis Francois Bertrand)은 이를 설명하기 위해 복점 상황에서 한 기업의 가격 결정에 대한 경쟁사의 가격 결정을 도식화한 '베르트랑 모형'을 고안했다. 베르트랑 모형에 따르면 복점시장의 기업들은 서로 한계비용(생산단위당 추가로 발생하는 비용)까지 가격경쟁을 이어가기 때문에 장기적으로 이익을 창출할 수 없다.

베르트랑 경쟁을 겪는 두 기업은 시장 초기에 경쟁적으로 가격을 인하한다. 에디슨이 먼저 가구당 전기 공급가를 5,000원으로 설정했다면, 웨스팅하우스는 가격을 4,000원으로 내린다. 상대보다 가격이 낮은 만큼 판매량이 늘어날 것으로 기대하기 때문이다. 이에 에디슨은 가격을 한계비용인 3,000원까지 낮출 것이고, 웨스팅하우스 역시 자신의 한계비용인 3,000원까지 가격을 인하한다.

그 결과 시장 균형은 〈표 1〉처럼 3,000원에서 형성된다. 결국 복점 시장의 기업이 수익을 창출하기 위해서는 상대방보다 생산비용을 낮춰서 경쟁자를 도태시켜 독점시장을 만들어내거나 상대와 야합해 독점기업처럼 움직이는 카르텔을 형성해야 한다.

에디슨의 반격, 네거티브 마케팅

연일 경쟁을 이어가던 에디슨과 웨스팅하우스는 위기에 몰린다. 끊임없는 경쟁의 결과 시장가격은 한계비용에 다다랐다. 웨스팅하우스는 교류의 생산비용이 직류보다 저렴하기 때문에 결국 에디슨을 시장에서 축출할 수 있을 것으로 기대했지만, 에디슨에게는 JP모건이라는 강력한 투자자가 있었다. 에디슨 역시 거듭된 실험에도 직류의 비용 문제를 해결하지 못했기 때문에 경쟁자를 꺾지 못하는 것은 마찬가지였다.

가격을 올릴 수도 없고 비용을 줄일 수도 없었던 에디슨은 새로운 카드를 꺼내든다. 그는 자신의 연구실로 기자들을 불러 모은다. 그리고 이들 앞에서 말을 교류전기로 감전사시키고 이전에는 존재하지 않았던 '감전사'라는 개념에 웨스팅하우스의 이름을 붙인다. 심지어 정부기관과 협력해 죄수들의 사형에 교류를 도입한 전기의자를 내놓기까지 한다. 에디슨은 사람들에게 전압이 낮은 직류는 안전하고 전압이 높은 교류는 위험하다고 끊임없이 강조한다.

에디슨의 전략은 경영학에서 '네거티브 마케팅'이라고 부르는 마케팅 전략이다. 사회적으로 금기시되는 소재를 경쟁사의 상품과 연결하는 등 소비자에게 경쟁사에 대한 부정적인 인식을 심어주는 데 목적을 둔다. 1970년대 펩시가 내놓은 코카콜라 제품을 짓밟는 내용의 광고, 2019년부터 이어진 LG전자와 삼성전자 사이의 TV전쟁이 네거티브 마케팅의 대표적 사례다.

에디슨의 갖은 노력에도 네거티브 마케팅은 성과를 거두지 못한다. 기자들 앞에서 아무리 많은 동물을 감전시켜봤자, 교류로 사망한 소비자가 등장하지 않는 이상 소비자들의 인식을 바꾸는 데는 한계가 있었다. 이에 에디슨의 비서는 "교류로 죽은 사람은 없고 당신이 죽인 고양이, 개, 양, 말 11마리뿐"이라고 비난한다.

네거티브 마케팅도 실패한 전류전쟁의 필승법은 단 하나다. 직류와 교류 진영 중 한쪽에서 압도적인 기술력을 확보해 상대방이 도저히 따라올 수 없는 가격을 제시할 수 있을 정도로 생산비용을 낮추는 것이다. 그리고 웨스팅하우스는 이를 달성해줄 남자를 만난다. 오스트리아-헝가리 제국 출신 발명가 니콜라 테슬라다. 테슬라는 한때 에디슨사의 직원이었지만, 교류 방식이 직류보다 우월하다는 소신 때문에 에디슨과 결별하고 웨스팅하우스와 손을 잡는다. 테슬라의 교류 전동기는 웨스팅하우스사의 한계비용을 획기적으로 떨어뜨린다. 에디슨은 웨스팅하우스와 더 이상 경쟁할 수 있는 가격을 제시할 수 없게 됐다.

결국 두 회사가 사력을 기울인 시카고 세계박람회 전기 공급 계약에서 웨스팅하우스가 승리를 거둔다. 패배를 인정한 에디슨은 웨스팅하우스에게 "내가 전기를 연구했다는 사실을 사람들이 잊을 정도의 새로운 연구를 하겠다"는 말을 남기고 시카고를 떠난다. 교류는 지금까지 전 세계 송전체계의 표준으로 남아 있다. 우리나라에서 사용하는 전기 역시 220V 교류 방식이다.

에디슨의 바람대로 전기는 세상을 바꿨다. 다만 전기가 바꾼 세상을 지배한 것은 선구자 에디슨도, 전류전쟁의 승자로 올라선 웨스팅하우스도 아니다. 에디슨의 후원자 JP모건이었다. JP모건은 전쟁에서 패배한 에디슨을 퇴출한 뒤 교류 방식을 채용하고 주요 경쟁사들을 공격적으로 인수한다. 이름도 에디슨 제너럴일렉트릭에서 제너럴일렉트릭(GE)으로 바꾼다. 모든 경쟁을 이겨내고 실질적인 독점사업자로 올라선 GE는 전기사업을 기반으로 한때 세계 최대 기업의 자리를 차지했을 만큼 막대한 이익을 거둔다.

GPS · 메모리폼 · 적외선 체온계는 우주선 개발이 가져다준 선물

'커런트 워'는 웨스팅하우스의 승리로 끝난다. 에디슨은 결국 시카고 박람회에서 웨스팅하우스를 만나 패배에 승복하고, 다음 발명을 통해 사람들이 자신을 기억할 때 전기나 전구를 떠올릴 필요도 없게 할 것이라고 다짐한다.

하지만 인류에게 에디슨과 웨스팅하우스의 경쟁은 전쟁보다는 축복에 가까웠다. 전쟁의 승자인 교류는 변압이 용이하다는 장점 덕분에 장거리 송전에 활용되고 있다. 당시 패배했던 직류 역시 철도와 배

<표 2> 빠르게 늘어나는 미국 특허 출원 (단위 : 건)

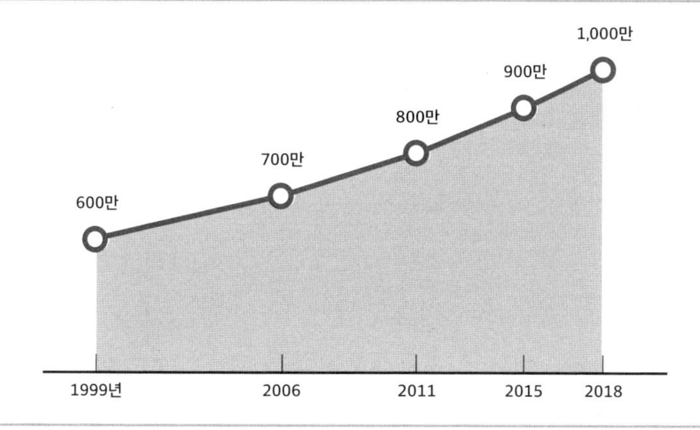

자료 : 미국특허청(USPTO)

터리, 태양광 발전, 반도체 등 다양한 분야에 활용되고 있다. 이처럼 기업의 연구개발 노력 결과로 다른 산업 분야의 기업들이 혜택을 누리는 현상을 경제학에서 '기술 파급 효과'라고 부른다.

오늘날 일상에서 활용되는 각종 기술 가운데 상당수가 이런 기술 파급 효과 덕분에 탄생할 수 있었다. 냉전 시기 미국과 러시아의 우주 개발 경쟁이 대표적인 사례다. 당시 미국과 러시아는 유인 우주선과 로켓 등을 만들기 위해 천문학적인 비용을 투입해 각종 기술을 개발했다. 이 과정에서 파생·개량된 발명품으로 자동차 에어백, 내비게이션, 위성항법장치(GPS), 적외선 체온계, 메모리폼 등이 있다.

일부 경제학자는 기술 파급 효과가 광범위하게 발생하기 때문에 정부가 직접적으로 파급 효과가 큰 산업을 선택해 지원해야 한다고 주장한다. 예를 들어 반도체 메모리칩 개발의 파급 효과가 감자칩 개발의 파급 효과보다 크다면 반도체산업을 식품산업보다 더 적극적으로 지원해야 한다는 것이다.

정부의 인위적인 시장 개입을 반대하는 이들은 특허제도를 선호한다. 특허는 새로운 기술이나 물건을 발견한 사람에게 일정 기간 배타적인 독점권을 부여하는 제도다. 정부는 특허제도를 통해 외부 효과를 가진 기술에 대한 독점권을 부여해 파급 효과를 유도하고, 특허를 출원한 기업이 연구와 개발에 더 많은 노력을 기울이도록 하는 경제적 유인을 제공한다. 에디슨은 평생 동안 특허 1,093개를 출원해 2003년까지 개인 기준 미국 최다 특허 출원 기록을 보유했다.

저 기업을 꺾고 싶어? 그럼 그 회사를 사버려!

〈포드 V 페라리〉 인수합병의 경제학

포드는 왜 페라리 인수에 나섰나

"제임스 본드는 포드를 몰지 않습니다. 한물갔으니까요."

1960년대 미국 포드 본사, 마케팅 임원인 리 아이아코카(존 번탈 분)는 회장 헨리 포드 2세(트레이시 레츠 분) 앞에서 이렇게 프레젠테이션한다. 그는 "젊은 세대는 부모님이 운전하던 포드가 아닌, 빠르고 섹시한 페라리를 원한다"며 "카 레이싱을 시작해야 하는 이유"라고 선언한다. 헨리 포드 2세는 "한 달에 우리의 하루 생산량도 못 만드는 회사를 따라가야 하는 이유가 뭐냐"고 묻는다. 아이아코카가 답한다. "'차의 의미' 때문이죠. 포드 배지가 승리를 의미한다면 어떻게 될까요?" 헨리 포드 2세의 눈이 번뜩인다.

영화 〈포드 V 페라리〉는 1960년대 자동차시장을 배경으로 두 기업 간 승부의 세계를 그린 영화다. 글로벌 자동차산업이 급성장하면서 카 레이싱 대회의 인기도 덩달아 하늘을 찌를 때였다. 1900년대 초

중반 호황을 뒤로 한 채 내리막을 걷던 포드는 이미지 변신을 위해 카레이싱에 뛰어든다.

이탈리아의 페라리는 카 레이싱 업계에서 독보적인 선두이자 글로벌 1위 스포츠카 생산업체였다. 1960~1965년 '지옥의 레이스'라고 불리던 '르망24(24시간 연속 레이스)' 우승을 한 번도 놓치지 않았다. 그러나 자동차 개발에 지나치게 많은 예산을 투입한 탓에 자금난을 겪고 있었다. 포드는 페라리와의 인수합병(M&A)을 시도한다. 주머니 사정이 어려운 페라리에도 매력적인 제안일 것이라고 판단했다. 그러나 창업자 엔초 페라리(레모 기론 분)는 협상장에서 아이아코카에게 독설을 퍼붓는다. "못생기고 작은 차를 만드는 큰 공장에 돌아가서 회장에게 전해라. 넌 헨리 포드가 아니라 '2세'라고." 헨리 포드 2세도 격분한다. "얼마가 들든 페라리를 박살내라"고 지시한다.

포드는 미국인 중 유일한 르망24 우승자였던 자동차 디자이너 캐롤 셸비(맷 데이먼 분)를 고용한다. 셸비는 지병 때문에 더 이상 차를 몰 수 없었다. 성격은 괴팍하지만 레이싱 실력만은 최고였던 자동차 정비공 켄 마일스(크리스천 베일 분)를 대신 불러들인다.

포드는 왜 굴욕을 감수하고 인수를 먼저 제안했을까. 페라리 같은 수준의 차를 직접 개발하기 위해 들여야 하는 시간과 비용을 아낄 수 있어서다. 기업은 M&A를 통해 자사에 없는 생산시설, 판로, 인력, 브랜드 등 경영자원을 한 번에 얻을 수 있다. 높은 진입장벽을 곧바로 넘을 수 있는 것이다. 특히 유행이 빠르게 변하는 산업에서 시간은 금이다. 페이스북이 2012년 10억 달러를 들여 인스타그램을 인수했던 것도 같은 맥락이다. 트렌드로 뜨고 있는 사진·해시태그 중심 서비스를

<표 1> M&A로 인한 효과

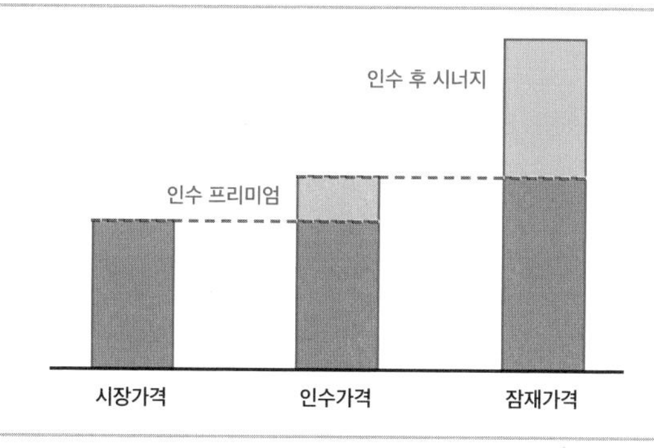

개발해 처음부터 시작하는 것보다 이미 성공 단계에 진입한 회사를 사들이는 게 낫다고 판단했기 때문이다.

'시간 프리미엄'만큼 인수가격에도 '프리미엄'이 붙는다. 〈표 1〉과 같이 기업은 인수 후 시너지에 따른 잠재적 기업가치 상승분이 인수가격보다 높다고 판단할 때 M&A에 나선다. 상장기업의 경우 주가에 '경영권 프리미엄'을 얹어 거래하는 게 일반적이다. 포드도 적지 않은 돈을 들여 인수에 나섰지만 실패한다. 카 레이싱에 대한 독자적 의사결정권을 보장하지 않았기 때문이다. 이탈리아 자동차업체인 피아트가 포드 대신 페라리를 품는다. 포드는 페라리의 경영권 프리미엄을 높이는 들러리 역할만 한 것을 알게 된다.

차별화해야 사는 독점적 경쟁시장

셸비와 마일스는 페라리보다 뛰어난 차를 만들어야 했다. 더 가벼운 차체와 성능 좋은 엔진이 필요했다. 마일스는 차체 전체에 깃털을 붙여 달려보기도 하고, 자동차에 불이 붙는 사고를 당하면서도 의지를 꺾지 않았다. 밤낮없는 노력은 'GT40'라는 결과물을 내놨다. 포드의 첫 레이싱카이자 경쟁의 산물이었다.

두 기업은 왜 그렇게 치열한 대결을 벌였을까. 글로벌 자동차시장이 차별화하지 않으면 생존하기 어려운 시장이었기 때문이다. 〈표 2〉의 왼쪽 그래프는 완전 경쟁시장의 수요 곡선이다. 이 시장은 판매자와 구매자의 수가 무한하고 제품이 표준화됐다. 기업 진입과 퇴출이 완전히 자유롭다. 공급이 무한한 까닭에 특정 회사가 공급을 늘린다고 해도 가격에 변동을 주지 못한다. 그러니 제품 광고를 할 필요도 없다.

반면 독점적 경쟁시장은 가격에 따라 수요가 탄력적으로 변하는 시장이다. 이 시장은 ① 다수의 기업이 들어가 있고 ② 각 회사의 제품이 차별화되며 ③ 기업 진입과 퇴출이 어느 정도 자유로운 게 특징이다. 〈표 2〉의 오른쪽 그래프가 독점적 경쟁시장의 수요 곡선이다. 가격을 높이면 수요가 줄어든다. 그러나 제품의 차별화 수준이 높다면 수요는 크게 달라지지 않는다. 고가의 페라리에 마니아층이 꾸준히 있었던 이유다. 이런 시장에서 기업은 광고·홍보 등을 통해 이미지를 차별화하는 전략도 병행한다. 레이싱에서 페라리를 이기는 것은 포드의 명운을 건 마케팅 전략이었던 셈이다.

경쟁은 내부에도 있었다. 포드의 또 다른 임원인 레오 비브(조시 루카스 분)는 마일스를 탐탁지 않아 한다. 그는 "포드는 '신뢰'를 의미하는데, 마일스는 그런 이미지가 아니다"라며 "'포드스러운' 드라이버가 필요하다"고 일침을 놓는다. 결국 포드는 다른 선수들로 팀을 꾸려

<표 2> 완전 경쟁시장과 독점적 경쟁시장의 수요 곡선

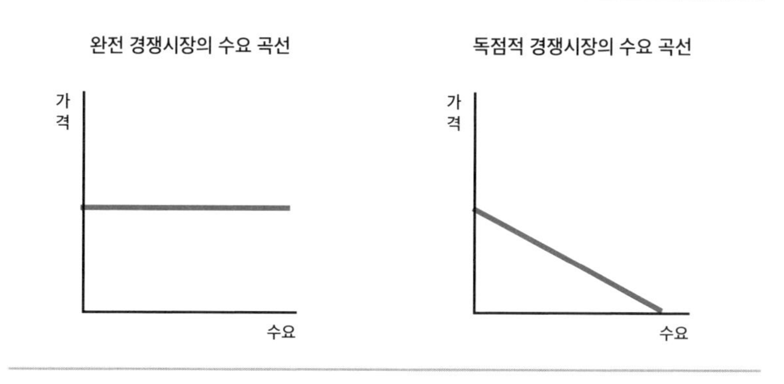

첫 레이스에 나선다. 그러나 이변 없이 페라리에 패한다. 마일스만큼 차를 다룰 줄 아는 사람이 없었기 때문이다.

헨리 포드 2세는 다시 셸비와 마일스에게 기회를 준다. 르망24 전에 열리는 데이토나 레이스에서 1등을 하는 것이 조건이었다. 마일스는 보란 듯이 기회를 잡아낸다. 비브가 꾸린 팀을 제치고 선두를 따낸다. 셸비-마일스를 포함해 포드 내 총 세 팀이 르망24에 공동출전한다.

브레이크를 밟게 한 '후광 효과'

르망24에서 포드는 이변을 일으킨다. 마일스는 밤낮없이 달렸고 경쟁자인 페라리의 선수는 빗길에 미끄러져 탈락하고 만다. 1~3위는 모두 포드 팀, 그중 선두는 마일스였다. 우승을 코앞에 둔 상황에서 비브가 또다시 훼방을 놓는다. "1~3위를 함께 결승선에 들어오게 하자"

고 헨리 포드 2세를 설득한다. '그림이 되게 만들자'는 것이었다. 헨리 포드 2세는 이를 받아들였고 셸비는 마일스에게 "원하는 선택을 하라"고 한다. 늘 그랬듯 자신의 고집을 꺾지 않기를 바라면서.

헨리 포드 2세는 왜 비브의 밉상 제안을 받아들였을까. 행동경제학에서는 '후광 효과(halo effect)'를 기업 마케팅의 중요한 요소 중 하나로 설명한다. 브랜드의 이미지가 머리에 강하게 박히면 브랜드 충성도가 높아지는 현상이다. 브랜드 이미지가 제품의 후광이 되는 것이다. 제품과 서비스의 본래가치를 뛰어넘는 이미지를 전달해 구입을 유도하는 것이다. 판매량 급락이 고민이었던 헨리 포드 2세에게 포드의 후광 효과를 극대화하자는 제안은 솔깃할 수밖에 없었다.

마일스는 울분을 토하듯 도로를 질주한다. 자신의 기록도 갈아치웠다. 그러나 우승을 코앞에 둔 그는 무언가 결심한 듯 브레이크를 밟기 시작한다. 뒤처져 있던 두 차가 그를 향해 다가오고, 비브의 계획대로 세 팀은 결승선을 함께 끊는다. 그러나 우승자는 마일스가 아니었다. 마일스의 출발선이 더 앞에 있었기 때문이다.

포드는 영화에서처럼 1966년 실제로 페라리를 제치고 르망24에서 1~3위를 차지한다. 역사적인 사건이었다. '포드'가 적힌 레이싱카 세 대가 결승선을 끊는 모습은 전 세계 신문 1면을 장식했다. 마일스는 그 뒤에도 셸비와 함께 자동차 개발 테스트를 하다가 불의의 사고로 도로 위에서 세상을 떠났다. 역사적인 기업의 승리 뒤에 역설적으로 경쟁을 포기한 개인이 있었다는 사실은 이 영화가 아니었다면 잘 알려지지 않았을지 모른다.

포드는 페라리와의 열띤 경쟁 끝에 르망24에서 승리했으나 50여

<표 3> 일반재와 사치재의 수요와 가격

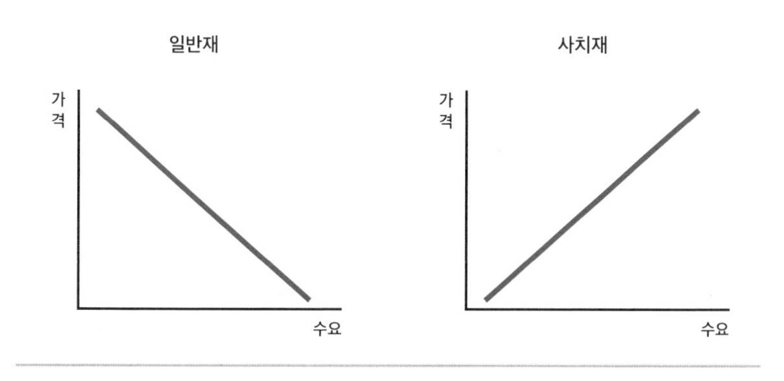

년이 지난 현재 자동차시장의 승자는 여전히 페라리다. 페라리는 지금도 많은 이의 드림카다. 차를 받기 위한 장시간의 기다림도 마다하지 않는다. 왜 사람들은 포드보다 페라리를 더 사고 싶어 할까.

경제학에서는 이런 현상을 '베블런 효과'와 '스놉 효과'로 설명한다. 베블런 효과는 가격이 오르는데도 허영심 또는 과시욕 때문에 수요가 줄지 않는 현상을 뜻한다. 가격이 오르면 수요가 줄어드는 일반 재화와 다르게 움직인다. 베블런이 《유한계급론》에서 "상위계층의 소비는 사회적 지위를 과시하기 위해 이뤄진다"고 적은 데서 유래했다.

〈표 3〉의 왼쪽 그래프는 일반적인 재화의 경우로, 가격이 오르면 수요도 떨어진다. 오른쪽 그래프는 베블런 효과의 대상인 사치재로, 가격이 오르는데 수요가 오르는 역현상이 나타난다.

국내에서 샤넬백의 가격이 오른다는 소식이 전해지자 일부 백화점에서 개점 전부터 사람들이 길게 줄을 선 일이 있었다. 셔터를 올리자마자 샤넬 매장으로 떼 지어 달려가는 사람들의 모습도 인터넷을 통해 퍼져나갔다. 샤넬은 해마다 국내에서 가격을 올렸지만 그때마다 수요는 더 늘었다. 베블런 효과를 보여주는 대표적 사례다.

스놉 효과도 비슷한 맥락이다. 스놉(snob)은 '속물'을 뜻하는 단어다. 스놉 효과란 특정 제품에 대한 소비가 늘어나면 오히려 수요가 줄어드는 현상이다. 남과 다르고 싶다는 심리가 작용하는 것이다. 스놉 효과에 따르면 소비자는 남들이 많이 사지 않는 제품에 더 끌리게 된다. 가격이 비싼 명품, 특정 제품의 한정판 모델, 하이엔드 브랜드 제품 등이 해당한다.

50년 전이나 지금이나 사람들이 포드보다 페라리에 더 끌리는 것도 이런 측면에서 보면 당연하다. 2019년 기준 페라리의 연간 판매 대수는 약 1만 대로, 포드(550만 대)의 500분의 1이 채 되지 않는다. 대량 생산으로 가격을 낮춘 포드는 가성비가 좋다. 대신 '누구나 탈 수 있는 차'라는 이미지가 강하다.

반면 페라리는 웬만한 샐러리맨 월급으로는 사기 어렵다. 게다가 인기 모델은 구입하고도 1년여를 기다려야 받을 수 있다. '나만 탈 수 있는 차'의 조건에 이보다 부합하는 차도 얼마 없을 것이다.

9

햄버거 왕국 맥도날드의 진정한 창업자는 누구일까

〈파운더〉 프랜차이즈의 경제학

주방을 공장처럼

"닭이 먼저냐, 달걀이 먼저냐. 밀크셰이크가 안 팔려서 믹서가 필요하지 않은 게 아니라, 믹서가 없어서 밀크셰이크가 안 팔리는 겁니다. 공급이 늘면 수요도 따라 늘죠."

1954년 미국. 레이 크록(마이클 키턴 분)은 52세 밀크셰이크 믹서 판매원이다. 전국을 돌며 영업하지만, 몇 잔 안 팔리는 밀크셰이크를 만들기 위해 무겁고 큰 믹서를 사는 식당 주인은 없다. 그런데 어느 날 이상한 주문이 들어왔다. 캘리포니아의 맥도날드라는 식당 한 곳이 믹서를 8개나 시킨 것.

호기심에 가게를 찾아간 레이 앞에 신세계가 펼쳐진다. 메뉴는 햄버거, 치즈버거, 감자튀김, 총 3개다. 동전을 내민 뒤 종이봉투에 담긴 햄버거와 감자튀김이 나오는 데 걸린 시간은 30초. 얼떨떨한 그가 "방금 주문했는데요"라고 묻자 젊은 직원이 환하게 웃으며 대답한다.

"방금 나왔어요."

'패스트푸드'라는 개념이 없던 시대. 음식을 주문하면 나오기까지 20~30분이 걸렸고, 엉뚱한 음식을 받기 일쑤였다. 레이의 마음속에 무언가 번쩍였다. 프랜차이즈의 시초이자 오늘날 글로벌 최대 햄버거 프랜차이즈가 된 맥도날드의 시작이었다.

주문한 지 30초 만에 나오는 햄버거는 어떻게 탄생했을까. 가게를 운영하는 맥도날드 형제 중 형인 맥(존 캐럴 린치 분)과 만난 레이는 맥도날드의 주방을 보게 된다. 맥도날드의 주방은 햄버거 공장이었다. 한쪽 벽면의 그릴에서 직원 2명이 패티 수십 개를 구웠다. 반대편에선 다른 직원들이 반으로 자른 빵에 기계로 같은 양의 케첩과 머스터드 소스를 뿌렸다. 패티를 빵 위에 올리는 직원, 햄버거를 포장하는 직원 등 단계마다 전담 직원이 있었다. 포드자동차의 창업자 헨리 포드가 고안한 컨베이어벨트에 가까웠다.

주방 구조도 직원들이 가장 효율적으로 일하도록 맞춤 제작했다. 맥도날드 형제는 직원들이 불필요하게 주방을 오가거나 서로 부딪칠 위험이 없도록 주방기구 위치를 조정했다. 햄버거가 만들어지는 완벽한 동선을 짜기 위해 가게 인근 테니스코트에 주방 도면을 그려놓고 시뮬레이션을 해보며 수차례 수정했다. 맥은 주방을 소개하며 레이에게 "(패티를 굽는) 그릴에서 (햄버거가 고객에게 나가는) 카운터까지 30초"라고 말했다. 맥도날드 형제가 고안한, 분업을 바탕으로 한 스피디 시스템이었다.

경제학의 아버지 애덤 스미스는 《국부론》에서 분업이 생산 과정을 효율적으로 만들 뿐 아니라 노동생산성도 높인다고 봤다. 근로자가 같은 업무를 지속적으로 반복할수록 숙련돼 더 빠르게, 더 잘할 수 있기 때문이다.

만들수록 평균비용 줄어드는 '규모의 경제'

"프랜차이즈를 합시다. 맥도날드는 모든 곳에 있어야 해요. 전국 방방곡곡!"

레이는 형제들을 설득해 맥도날드를 프랜차이즈화하기로 한다. 투자자를 찾아다니며 자본금을 마련하고, 자신의 집을 담보로 대출을 받아 가맹점을 낸다. 맥도날드 형제가 개발한 맥도날드의 상징 황금 아치를 가맹점마다 제작해 브랜드로 만든다. 강연과 모임을 바쁘게 다니며 가맹점주를 모집해 가맹점 수를 급격히 늘려간다.

프랜차이즈는 사업을 확장하는 가장 빠른 방법 중 하나다. 자영업자인 가맹점주에게 상표권을 빌려주고 영업 노하우를 전수해주면 된다. 프랜차이즈가 노리는 것은 '규모의 경제' 효과다. 규모의 경제는 많이 만들수록 상품 하나를 만들 때 드는 평균총비용이 줄어드는 현상이다. 다음의 〈표 1〉처럼 생산량을 일정 수준까지 늘리는 과정에서 발생한다.

기업이 상품을 생산할 때 생기는 비용에는 여러 종류가 있다. 재료비와 임차료, 인건비, 관리비 등이다. 규모의 경제가 발생하는 이유는 〈표 1〉의 임차료처럼 생산량과 관계없이 들어가는 고정비용이 있기 때문이다. 예컨대 맥도날드 형제가 100달러에 땅을 빌려 가게를 세웠

<표 1> 규모의 경제

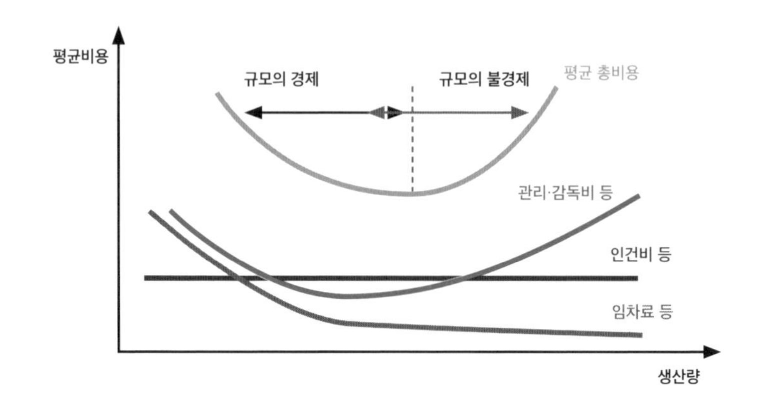

다고 해보자. 재료비와 인건비는 생산량을 늘리면 함께 늘어난다. 임차료는 다르다. 햄버거를 얼마나 팔든 전체 임차료는 같지만 햄버거 1개당 임차료는 생산량에 따라 달라진다. 햄버거를 1개 팔면 개당 임차료 부담이 100달러지만 10개 팔면 10달러로, 100개 팔면 1달러로 낮아진다. 많이 만들수록 평균총비용이 줄어든다.

현실에서 규모의 경제는 더 극대화될 수 있다. 생산량을 늘리고 소비자의 신뢰까지 얻으면 시장을 장악할 브랜드 파워가 생긴다. 이 경우 협상력이 커져 재료비와 임차료를 깎을 수 있다. 다만 기업이 생산량을 과도하게 늘리면 오히려 총비용이 증가하는 '규모의 불경제'가 발생하기도 한다. 조직이 비대해져 각종 비효율이 생기기 때문이다. 노동조합이 결성돼 인건비가 치솟고, 조직도 관료화돼 시장 변화를 빠르게 따라잡지 못한다.

이윤을 내느냐, 품질을 지키느냐

"공급은 수요를 창출한다." 레이가 믹서 판매원 시절 지겹도록 읊었던 '세이의 법칙'은 현실이 된다. 패스트푸드를 경험한 소비자들이 맥도날드로 모여들고 가맹점은 미국 9개 주에 13개로 늘어난다.

그러나 그사이 레이와 맥도날드 형제의 갈등이 점점 커진다. 레이는 맥도날드 브랜드의 수익성을 늘리려 한 데 비해 형제들은 맥도날드 음식의 품질을 지키고 싶어 했다. 둘 다 얻는 건 어려웠다. 당시 햄버거가격은 15센트(약 180원)로 단가가 낮아 매출이 크지 않았다. 함께 팔던 밀크셰이크의 재료인 아이스크림을 보관하는 냉동고 전기료는 너무 높았다. 비용 통제에 실패하며 규모의 경제 효과는 쉽사리 나타나지 않았다. 설상가상으로 은행의 대출 상환 요구가 빗발쳤다.

이들의 불화는 레이가 가맹점이 세워진 부지를 사들여 부동산사업자가 되면서 끝난다. 가맹본부를 프랜차이즈 임대업으로 바꾼 것이다. 레이는 자본이 쌓이면 건물을 매입해 거기에 가맹점을 세우는 식으로 가맹점주를 장악하게 된다. 가맹점주가 계약을 위반하면 언제든 쫓아낼 수 있게 됐고, 맥도날드 형제도 통제하게 됐다.

부동산사업으로 거대한 부를 쥐게 된 레이는 맥도날드 형제와의 계약을 파기하고 맥도날드를 자기 것으로 만든다. 맥도날드라는 이름과 형제들의 아이디어였던 황금 아치, 스피디 시스템 등을 모두 빼앗는다. 격노한 맥도날드 형제가 "스피디 시스템을 고안한 건 우리"라고 울부짖자 레이는 "난 승리의 콘셉트를 고안했다"고 받아친다. 아무리 혁신적인 시스템을 개발했어도, 그 시스템을 시장에 도입하고 끈기 있게 키워내지 않았다면 맥도날드는 성공하지 못했을 것이라는 자신감이다.

맥도날드를 글로벌 프랜차이즈로 키운 건 누구일까. 혁신적인 시스템을 개발한 맥도날드 형제일까, 발로 뛰며 이들의 혁신을 사업으로 실현해준 레이일까. 현실의 승자는 영화의 엔딩에 나온다. 맥도날드 형제의 가게가 있는 샌버너디노에 맥도날드 가맹점을 세우러 간 레이는 한 기자가 다가가자 명함 한 장을 건네고 떠난다. 명함에는 그의 이름과 함께 노란색 글자가 하나 쓰여 있다. '파운더(founder, 설립자).'

햄버거에 피클 하나만 더 들어가도 큰일나는 프랜차이즈의 세계

영화 〈파운더〉에서 레이가 처음 맥도날드 형제들을 찾아가 프랜차이즈를 만들자고 제안했을 때 돌아온 반응은 회의적이었다. 형제는 이미 한 차례 실패한 경험이 있었기 때문이다. 가맹점은 형제의 레시피를 따르지 않았다. 대신 멋대로 브리토 등 다른 음식을 팔다가 외면받고 말았다.

형제를 설득하는 데 겨우 성공한 레이의 최대 미션도 가맹점 관리였다. 그는 가맹점주들이 맥도날드의 스피디 시스템을 훼손하는 것을 막기 위해 애쓴다. 레시피를 지키지 않은 가맹점주에겐 "버거에 피클이 2개 들어가야 하는데 왜 3개를 넣었냐"며 화를 낸다. 이후 레이는 회사의 정책을 잘 따를 만한 사람만 가맹점주로 뽑는다.

<표 2> 프랜차이즈의 주인-대리인 문제

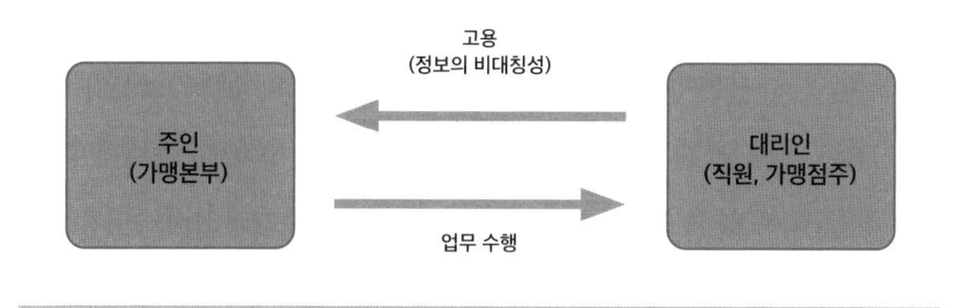

레이의 노력은 경제학적으로는 '주인-대리인 문제'를 방지하기 위한 것이다. 주인-대리인 문제는 주인이 고용한 대리인이 주인의 요구를 충실히 따르지 않거나, 주인이 아닌 자신의 이익을 위해 일하는 것을 뜻한다. 이는 정보의 비대칭성에서 비롯된다. 주인은 대리인이 어떤 생각을 하고 있는지 알 수 없기 때문이다. 맥도날드같이 가맹점이 많은 프랜차이즈에서는 이런 문제가 더 생기기 쉽다.

다른 의견도 있다. 노벨 경제학상 수상자인 폴 크루그먼(Paul Krugman)은 가맹점이 오히려 직영점보다 주인-대리인 문제가 적게 발생할 수 있다고 봤다. 직영점 직원들은 영업 실적과 관계없이 본사에서 매달 일정한 월급을 받는다. 그러나 자영업자인 가맹점주는 다르다. 가맹점 매출이 크게 오르면 더 많은 이익을 얻고, 잘 안 되면 생계가 어려워진다. 알아서 좋은 종업원을 고르고 고객을 끌어들이기 위해 노력해야 하는 유인이 있는 셈이다. 이 때문에 본부와 가맹점주가 끊임없이 소통하며 사업 목표를 공유한다면 더 크게 성공할 수 있다는 시각이다.

국내에서는 프랜차이즈 가맹점주의 단체교섭권을 허용하는 방안이 또 다른 논란을 낳고 있다. 공정거래위원회는 가맹점주로 구성된 단체에 법적 지위를 부여해 가맹본사와의 협상권을 보장하는 안을 검토 중이다. 가맹본부와 가맹점주의 관계를 주인과 대리인을 넘어 갑을관계로 보는 시각을 바탕에 뒀다. 프랜차이즈 업계의 시각은 다르다. 이들은 "가맹본부와 가맹점은 계약을 맺고 함께 사업하는 파트너 관계"라며 "이를 주종관계로 보는 것은 프랜차이즈 사업의 본질을 모르는 것"이라고 반발한다.

경쟁할 것인가 협력할 것인가

〈엑스맨 퍼스트 클래스〉 게임 이론의 경제학

협력이 진짜 '우월전략'

미국 대륙에서 수십 개의 핵을 실은 미사일이 쏘아져 올라간다. 미사일은 대서양을 건너 소련(러시아) 본토로 날아간다. 동시에 소련의 미사일도 유럽대륙을 건너 미대륙에 내리꽂힌다. 백악관과 붉은 광장은 잿더미로 변한다. 방사능은 전 대륙에 퍼지고 방사능에 오염된 사람들은 고통스럽게 타들어간다.

〈엑스맨 퍼스트 클래스〉에 돌연변이로 나오는 세바스찬 쇼우(케빈 베이컨 분)의 구상이다. 그는 인간 세상에 숨어 사는 돌연변이다. 에너지 충격을 흡수해 젊어지는 능력을 갖고 있다. 영화에는 타인의 뇌를 지배하는 능력, 철을 움직이는 능력, 순간이동 능력 등을 지닌 다양한 돌연변이가 등장한다. 이들은 인간 세상에서 다르다는 이유로 소외된 채 살아간다. 쇼우는 세상에 환멸을 느끼고 돌연변이 해방을 위해 미국과 소련의 핵전쟁을 계획한다.

영화는 제2차 세계대전 이후 미국과 소련의 냉전 상황을 주 배경으로 삼고 있다. 자본주의와 공산주의 진영으로 양분된 세계는 군비경쟁도 마다하지 않는다. 탱크, 전투기 등 재래식 무기를 늘리는 것과 함께 핵무기경쟁도 치열해진다. 그럼에도 미·소 양국은 실제 상대방 국가를 타격할 수 있는 위치에 핵무기를 배치하지는 않았다. 그 이유는 '게임 이론'으로 설명할 수 있다. 게임 이론은 한쪽의 행동이 상대방 행동의 변수가 되는 상황에서 각각이 어떤 행태를 보일지 예측, 분석하는 틀을 말한다.

미국과 소련엔 두 가지 선택지가 있다. 핵미사일을 (상대방을 타격할 수 있는 곳에) 설치하는 것과, 미사일을 설치하지 않는 것이다. 그리고 이 두 가지 선택지의 조합에 따라 상호 다른 결과물이 주어진다. 이를 도식화한 것이 〈표 1〉이다.

게임 이론의 추론 과정은 간단하다. 상대방이 특정 행동을 할 것을 전제해놓고 자신은 이 상황에서 어떤 선택지가 유리한지 판단하는 것

<표 1> 게임 이론 1

		소련	
		미사일 설치	**미사일 설치 X**
미국	**미사일 설치**	국제적 여론 악화 안전함 안전함 국제적 여론 악화	위험함 안전함 국제적 여론 악화
	미사일 설치 X	국제적 여론 악화 안전함 위험함	안전함 안전함

이다. 만약 소련이 미사일을 설치한다면 미국은 미사일을 설치하는 것이 유리하다. 〈표 1〉에서 소련이 미사일을 설치할 경우 미국의 결과값 중 설치하는 쪽의 효용이 높다. 미사일 설치를 하지 않을 때의 위험이 너무 크기 때문이다. 즉, 소련이 미사일을 설치했을 때 미국의 최적 전략은 미사일을 설치하는 것이다.

반면 소련이 미사일을 설치하지 않는다면 미국의 최적 전략도 미사일을 설치하지 않는 것이다. 결론적으로 미국과 소련은 둘 다 동시에 미사일을 설치하거나 동시에 미사일을 설치하지 않게 된다. 이것이 게임 이론에서의 '내시균형'이다. 내시균형이란 최적 전략의 짝이 성립했을 때의 상황을 말한다.

쇼우에게 양국의 평화는 디스토피아나 마찬가지였다. 미사일을 설치하게 만들어야 했다. 쇼우는 미국 핵무장의 결정권자인 코널 헨드릭 대령(글렌 모슈워 분)에게 접근한다. 그리고 쇼우와 한편인 에마 프로스트(재뉴어리 존슨 분)는 상대의 머릿속에 들어가는 초능력으로 헨드릭을 협박했다. "당신이 어디 있든, 무슨 생각을 하든 나는 지금 당신 머릿속에 들어와 있고 도망갈 수 없다." 쇼우는 자신의 말을 따르지 않는다면 죽음밖에 없다는 말과 함께 그에게 미사일 설치를 종용했다. 쇼우는 소련의 결정권자에게도 똑같은 압박을 가했다.

헨드릭과 소련의 미사일 설치 결정권자 입장에서 게임은 변수를 맞게 됐다. 〈표 2〉는 변화된 게임판을 보여준다. 다른 상황은 똑같지만 미사일을 설치하지 않았을 때 이들이 감당해야 할 결과가 달라졌다. 미사일을 설치하지 않게 되면 자기 자신은 쇼우에게 죽게 된다.

변수가 생겼으니 균형도 달라진다. 헨드릭의 입장에서 보자. 소련

<표 2> 게임 이론 2

		소련	
		미사일 설치	미사일 설치 X
미국	미사일 설치	국제적 여론 악화 안전함 안전함 국제적 여론 악화	위험함 안전함 국제적 여론 악화
	미사일 설치 X	국제적 여론 악화 안전함 위험함 헨드릭의 죽음	소련 결정권자의 죽음 안전함 안전함 헨드릭의 죽음

의 미사일 설치 여부와 무관하게 자신은 무조건 미사일을 설치하는 쪽을 선택한다. 그렇지 않으면 미국이 위험해지는 것과 동시에 자신도 죽기 때문이다. 소련의 결정권자 역시 헨드릭과 같은 상황에 직면했으니 같은 과정을 거친다.

즉, 양측 모두 미사일을 설치할 수밖에 없는 상황으로 치닫는다. 이를 게임 이론에서의 '우월전략 균형'이라고 부른다. 상대방이 어떤 전략을 선택하는지와 관계없이 특정 선택을 하게 되는 경우 이를 우월전략이라고 한다. 그리고 이 우월전략의 짝을 우월전략 균형이라고 한다. 미국과 소련 모두 미사일을 설치하는 쪽으로 게임이 변했다.

'사전적 확약전략' 위해 배수의 진을 친 미국

헨드릭과 소련의 결정권자는 강하게 미사일 설치를 밀어붙였다. 그

<표 3> 게임 이론 3

미국 \ 소련	미사일 설치	미사일 설치 X
미사일 설치	전쟁 전쟁	소련 결정권자의 죽음 위험함 안전함 국제적 여론 악화
미사일 설치 X	전쟁 전쟁	소련 결정권자의 죽음 안전함 안전함 헨드릭의 죽음

결과 미국은 소련의 코앞인 터키에 미사일을 설치하게 된다. 소련도 움직이기 시작했다. 미국을 바로 타격할 수 있는 쿠바에 미사일 설치를 준비한다. 소련은 핵탄두를 함선에 실어 쿠바로 보낸다. 배가 점점 쿠바와 가까워진다.

이때 미국은 반전을 만들어낸다. 대통령이 TV 생중계로 조건부 선전포고를 한 것이다. "소련의 함선이 금지된 선을 넘을 경우 우리는 즉각 보복할 것입니다." 민주주의 국가에서 대통령이 언론에 강한 어조로 선포한 말들은 다시 주워 담기 어렵다. 미국은 스스로 배수의 진을 친 것이다. 소련도 그것을 매우 잘 알았다. 이에 따라 게임판은 〈표 3〉처럼 또 한 번 흔들리게 된다.

게임 이론에서 이런 전략을 '사전적 확약전략(precommitment strategy)'이라고 칭한다. 상대방에게 양보를 받아내기 위해 자신이 가지고 있는 여러 가지 패를 일부러 버리는 것이다. 예를 들어 전쟁에서 후방의 교량을 태워버려 상대방에게 자신은 후퇴할 의사가 없다는 메시지를 확실하게 보낼 수 있다. 이 전략에 의해 소련의 최적 전략은 변하게 된다. 미국이 미사일을 설치한다 해서 소련도 미사일을 설치하면 결과는 전쟁이다. 차라리 미국만 미사일을 설치하는 쪽이 낫다. 소련은 쿠바로 향하던 함선의 뱃머리를 돌리게 된다.

지금까지 살펴본 게임 이론의 핵심은 변수들에 의해 게임 참여자들의 행동은 변할 수밖에 없다는 것이다. 이 말은 곧 게임의 변수들을 통제할 수 있다면 게임 참여자들의 행동도 변화시킬 수 있다는 의미다. 쇼우가 노렸던 것도 이 부분이다. 동시에 미국도 그 사실을 잘 파악하고 있었기에 게임판을 놓고 사전적 확약전략을 펼치게 된 것이다.

실제로 냉전 당시 양국의 정치경제학자들은 게임 이론에 근거해 상황을 예측, 분석했다. 게임판을 그리며 어떤 변수를 던져야 상대의 행동을 바꾸고 자국의 효용을 높일 수 있을지 분석했다. 그 결과가 냉전시대 40여 년간 펼쳐진 미·소 양국의 힘의 균형일 것이다. 영화에서도 마찬가지였다. 영화 전면에 등장하진 않았지만 어디에선가 게임 이론가들은 당시의 상황을 분석하고 있었을 것이다. 돌연변이의 세상을 꿈꿨던 쇼우도 게임 이론가들 앞에서 무릎을 꿇은 셈이다.

기업이 협력하면 담합이 된다

영화에서 미국과 소련이 서로 협상하는 모습은 단 한 번도 나오지 않는다. 다만 상대방이 어떻게 움직일지 예측하고 이를 바탕으로 전략을 짜는 모습이 주로 그려진다. 이는 게임 이론의 주요한 전제다. 게임

<표 4> 과점기업 간의 게임 상황 (단위: 만 원)

		B기업	
		높은 생산량	낮은 생산량
A기업	높은 생산량	160 160	150 200
	낮은 생산량	200 150	180 180

이론에선 보통 상대방과 협상할 수 없는 상황을 가정하고 추론을 시작한다.

만약 그렇지 않다면 게임 이론의 결과가 달라질 수 있다. 〈표 4〉는 과점기업 간의 게임 상황을 그려놓았다. 시장에선 이 두 기업만 존재하고 기업엔 높은 생산량, 낮은 생산량 두 가지 선택지가 주어진다. 결과값에는 두 기업의 생산량이 적을수록 공급이 적어지고 시장에서 이윤은 많아진다는 원리를 담았다.

게임 이론대로면 두 기업 모두 높은 생산량을 선택하는 게 우월전략균형이 된다. A기업 입장에서 본다면 B기업이 높은 생산량을 결정할 때 높은 생산량을 선택하는 것이 유리하다. B기업이 낮은 생산량을 결정해도 높은 생산량을 선택하게 된다. B기업도 A기업의 선택 과정을 그대로 따라간다. 이는 양쪽이 협의 없이 게임을 진행한 결과다. 이를 '비협력 균형'이라고 한다. 보통 게임 이론에서 균형이라 하면 이 비협력 균형을 뜻한다.

하지만 이때 A기업과 B기업은 고민을 하게 된다. 서로 담합하게 된다면 분명 둘 모두에게 이로운 방향이 있기 때문이다. 둘 다 낮은 생산량을 선택하는 방법이다. 그렇게 된다면 양쪽이 각각 180만 원의 이익을 얻어 담합하기 전보다 20만 원의 이익을 더 볼 수 있다. 이런 결과를 '협력 균형'이라고 부른다.

사회적 후생 관점에서 본다면 협력 균형과 비협력 균형 중 무엇이 좋은지는 상황에 따라 다르다. 만약 위와 같은 과점기업들의 눈치싸움이었다면 비협력 균형이 사회 전체의 후생에 더 바람직하다. 기업들이 협력하지 않고 경쟁을 해야 더 많이 생산할 것이기 때문이다. 정부가 과점기업 간의 담합 협상을 막는 이유다.

반대로 군비경쟁을 벌이거나 공유자원 채취를 놓고 눈치싸움을 하는 때는 협력 균형이 더 바람직할 수 있다. 이 경우 상대방과 서로 합의하면 군비를 적게 쓸 수 있고, 공유자원을 적게 사용할 수 있다.

6장

기업윤리

- 합리와 윤리 사이에서

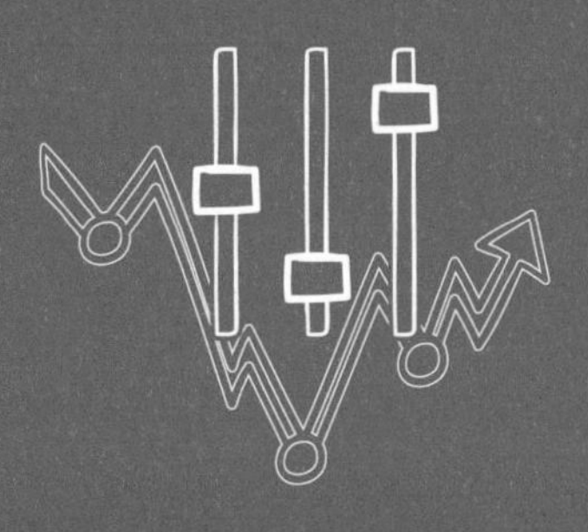

CINEMANOMICS

①

동학개미여 명심하시길! 정보는 빽이자 덫이란 걸

〈돈〉 주식시장과 정보경제학

현실 같은 영화, 영화 같은 현실

"증권시장 일일 거래대금 7조 원. 대한민국에서 가장 많은 돈이 오가는 이곳 여의도. 나는 부자가 되고 싶었다."

가난한 복분자 농가의 아들로 태어나 증권사 신입사원으로 서울 여의도에 입성한 조일현(류준열 분). 부자가 되고 싶다는 열망은 넘치지만 정작 영업의 무기가 될 만한 언변, 인맥, 학연 등은 빈약하다. 거래수수료 0원을 기록하는 날들의 연속, 어느 날 같은 팀 멤버가 일현에게 '번호표(유지태 분)'라는 별명의 부티크(비공식 투자회사) 투자자를 소개한다. 번호표는 거액의 자금을 움직이는 주가 조작 '선수'다. 그를 만나며 일현은 주가 조작 세계에 빠져든다.

2019년 개봉한 〈돈〉은 증권사 법인영업팀 주식 브로커 조일현이 주식 불공정 거래 세력과 합세해 머니게임을 벌이는 과정을 다룬 영화다. 2009년 개봉한 〈작전〉 이후 10년 만에 여의도 증권가를 소재로 한 영화로 주목받았다. 일반 투자자들에게는 잘 알려지지 않은 펀드 매니저와 증권사 브로커의 세계를 깊숙이 다뤄 증권가에서도 상당한 화제를 모았다.

영화 속 번호표가 이끄는 세력은 주식을 미리 사둔 뒤 통정 매매를 통해 주가를 부양시켜 시장에 떠넘기는 방식으로 부를 쌓는다. 통정 매매는 세력끼리 매매를 주고받으며 주가를 조작하고, 다른 시장 참여자들의 매수세를 유인하는 불법 매매 기법이다. 이 과정에서 스프레드 거래와 프로그램 매매, 공매도 등 각종 금융 기법이 등장한다. 번호표는 필요하다면 주가를 움직이기 위해 기업 공장에 불을 지르고, 작전 내역을 유출하려는 매니저를 살해할 정도로 극단적인 인물로 묘사된다.

영화에 등장하는 주가 조작에 대해 증권업계에서는 "충분히 가능한 현실적인 얘기"라는 반응이다. 오히려 "10여 명이 참여하는 대형 작전인데 총수익금이 수십억 원에 불과한 것으로 묘사된 부분은 너무 소박하다"는 지적까지 나왔다. 실제로 증권업계는 과거에도 수차례 제도권 내 인물들이 여러 가지 형태의 불공정 거래에 가담한 사실이 밝혀져 홍역을 앓아왔다. 심지어 주가 조작 과정에서 정치권 연루설, 조직폭력배 연계설 등도 제기됐다.

현실과 비슷한 사례는 영화 속 여러 장면에 등장한다. 2020년 7월 서울남부지검은 전직 증권사 애널리스트 오씨에게 징역 3년, 벌금 5억 원을 선고했다. 오씨는 특정 코스닥 상장업체의 주식을 미리 사두고 해당 기업에 우호적인 보고서를 발간해 주가를 부양하는 방식으로 수십억 원대의 시세차익을 취한 것으로 알려졌다. 이 사건을 두고 증권가에서는 "오씨가 수십억 원이 넘는 서울 반포동의 고급 아파트를 현금으로 결제했다가 금융당국의 의심선상에 올랐다"는 말이 돌았다. 영화 속 일현이 고급 아파트를 계약했다가 금융감독원의 의심을 산 장면과 비슷하다.

2013년에는 CJ ENM의 3분기 실적 발표를 앞두고 애널리스트를 통해 악화된 실적 자료를 미리 입수한 펀드매니저들이 공시 이전에 주식 400억 원어치를 매도했다. 공시 이후 주가가 폭락하자 매니저들의 매도 물량을 받아낸 개인 투자자들은 막대한 손실을 떠안았다. 이 사건을 계기로 자본시장법이 개정돼 기존에 불공정 거래에 포함되지 않았던 미공개 중요 정보 이용 행위가 처벌 대상으로 지정됐다.

주식시장에서는 정보가 곧 돈

경제학에서는 번호표와 같은 작전세력이 시장을 수차례 농락할 수 있는 것은 주식시장에 존재하는 정보의 비대칭성 때문이라고 본다. 주식시장을 비롯한 모든 시장이 효율적으로 작동하기 위해서는 거래에 영향을 미치는 정보가 공개돼야 한다는 전제가 필요하다. 그러나 현실은 이와 거리가 멀다. 특히 주식시장에서 거래 대상이 되는 것은 형태가 없는 기업 소유권으로, 전적으로 시장 참여자들이 기업의 장래 수익성을 어떻게 평가하는지에 따라 수요와 공급이 형성된다.

문제는 기관과 외국인, 개인 투자자들이 난립하는 주식시장에서 시장 참여자 간의 정보 수준이 극단적으로 다르다는 것이다. 상대적으

<표 1> 정보 격차에 의한 주식시장 역선택

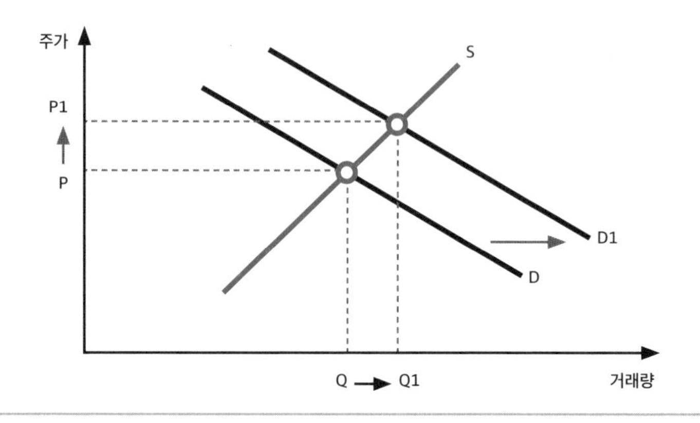

로 거래량이 적고 인지도가 낮은 중소형주일수록 이런 경향은 더욱 강하다. 정보열위, 즉 정보의 수준이 낮거나 양이 적은 투자자는 정보우위에 있는 투자자를 상대로 불리한 조건에 물건을 구매하거나 판매하는 역선택을 범한다. 정보의 비대칭성으로 인한 시장 실패는 미시경제학에서 이야기하는 대표적인 시장 실패 사례 중 하나다.

영화 속 번호표를 비롯한 작전세력이 흔히 사용하는 주가 조작 방식은 〈표 1〉과 같다. 먼저 세력은 시장에 기업가치를 왜곡하는 정보를 푼다. 호재성 가짜 뉴스일 수도 있고, 일현을 비롯한 기관 투자자를 동원한 통정 매매일 수도 있다. 정보에 현혹된 투자자들이 기업의 내재가치가 실제보다 높다고 판단하고 주식 매매에 뛰어들면서 수요곡선은 D에서 D1으로 우측으로 이동한다. 그 결과 거래량은 증가(Q→Q1)하고, 번호표는 높아진 가격(P→P1)에 기존 물량을 매도할 수 있게 된다.

<표 2> 급증하는 개인 투자자 순매수 (단위 : 억 원)

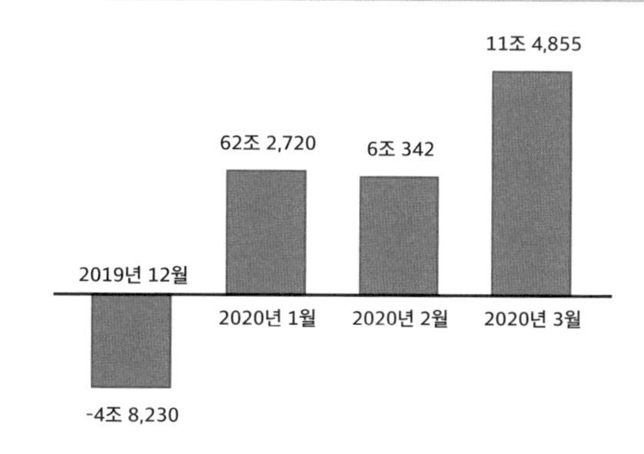

* 유가증권시장, 코스닥시장 합계
자료 : 한국거래소

영화는 주가 조작 참여자들에게만 초점을 맞췄기 때문에 피해자들은 좀처럼 등장하지 않는다. 결말에 이르러 번호표의 작전에 휘말린 일현의 친구 우성의 아버지가 회사를 잃을 위기에 처하지만, 번호표의 뒤를 찌른 일현의 '역작전'을 통해 구제된다.

실제로는 어떨까. 현실의 투자자들은 일현과 번호표가 온갖 방식으로 부양한 고가의 주식을 팔아치우고 환호하는 사이, 원래 가격으로 급락한 주식을 보며 절규하고 있을 것이다.

금융당국은 최근 동학개미 열풍으로 주식 세계에 입문한 초보 투자자들이 막대한 손실을 볼 수 있다고 연일 경고하고 있다. 2020년 개인은 4월 16일까지 주식시장에서 27조 5,759억 원(유가증권시장 23조 3,356억 원, 코스닥시장 4조 2,403억 원)어치를 순매수했다. 같은 기간 역대 최대 규모다. 개인 투자자 시장 점유율 1위 증권사인 키움증권에서는 2020년 3월에만 40만 개가 넘는 신규 계좌가 개설됐다. 정보 수준이 낮고 투자 경험이 없는 개인 투자자들이 대거 시장에 합류하면서 금융당국은 이들이 작전세력의 먹잇감이 될 것을 우려하고 있다.

이미 징후들은 발견되고 있다. 개인 투자자들이 가장 쉽게 휘말리는 테마주가 코로나19 특수를 맞아 활개치고 있다. 테마주는 기업 실적과 무관한 정보에 따라 주가가 요동치는 종목으로, 추종 매매 시 세력들의 작전에 휘말릴 위험이 크다.

금융위원회에 따르면 코로나19 테마주 69개 종목의 최근 두 달간 평균 주가 변동률은 107.1%로, 코스피지수(55.5%)의 두 배에 달했다. 한국거래소 시장감시위원회는 이미 2개 종목에서 불공정 거래 혐의를 확인하고 심리 절차에 들어갔다.

두꺼운 손가락이 부른 대참사

영화 〈돈〉의 작전세력들이 펼치는 주가 조작 작전에서는 증권사 직원의 실수가 핵심 요소로 등장한다. 조일현이 참여한 첫 작전에서 한영증권의 김 대리(김강현 분)는 실수로 위장해 선물 만기 하루를 앞두고 시장가격보다 한참 낮은 가격에 대량의 스프레드 매도 물량을 내놓는다. 일현과 세력은 이 물량을 대부분 받아가고 이후 시장이 정상화되는 과정에서 막대한 차익을 누린다. 한영증권은 사태 수습을 위해 노력하지만 결국 파산한 것으로 묘사된다.

일개 대리급 직원의 실수로 회사가 순식간에 파산한다는 내용은 비현실적으로 보이지만, 실제로 개인 투자자는 물론이고 거대 금융회사가 순간의 실수로 엄청난 손실을 보는 경우는 드물지 않다. 금융업계에서는 이런 주문 실수를 '팻 핑거'라고 부른다. 손가락이 두꺼워 컴퓨터 키보드로 주문하는 과정에서 거래량이나 가격 등을 잘못 입력하는 것을 뜻한다.

국내에서 자주 회자되는 팻 핑거 사례로는 2013년 12월 12일 발생한 한맥증권 사태가 있다. 당시 한맥증권의 한 직원은 프로그램 매매 과정에서 코스피200지수 선물옵션 가격의 변수가 되는 이자율을 실수로 잘못 입력했다. 그 결과 단 2분 만에 460억 원대의 손실이 발생했고, 30년 역사의 한맥증권은 파산에 이르렀다.

2018년에는 대형 팻 핑거 사건이 두 차례 발생했다. 2월엔 케이프투자증권 직원이 코스피200 옵션을 이론가 대비 20% 가까이 낮은 가격에 주문했다. 이 실수로 케이프투자증권은 그해 순이익의 절반에 해당하는 62억 원을 하루 만에 날렸다. 불과 두 달 뒤인 4월 6일 삼성증권에서는 회사가 우리사주 283만 주에 대해 주당 1,000원을 배당하는 대신 1,000주를 배당하는 사태가 발생했다. 이른바 삼성증권 유령주식 사태다.

금융당국은 팻 핑거로 인한 피해를 방지하기 위해 각종 안전장치를 도입하고 있다. 한국거래소는 삼성증권 유령주식 사태 이후 단일 주문의 주식 수량 한도를 해당 종목 상장주식의 5%에서 1%로 축소하기도 했다. 하지만 각종 안전장치에도 불구하고 인간의 판단으로 투자 결정이 이뤄지는 금융업의 특성상 이런 황당한 실수가 완전히 없어지기는 어렵다는 평가다.

②

탐욕이 낳은 슈퍼돼지의 슬픈 눈빛

〈옥자〉 외부 불경제의 경제학

시장 실패를 어떻게 해결할까

강원도 깊은 산꼭대기에 사는 미자(안서현 분). 혈육이라곤 할아버지(변희봉 분)뿐인 이 소녀는 자신의 가족을 둘이 아니라 셋이라고 말한다. 네 살 때부터 함께 자란 '슈퍼돼지' 옥자도 미자에겐 가족이다. 보통 돼지보다 덩치가 열 배는 크고 지능도 높은 옥자는 사실 글로벌 기업인 미란도그룹의 유전자 조작으로 탄생한 슈퍼돼지다.

10년 전. 미란도는 유전자 조작 사실을 숨긴 채 슈퍼돼지들을 세계 곳곳에 보냈다. 각기 다른 방식으로 성장한 슈퍼돼지 가운데 최고를 가리기 위해서다. 시간이 흘러 한국으로 온 옥자는 자연에서 뛰어놀며 최고의 슈퍼돼지로 성장한다. 미란도그룹은 '최상품' 옥자를 미국 뉴욕 실험실로 데려가기로 결정한다. 미자가 옥자를 구하러 집을 떠나면서 영화의 물리적 공간은 산꼭대기에서 서울 지하상가로, 뉴욕 한복판까지 확장된다.

영화 속 미란도그룹의 행동은 전형적인 부정적 '외부 효과'의 사례다. 경제학에서는 한 사람의 행위가 다른 사람에게 영향을 미치지만 이에 대해 보상이나 제재가 이뤄지지 않는 상태를 외부 효과라고 정의한다. 다른 이에게 미치는 영향이 바람직하면 긍정적 외부 효과(외부 경제), 나쁘면 부정적 외부 효과(외부 불경제)라고 부른다.

화학약품을 만드는 미란도그룹은 환경오염 가능성을 모르지 않으면서도 호수가 터져나가도록 오염물질을 방류한다. 이로 인해 얻은 이익은 미란도의 것이지만 환경오염에 따른 비용은 부담하지 않아도 되기 때문이다. 몰래 유전자 조작 돼지를 만들어 식용으로 유통하는 것도 같은 맥락이다. 품질 좋고 저렴한 돼지고기를 유통해 얻는 이익은 미란도가 가져가지만 이로 인해 알려지지 않은 건강상 문제가 생기더라도 비용은 지지 않는다. 층간소음이나 길거리 흡연도 주변에서 찾아볼 수 있는 외부 불경제의 사례다.

외부 경제의 대표 사례는 예방접종이다. 한 사람이 독감 예방 주사를 맞으면 예방접종을 하지 않은 사람도 간접적으로 이익을 본다. 주사를 맞은 사람이 많을수록 사회 전체의 독감 전파 확률이 낮아지기 때문이다. 그렇다고 예방접종을 하지 않은 사람이 접종한 사람에게 비용을 내지는 않는다. 산림을 가꾸거나 기초과학 연구에 힘쓰는 일도 긍정적 외부 효과를 만들어낸다.

현실에서 외부 불경제는 사회가 필요한 것보다 너무 많이, 외부 경제는 너무 적게 생긴다. 개인의 행동으로 인한 비용과 이익이 시장에 제대로 반영되지 않기 때문이다. 제대로 된 보상을 받지 못하는데도 나무를 가꾸고 기초과학 연구에 헌신할 사람은 많지 않다.

<표 1> 긍정적 외부 효과(외부 경제)

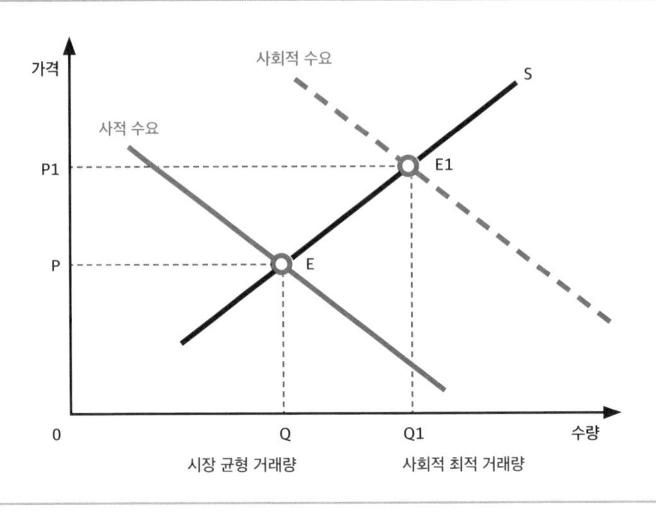

〈표 1〉에서 사회적으로 필요한 생산량은 Q1이지만 실제 생산은 Q 만큼만 이뤄진다. 그만큼 사회 전체엔 손해다. 〈표 2〉에선 반대로 사적 공급이 많아 실제 생산이 필요한 것보다 더 많이 이뤄진다.

경제학은 이를 '시장실패'라고 부른다. 시장에만 맡겨둬선 자원이 효율적으로 배분되지 못하는 사례가 발생한다는 얘기다. 영화 〈옥자〉의 후반부에선 외부 불경제의 상징인 슈퍼돼지들이 미란도그룹 공장 전체에 가득 찬 모습이 등장한다. 시장에서 제재가 이뤄지지 않는 상황에서 이익을 극대화하기 위한 미란도그룹의 선택이지만, 사회 전체엔 부정적인 영향을 끼칠지 모를 일이다.

외부 효과는 정부가 시장에 개입하는 근거 중 하나다. 외부 경제를 일으키는 행동에는 정부가 혜택을 줘서 더 많이 생산하도록 유도하고, 외부 불경제를 유발하는 행동은 법으로 처벌하거나 세금을 물려

<표 2> 부정적 외부 효과(외부 불경제)

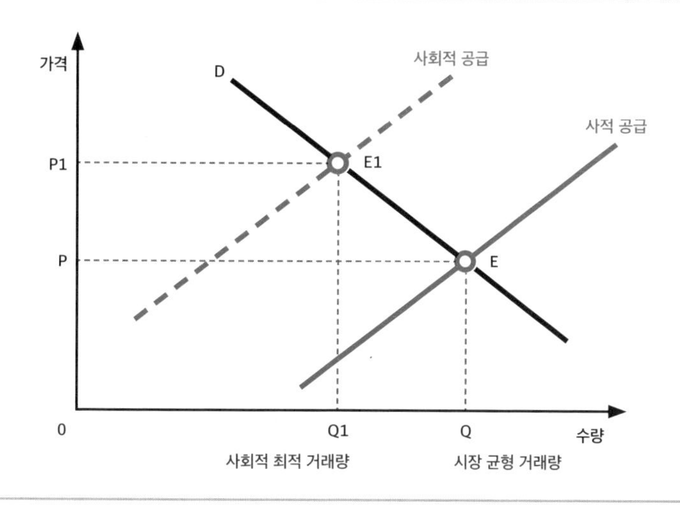

서 덜 생산하도록 하는 게 사회 전체에 이득이기 때문이다. 큰 정부를 지지하는 경제학자들은 시장 실패로 인한 사회적 비용이 크다고 보고 정부의 시장 개입을 정당화한다.

반면 시장실패도 시장을 활용해 풀 수 있다고 주장하는 경제학자들이 있다. 1991년 노벨 경제학상을 받은 미국의 경제학자 로널드 코스(Ronald Coase) 교수가 만든 '코스의 정리'가 대표 사례다. 소유권을 제대로 확립하고 거래비용을 없애면 시장에서도 외부 효과를 해결할 수 있다는 이론이다.

현실에서 이를 적용한 대표 사례가 탄소배출권이다. 탄소를 배출할 권리를 기업에 줘서 소유권을 확립하고, 기업이 이를 자유롭게 거래하도록 내버려두면 시장에서 저절로 적정가격이 형성된다. 반면 정부가 개입해 기업별로 탄소배출권을 할당하고 세금을 매기는 식으로 제한하면 거래의 왜곡이 일어나게 된다. 배출권이 부족해진 기업은 시장에서 구입해야 하지만, 배출권이 남은 기업은 가격이 오를 것을 기대해 내놓지 않으면서 거래가격이 천정부지로 치솟는 것이다. 이는 결과적으로 전체적으로 비용을 늘리는 부작용을 낳는다. 우리나라 탄소배출권 시장은 전형적인 후자의 경우에 속한다.

소비, 합리와 윤리 사이에서

〈옥자〉는 합리적 소비와 윤리적 소비에 대한 화두도 던진다. 영화 속 환경운동가 집단인 동물해방전선은 서울 한복판에서 옥자를 납치했다가 다시 풀어준다. 옥자의 귀 아래에 블랙박스를 심어 미란도그룹의 뉴욕 실험실 내부를 촬영하기 위해서다. 회사 이미지를 개선하려는 미란도그룹이 미자를 뉴욕으로 초대해 옥자와 감동적인 재회 이벤트를 여는 순간, 동물해방전선은 미란도그룹이 돼지를 강제로 교배하고 전기충격기로 학대하는 등 비윤리적으로 사육한다고 폭로한다.

옥자를 보러 광장에 몰려든 소비자들은 미란도그룹을 거세게 비난한다. 당장이라도 미란도가 생산하는 돼지고기 불매운동에 나설 기세다. 윤리적 소비의 전형이다. 주류 경제학에선 사람들이 소비를 결정할 때는 자신의 소득, 상품의 가격, 상품의 품질(효용) 등을 주로 고려한다고 본다. 윤리적 소비는 한 가지를 더 생각한다. 자신이 옳다고 생각하는 가치나 사회 전체에 미칠 영향이다. 환경 문제에 관심이 많은 소비자는 비싸고 품질이 떨어져도 플라스틱 빨대 대신 종이 빨대를 산다.

소비자의 거센 항의에도 미란도그룹 수장인 낸시(틸다 스윈튼 분)는 끄떡하지 않는다. 오히려 공장을 최대한 가동해 돼지고기 생산량을 늘리라고 주문한다. 합리적인 경제인이라면 품질 좋고 가격까지 싼 제품을 외면할 리 없다는 확신 때문이다. “가격이 싸면 사람들은 먹어. 초반 매출이 아주 좋을 거야. 내가 장담하지.”

영화는 미란도그룹의 돼지고기가 정말 잘 팔렸는지까지는 보여주지 않는다. 현실이었다면 어떨까. 알 순 없다. 2006년 롯데월드에서 사망사고가 발생한 직후 무료입장 이벤트를 열자 놀이공원은 문전성시를 이뤘다. 안전사고와 대처 논란에도 소비자들은 낮은 가격과 높은 효용을 택했다. 반면 2013년 갑질 논란으로 물의를 빚은 남양유업에 대한 불매운동은 현재진행형이다.

영화의 마지막. 동물을 가족처럼 여기는 미자는 미란도그룹에 순금으로 값을 치르고 옥자를 구하는 데 성공한다. 미자가 구한 건 옥자뿐이다. 다른 돼지들은 아직 거기에 있다. 동물복지가 중요하다고 믿는 소비자가 늘어 불매운동에 성공할 때 다른 돼지들도 자유를 찾을 것이다.

동물복지를 실현하는 것과 좋은 품질의 고기를 값싸게 제공하는 것. 무엇이 더 가치 있는지는 판단의 영역이다. 주머니가 가벼운 사람에게 양질의 동물 단백질을 제공하는 문제 역시 동물복지와 비교해 결코 가볍지 않다. 투표가 세상을 바꾸듯 소비도 세상을 바꾼다. 각자의 소비가 자신이 원하는 세상을 만들어갈 뿐이다.

극장 · 넷플릭스 동시 개봉, 영화판 질서 바꾼 '창조적 파괴'

봉준호 감독의 〈옥자〉는 2017년 개봉 당시 화면 속보다 바깥 문제로 더 주목받은 작품이다. 〈옥자〉는 한국 영화 가운데 처음으로 온라인 플랫폼인 넷플릭스와 극장에서 동시 공개됐다. 칸 영화제 경쟁 부문에 진출한 최초의 넷플릭스 제작 영화이기도 하다. 〈옥자〉 이전까지 안방에서 볼 수 있는 영화는 모두 영화관에서 최소 2~3주 동안 먼저 상영된 작품이었다. 영화관 상영을 마친 뒤 인터넷TV(IPTV) 유료 공개 상품이 되고, 이후 가입자를 유인하기 위한 미끼상품으로 무료 공개되는 게 기존 영화의 유통 흐름이었다.

넷플릭스는 이 판을 완전히 흔들었다. 영화 개봉 후 부대수입으로만 여겨졌던 주문형 비디오(VOD) 서비스를 전면에 내세웠다. 영화관뿐 아니라 스마트폰 화면도 스크린으로 인정해달라고 나섰다. 영화관이 영화 상영을 독점하는 구조를 깨고 소비자가 원하는 곳에서 영화를 즐길 수 있도록 했다.

산업 구조의 틀을 깨는 혁신기업의 등장은 기존 경제주체의 반발을 부른다. 〈옥자〉 개봉 당시 국내 스크린 점유율 98%를 차지한 멀티플렉스 극장들은 〈옥자〉 상영을 거부했다. 칸 영화제에서도 넷플릭스에서 개봉한 〈옥자〉를 영화로 볼 것이냐로 논란을 빚었다. 칸 영화제에서 옥자가 상영됐을 땐 관객들의 야유로 상영이 일시 중단되기도 했다.

조지프 슘페터는 이런 현상을 '창조적 파괴'라는 용어로 설명했다. 기술혁신은 기존 질서를 파괴한다. 그리고 새로운 질서를 만든다. 혁신으로 낡은 것이 파괴되고 새 질서가 생기는 과정에서 자본주의가 발전한다는 게 창조적 파괴 이론의 핵심이다. 우버 등 차량 공유 서비스와 택시업계의 갈등, 에어비앤비와 숙박업계의 갈등 역시 기존 산업 구조를 바꾸는 혁신기업 등장으로 생긴 일이다.

〈옥자〉가 개봉한 지 4년이 흘렀지만 넷플릭스와 영화업계의 갈등은 현재진행형이다. 제91회 아카데미 시상식에선 알폰소 쿠아론(Alfonso Cuaron) 감독이 연출한 〈로마〉가 논란이었다. 아카데미 시상식은 미국 로스앤젤레스 내 상업 영화관에서 7일 이상 상영된 영화에만 출품 자격을 준다. 넷플릭스가 제작한 〈로마〉는 소규모 개봉을 거쳐 심사 자격을 획득한 뒤 감독상, 촬영상, 외국어영화상을 휩쓸었다. 할리우드 전통주의자들 사이에서 넷플릭스 제작 영화는 아예 시상식에서 배제해야 한다는 목소리가 커졌다.

기존 산업계의 반발에도 변화의 속도는 갈수록 빨라지고 있다. 코로나19로 인해 변화는 더 앞당겨지는 추세다. 2019년만 해도 〈로마〉를 홀겨봤던 아카데미 시상식은 92년의 전통을 깨고 2020년에는 영화관에서 개봉하지 않은 영화도 출품을 허용했다. 한국 영화 〈사냥의 시간〉은 2020년 4월 극장 개봉 없이 온라인 동영상 서비스(OTT)로 최초 공개됐다. 넷플릭스 등 OTT가 투자한 영화가 아닌 작품이 OTT에서만 개봉한 건 〈사냥의 시간〉이 처음이다.

3

석유사냥꾼에게 자원은 축복일까 저주일까

〈데어 윌 비 블러드〉 자원개발의 경제학

석유의 바다를 찾아서

"여러분에게 개발권을 구걸하는 사람 중 진짜 석유사업가는 드뭅니다. 대부분은 여러분과 기업 사이에서 당신이 받을 몫을 가로채는 투기꾼들이죠. 전 직접 시추를 합니다. 저와 계약하면 열흘 안에 작업에 들어갈 수 있어요."

광부 출신인 대니얼(대니얼 데이 루이스 분)은 땅 밑에 석유가 흐르는 곳을 찾아다니며 개발권을 확보해 사업을 벌이는 석유업자다. 타고난 사업수완과 추진력으로 초창기 석유시장에 뛰어든 진취적인 사업가. 동시에 가족이라는 존재에 늘 목말라하는 인물이기도 하다.

영화의 배경은 1911년 미국. 석유가 새로운 자원으로 부상하면서 앞다퉈 탐사에 나서는 '오일러시'가 벌어졌던 시절이다. 영화 〈데어 윌 비 블러드〉는 한정된 자원을 둘러싼 기업 간의 경쟁, 생산과 파괴라는 개발사업의 양면성, 석유를 향한 한 인간의 집착과 열망을 생생

<표 1> 자원 생산량과 고갈 시점

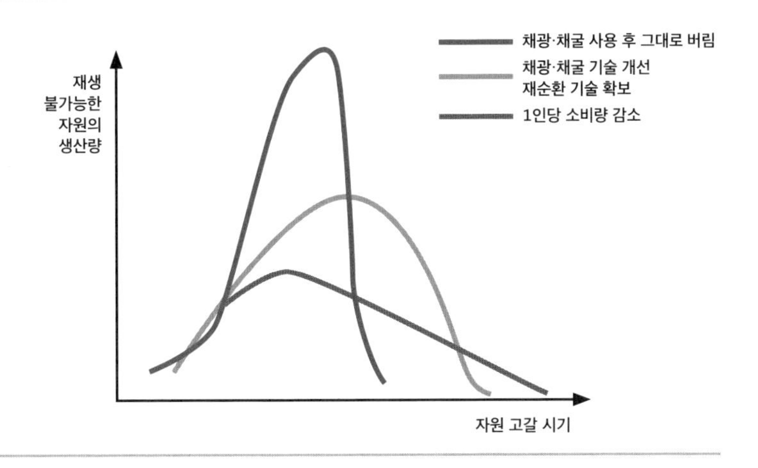

하게 담고 있다.

정제기술의 개발로 램프용 등유 수요가 늘어 등유가격이 급등한 게 시작이었다. 보통 수요와 공급이 퍼즐처럼 맞춰질 때 자원 대체가 일어난다. 자원은 시대의 환경과 기술 수준에 따라 가치가 달라지는데 이를 '자원의 가변성'이라고 한다.

사업 초기 기술도 자본도 부족했던 대니얼에게 석유 시추는 목숨을 걸어야 하는 일이었다. 탐사 작업 도중 사고로 세상을 떠난 동료의 어린 아들 H.W(딜런 프리지어 분)를 친자식처럼 데리고 다니며 사람들에게 자신이 성실하고 믿을 만한 '패밀리 맨'임을 강조한다. 자원사업의 핵심은 생산요소인 개발권을 얻는 것이기 때문이다.

"장담컨대 석유만 발견되면 이 마을은 살아날 뿐만 아니라 번성하게 될 겁니다."

숙명 같은 가난에 지친 주민들 앞에서 대니얼은 이렇게 공언한다.

석유 생산의 직접적인 이득뿐만 아니라 작업자들이 마을에 머물면서 도로가 깔리고 학교도 생겨 경제가 살아날 것이라는 얘기다. 이른바 자원의 축복이다. 반대로 자원이 풍부할수록 경제성장이 둔해지는 현상을 일컫는 '자원의 저주'라는 말도 있다. 천연자원 의존도가 높아지면서 제조업이나 서비스업 발전이 더뎌지는 경우다.

대니얼이 땅을 사겠다며 제시한 돈은 가난한 주민들에겐 엄청난 액수다. 하지만 석유가 발견된 후 대니얼이 벌어들일 돈에 비하면 새 발의 피다. 자신의 땅에 석유가 있다는 것을 안다고 한들 시추기술이 없으면 무용지물이다. 기술력을 갖춘 업체들이 땅 주인을 설득해 탐사권을 따낼 수 있는 것도 이 때문이다.

문제는 천연자원의 특성상 탐사 성공률이 100%가 아니라는 것. 대니얼 같은 석유 개발업자들은 10%도 채 되지 않는 확률에 운명을 걸어왔다. 기술이 발전한 지금도 유전 탐사 성공률은 30% 수준밖에 안 된다. 고위험·고수익 사업인 만큼 성공하면 대박이지만 성공하지 못하는 경우가 더 많다. 시장에서 가격이 오른다고 해서 공급을 바로 늘리기도 어렵다. 천연자원의 특성상 공급 가격탄력성이 비탄력적이라서다. 자원 매장량이 정해져 있는 데다 유전 탐사에도 시간이 걸리기 때문이다.

대니얼처럼 검증되지 않은 곳에서 탐사를 통해 돈벌이를 시도하는 사람들을 석유업계에선 '와일드캐터(wildcatter)'라고 한다. 최근엔 위험도 높은 사업에 대한 증권을 파는 사람도 이 명칭으로 부른다. 치밀한 분석보다는 직관으로 사업을 벌이기 때문에 이들은 예기치 못한 상황을 맞닥뜨리기도 한다.

대니얼이 마을에 유정탑을 세우고 석유를 퍼올리기 시작할 때 예상하지 못했던 가스 폭발이 일어난다. 작업 현장을 구경하던 대니얼의 양아들 H.W가 이 사고로 청력을 잃는다. 하지만 대니얼은 사고 현장에서 솟아오르는 불기둥을 보며 기뻐한다. "이 아래 석유 바다가 있다. 모두 다 내 거야."

자원의 저주에 빠진 대니얼

대니얼의 예상대로 유전에선 엄청난 양의 석유가 쏟아져 나온다. 자신을 돌보지 않은 대니얼에게 실망한 H.W가 크고 작은 사고를 치기 시작하자 그마저 멀리 있는 청각장애인 학교에 보내버리고 사업에만 집중한다. 어느 날 거대 정유회사인 스탠더드오일의 간부가 대니얼을 찾아와 100만 달러에 유전을 팔라고 제안한다.

스탠더드오일을 세운 사업가 록펠러는 당시 열병처럼 번지던 석유 탐사 홍분에 휩싸이는 대신 다른 전략을 택했다. 탐사 실패율이 높고 유가 변동에 직격탄을 맞는 석유 시추업 대신 운송과 정유에 패를 걸었다. 석유가 산업용으로 다양하게 쓰일 가능성을 보이자 정제 공장을 차린 것이다. '블랙 골드'라고 불렸던 석유도 정제하지 않으면 끈적끈적한 구정물에 지나지 않았기 때문이다.

거액의 제안이었지만 아들을 떠나보내고 사업을 한창 확장하던 대니얼은 예민하게 반응한다. "직접 땅 파면서 찾아보시죠. 남이 고생해서 얻은 유전 꿀꺽할 생각 말고." 스탠더드오일의 간부가 "아무리 석유가 쏟아져봤자 팔지 못하면 소용없다. 어떻게 운반할 생각이냐"고 협박해도 대니얼은 꿈쩍 안 한다.

록펠러는 정유사업의 성공 여부가 물류비용을 얼마나 줄이느냐에 달렸다고 봤다. 관련 기업의 수직·수평적 결합을 통해 실질적인 시장 독점을 이뤘다. 이를 경제사에선 '트러스트(trust)'라고 부른다. 스탠더드오일은 당시 미국 석유시장의 90%를 점유했다.

대니얼은 제안을 끝내 거절한다. 대신 바다까지 이어지는 송유관을 만들기 시작한다. 땅을 팔지 않겠다는 한 주민 때문에 송유관 길이를 80㎞ 늘려야 할 일이 생기자 대니얼은 무릎까지 꿇는다.

결국 송유관 건설에 성공해 거부가 된 대니얼. 하지만 이제 그의 주변엔 아무도 없다. 어른이 돼 찾아온 H.W가 "그동안 배운 것으로 내 회사를 차려 멕시코 유전을 개발하겠다"고 하자 대니얼은 "넌 내 아들이 아닌 경쟁자"라는 악담을 퍼붓고 이들의 관계도 파탄이 난다.

대니얼은 거대한 저택에 혼자 살면서 외로움에 미쳐간다. 개발권을 따낼 때마다 대니얼은 자신을 패밀리 맨이라 자칭했지만 사실은 누구와도 자신의 것을 나누지 않았다. 석유가 콸콸 쏟아지는 유전을 찾아내는 데는 성공했지만 끝까지 자신의 가족을 이루지는 못했다. 그가 진정 찾아내고 싶었던 것은 석유 자체가 아니라 자신의 성공을 함께 나눌 피붙이였지만 스스로 그 사실을 깨닫지 못한 채 또 다른 자원의 저주에 빠져버린 것이다.

코로나가 다시 불붙인 피크오일 논쟁

코로나19를 계기로 '피크오일(석유 생산량이 최고점에 도래하는 시점)' 논쟁이 다시 벌어지고 있다. 이젠 석유 수요에 한계가 왔다는 '수요 정점'이 논란거리다. 일각에선 이미 피크오일이 지났거나 지나가고 있다는 관측도 나온다.

영국 석유기업 브리티시 페트롤리엄(BP)은 에너지 전망 보고서를 통해 세계 석유 수요가 정점을 지났을 수 있다는 견해를 밝혔다. 코로나19로 세계 경제가 둔화하고 생활 방식도 바뀌면서 석유 수요가 코로나 이전 수준으로 회복되지 않을 가능성이 있다는 것이다. BP는 2019년 석유 수요량이 정점을 기록했다고 봤다. 탄소중립 등의 움직임이 추가적으로 이뤄질 경우 2050년 석유 소비량은 50~80% 감소할 것이라고 전망했다.

사실 공급 측면에서 피크오일 주장은 150여 년 전부터 있었다. 1850년대에 이미 화석연료 고갈론이 등장했다. 1874년 미국 펜실베이니아주에선 4년 내 고갈을 예상했다. 1909년 미국 연방 지질 보고서는 26년 후 석유가 사라진다고 했다. 1956년엔 지질학자인 킹 허버트(King Hubbert)가 종 모양의 곡선을 그려 보이며 1971년 석유 생산이 정점에 달할 것이라고 주장했다. 오일쇼크가 발생해 그의 예측은 적중한 듯했다. 하지만 그 뒤 석유 생산은 오히려 늘었다.

최근의 피크오일 논쟁은 다르다. 공급이 아니라 수요 관점으로 바뀌었다. 코로나19 사태로 석유 수요 자체가 크게 줄어든 데다 친환경 에너지로의 전환이 필요하다는 목소리가 높아지면서다. 수요가 쪼그

<표 2> 장기 원유 수요 전망 (단위 : 하루 100만 배럴)

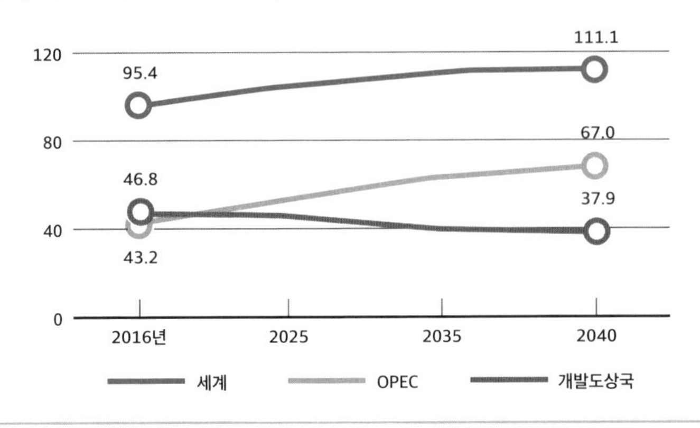

자료 : OPEC

라들면서 에너지기업들의 유전개발 노력도 예전보다 소극적이다. 미국 셰일업체 파슬리에너지의 맷 갤러거 CEO는 "내 생전 미국이 하루에 원유를 1,300만 배럴씩 생산하는 날이 다시 올 거라고 생각하지 않는다"고 언급하기도 했다.

반대로 2030년까지 피크오일은 오지 않을 것이라는 분석도 있다. 골드만삭스는 2022년 하루 원유 수요가 1억 배럴을 넘어서 2019년 수준을 회복할 것으로 예측했다. 개발도상국의 인구구조학적 특징과 상대적으로 저렴한 유가 등이 원유 수요를 늘릴 것으로 봤다. 석유 시대의 종말은 아직 멀었다는 것이다.

내가 불이익을 당해도 사회에 도움이 된다면

〈삼진그룹 영어토익반〉 도덕의 경제학

정부 개입으로 오염 막을 수 있을까

2020년 10월 개봉한 〈삼진그룹 영어토익반〉은 1990년대 회사에서 고졸 사원들을 위해 영어토익반을 개설했던 실화를 바탕으로 제작됐다.

삼진그룹의 고졸 사원 이자영(고아성 분)은 대리가 되는 게 목표다. 입사한 지 8년이 지났지만 그의 업무는 늘 허드렛일이다. 아침마다 커피를 타고, 사무실 청소를 한다. 담배 심부름도 자영의 몫이다. 자신보다 늦게 입사한 최 대리(조현철 분)에게도 꼬박꼬박 '대리님'이라고 불러야 한다.

자영에겐 꿈이 있다. 빨래 건조를 따로 할 수 있는 가전을 만드는 것이다. 고졸 사원에게 꿈을 펼칠 기회는 주어지지 않았다. 그러던 중 회사는 토익 600점을 넘으면 대리 진급을 시켜주겠다고 고졸 사원들에게 제안한다. 자영은 "아이 캔 두 잇"을 외치며 영어공부를 시작한다.

그러던 어느 날, 자영은 회장 아들인 오태영 상무(백현진 분)의 심부름으로 찾은 삼진그룹 옥주 공장에서 페놀이 방류되는 현장을 목격한다. 꿈에 그리던 대리 진급이 위험해질 수 있는 상황. 자영과 동료들은 피해 주민들을 위해 기꺼이 내부고발자가 되기로 한다. 이들을 움직이는 힘의 원천은 이타심이었다.

공장에서 폐수가 나오는 것을 목격한 자영은 회사에 바로 보고한다. 회사는 미국 환경연구소에 검사를 의뢰, 문제가 없다는 것을 밝힌다. 유출된 양이 많지 않아 영향이 크지 않다는 것. 자영과 직원들은 공장 근처 주민들에게 이 내용을 설명하고, 합의서를 받는다. 삼진그룹이 사과하며 내민 합의금은 모두 합쳐 고작 2,000만 원이었다.

하지만 실제로는 더 많은 폐수가 나오고 있었고, 검사서도 조작됐다는 것이 드러난다. 자영과 그의 동료 유나(이솜 분), 보람(박혜수 분)은 그 범인으로 오 상무를 지목하고 사건을 추적한다.

삼진그룹이 기판 생산 과정에서 발생한 페놀을 무단 방류한 것처럼 특정 경제주체의 행위가 다른 주체에게 의도하지 않은 혜택이나 손해를 발생시키는 것을 외부 효과라고 한다. 환경오염 등이 발생하는 부정적 외부 효과 외에 의도하지 않았지만 사회에 도움을 주는 긍정적 외부 효과도 있다. 경제학에서 주로 예를 드는 게 꿀벌을 키우면 주변 나무와 꽃들이 수정할 수 있다는 것이다. 이런 목가적인 예밖에 없는 건, 이로운 외부 효과를 낳는다고 하더라도 어떤 대가를 받는 것이 아니어서 사례가 많이 발생하지 않기 때문이다.

대신 환경오염과 같은 해로운 외부 효과는 무분별하게 증가할 수 있다. 폐수를 방류한다고 해도 (은밀하게 해서 들키지 않으면) 이렇다

<표 1> 부정적 외부 효과

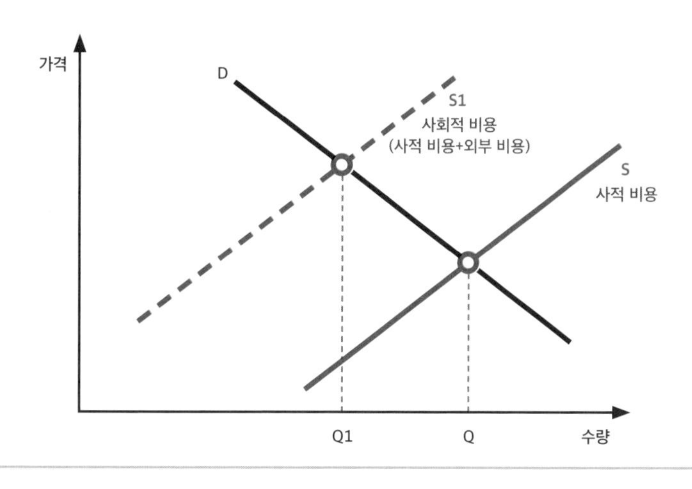

할 불이익이 없고, 오히려 개별 경제주체의 비용은 감소하는 효과가 있다. 영화 속 대사처럼 '회사는 언제나 비용이 덜 드는 쪽으로 행동' 한다.

외부 효과가 있을 때 개인과 사회가 인식하는 비용의 차이가 생길 수 있다. 〈표 1〉에서 삼진그룹처럼 오염물질을 배출하는 기업은 자신이 부담해야 하는 비용만 고려해 의사결정을 내린다. 생산량은 Q에서 결정된다. 하지만 인근 주민의 건강이 악화되고, 농작물 생산이 피해를 보는 등의 사회적 비용을 고려하면 Q1이 최적 생산량이다.

이처럼 기업, 개인 등 경제주체의 행위가 사회적으로 바람직한 균형을 이루지 못하고 과잉 혹은 과소 공급되면 시장실패가 일어난다. 그러면 정부가 시장에 개입할 명분이 생긴다. 정부가 개입하는 방법은 크게 두 가지로 볼 수 있다. 먼저 오염에 대한 부과금을 내게 하는

<표 2> 파레토 최적

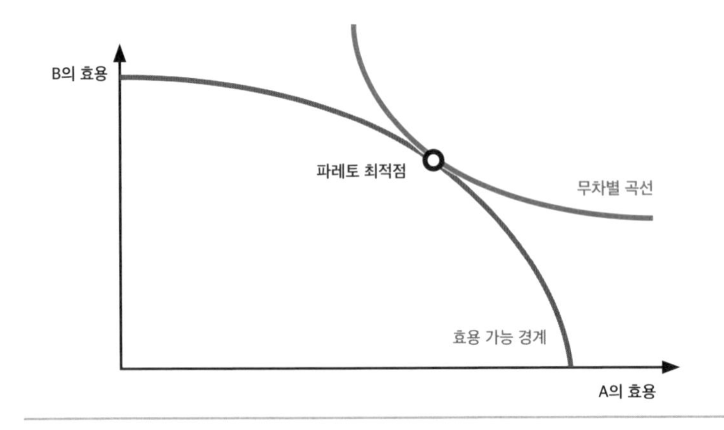

방식이다. 방출량에 따른 오염부과금을 낸다면 비용이 늘어나는 만큼 자발적으로 양을 줄이게 된다. 또 하나는 직접 통제다. 기업마다 일정 수준 이상의 오염 물질을 방출할 수 없게 규제하는 것이다.

꼭 정부가 개입해야 하는 것은 아니다. 노벨 경제학상을 수상한 로널드 코스는 유명한 코스 정리에서 외부 효과에 영향을 받는 모든 이해당사자가 자유로운 협상으로 서로의 이해를 조정할 수 있다면 정부 개입 없이도 효율적 자원 배분, 즉 '파레토 최적'을 달성할 수 있다고 주장한다. 그는 정부는 이런 합의가 이뤄질 수 있는 제도적·행정적 지원을 하는 데만 참여해야 한다고 강조한다.

가격이 설명할 수 없는 이타심

영화는 반전을 거듭한다. 범인은 회장 아들이 아니었다. 회사를 적대적으로 인수합병하려는 글로벌 캐피털과 이를 위해 회사에 취업한 빌리 박 사장(데이비드 맥기니스 분)이었다. 이들은 일부러 페놀 유출 사고를 만들어 삼진그룹 주가를 하락시키고, 이때 주식을 매입해 지분율을 높였다.

폐수 방류 사실을 밝혀내는 과정에서 자영과 동료들은 회사에서 해고될 뻔한 위기를 겪는다. 하지만 포기하지 않았다. 조력자를 찾고, 새로운 방법을 찾아 문제를 해결한다.

자신들의 불이익을 감수하고 문제를 해결해가는 모습은 인간은 자신의 경제적 이익에 의해 움직인다는 기존의 경제학 가정과는 어긋난다. 애덤 스미스의 《국부론》에서 말하는 '보이지 않는 손(가격)'이 작동하는 시장에선 이해되지 않는 현상이기도 하다. 고전경제학에선 이런 도덕적 행동이 이윤 추구에는 도움이 되지 않을 것이라고 본다. 그러므로 호모 이코노미쿠스(경제적 인간)는 그런 선택을 하지 않을 것이라고 한다.

하지만 우리 주변을 보면 꼭 그렇지만은 않다. 코로나19 초기에 대구가 어려움을 겪자 의료진은 생업을 접고 대구로 향했다. '라면 형제'를 위한 기부금은 20억 원 가까이 모였다. 새뮤얼 볼스(Samuel Bowles)는 그의 책 《도덕경제학》에서 인간의 순수한 이타심이 경제적 인센티브보다 강력하게 작용한다고 봤다. 영화 속 자영은 "삶의 대부분 시간을 보내는 회사가 단지 먹고살기 위해서가 아니라 의미가

<표 3> 기업규제 3법 주요 내용

법안	주요 내용
상법	다중대표소송제 : 모회사 주주가 자회사 경영진 대상 대표소송 제기 가능
	감사위원 분리선출 : 감사위원 1명 이상을 다른 이사와 별도 선출, 대주주 의결권 3%로 제한
공정거래법	전속고발권 폐지 : 중대한 담합에 대해 누구나 검찰에 고발 가능
	사익편취 규제 강화 : 총수 일가가 지분 20% 보유한 상장사로 확대
금융그룹 통합감독법	비지주 금융그룹 규제 : 2개 이상 금융업 운영하는 자산 5조 원 이상 금융그룹 감독

있고 사람들에게 도움이 됐으면 좋겠다"고 말한다.

볼스는 또 경제적 유인이 아니라 사회적 요인으로 사람이 행동하는 것은 자유주의적 사회질서가 발전된 나라일수록 강화된다고 했다. 시장과 법치라는 규범이 작동하는 곳에서는 생면부지의 사람들도 서로 간에 관대하고, 신뢰를 갖고 행동해야 한다고 생각하기 때문이다.

자영과 동료들의 활약으로 마을 주민들은 최대 1억 3,000만 원의 보상금을 받게 된다. 삼진그룹은 마을재생사업도 약속한다. 자본주의가 "모든 것이 교환의 대상이 되고 금전적 타락의 시대로 흘러갈 것"이라는 마르크스의 예언에서 벗어난 것은 경제적 이익뿐 아니라 믿음, 신뢰 등 사회적 도덕으로 움직인 자영 같은 개인들 덕분 아닐까.

위기에 빠진 삼진그룹, 기업규제 3법 통과 땐 암울

영화 속 삼진그룹은 글로벌 캐피털이라는 헤지펀드에 적대적 인수합병될 위기에 놓인다. 글로벌 캐피털은 페놀 유출 사고를 조작하고, 이로 인해 주가가 떨어진 삼진그룹 주식을 대규모로 사들여 지분을 늘린다. 이 헤지펀드의 최종 목표는 삼진그룹을 일본 회사에 되파는 것. 이를 통해 번 돈으로 다시 다른 한국 기업을 사겠다는 계획까지 세워두고 있다.

물론 영화에서는 자영과 동료들의 노력으로 이 같은 시도가 좌절된다. 실제는 어떨까. 정부와 여당이 추진하는 기업규제 3법(상법 · 공정거래법 개정안, 금융그룹통합감독법 제정안)으로 글로벌 헤지펀드의 공격 가능성이 커진다는 우려가 나온다. 특히 문제가 되는 것은 다중대표소송제와 감사위원 분리선출 등의 내용이 담긴 상법 개정안이다.

감사위원 분리선출제는 각 기업이 독립적인 감사위원을 별도로 선임할 때 오너 일가를 포함한 대주주 지분율과 상관없이 의결권을 일정 한도로 묶는 제도다. 보통 이사회에서 선출되는 기업 감사위원 중 1명 이상을 이사회와 분리해 선출하도록 하고, 선출 시 대주주 의결권을 3%로 제한하는 내용을 담고 있다. 자산총계 2조 원 이상 상장사에 적용된다. 대주주의 영향력은 과거보다 제한될 수밖에 없다.

전문가들은 엘리엇 매니지먼트 소버린 등 글로벌 헤지펀드가 삼성, 현대자동차, SK그룹 등을 공격했던 과거 사례가 반복될 수 있다고 우려하고 있다. 기업 경영성과 평가 사이트인 CEO스코어가 30대 그룹 상장사 93곳(자산 2조 원 이상)을 대상으로 국내외 투자자 지분율을 조사한 결과 이 같은 우려는 현실로 드러났다.

감사위원 분리선출제가 도입돼 대주주 의결권이 3%로 제한되면 30대 그룹 93곳 중 32곳(34.4%)의 해외 기관 투자자의 의결권 지분율은 국내 투자자 지분율을 넘어섰다. 세 곳 중 한 곳은 해외 기관 투자자가 선호하는 감사위원을 선임해야 하는 셈이다.

7장

정책실패와 경제위기

- 불황은 누구의 탓일까

- CINEMANOMICS -

①

그때는 맞고, 지금은 틀릴까

〈국가부도의 날〉 경제위기의 경제학

빚으로 빚은 모래성의 붕괴

"지금은 삶이 바뀌는 순간이다. 계급, 신분이 싹 다 바뀌는 거다."

1997년 11월. 고려종합금융에 다니던 윤정학 과장(유아인 분)은 한국의 경제위기를 직감한다. 그는 위기를 인생을 바꿀 기회로 활용하기로 한다. 윤 과장은 달러, 주식, 부동산 등에 순서대로 베팅해 삶을 바꿀 만한 부를 얻게 된다.

2018년 11월 개봉한 〈국가부도의 날〉이 재조명받고 있다. 코로나19 확산에 따른 경제 충격이 과거 외환위기와 금융위기에 버금가는 수준으로 치달을 것이란 우려가 커지면서다. 동학개미들은 윤정학 같은 인생 역전을 꿈꾸며 주식시장으로 몰리고 있다. 그들의 꿈은 이뤄질까. 23년 전 위기의 원인은 무엇이고, 역사를 통해 무엇을 배울 수 있을까.

〈국가부도의 날〉은 1997년 말 한국 정부가 국제통화기금(IMF)에 구제금융을 신청하기 전부터 협상까지의 과정을 담은 영화다. 한국이 처한 당시 상황과 위기를 겪어내는 경제주체들의 모습을 선명하게, 조금은 과장되게 보여준다.

영화는 한국 정부가 IMF 구제금융을 신청하기 1주일 전인 1997년 11월 15일에서 시작한다. 정부와 언론은 한국 경제에 대한 긍정적인 전망을 쏟아내고 있었다. 한국은 1년 전인 1996년 12월 세계에서 32번째로 선진국 클럽이라고 불리는 OECD에 가입했다. 영화는 당시 들뜬 분위기를 그대로 전달한다. 한국은행은 동아시아 경제위기에도 불구하고 한국의 경제 펀더멘털(기초체력)은 튼튼하다는 보고서를 낸다. 1인당 국민소득은 1만 달러를 유지하고 있었고 경제성장률 전망치는 7%에 달했다. 당시 한 설문조사에서 국민 중 85%가 자신을 중산층이라고 답했다.

위기는 조용히 다가오고 있었다. 영화는 서민들이 주로 듣는 라디오 프로를 통해 오빠가 다니는 회사에서 월급을 안 주고, 엄마 가게에 손님이 없고, 아버지가 운영하는 사업이 부도가 나서 이사를 가게 됐다는 사연들을 들려준다. 이미 바닥 경제는 침체로 향하고 있었던 것이다.

모든 게 불확실한 상황. 주인공들은 각자 판단을 내린다. 위기를 감지한 윤정학은 회사를 그만두고 국가부도에 베팅한다. 정부와 언론의 장밋빛 전망을 믿던 중소기업 사장 갑수(허준호 분)는 그간의 현금 거래 원칙을 깨고 5억 원짜리 어음 계약을 맺었다. 한시현 한은 통화정책팀장(김혜수 분)은 정부를 설득해 위기를 막으려 한다. 재정국 차관(주우진 분)은 불필요한 혼란을 막기 위해 모든 정보를 공개하지 않기

<표 1> 한국의 경제성장률 (단위 : %)

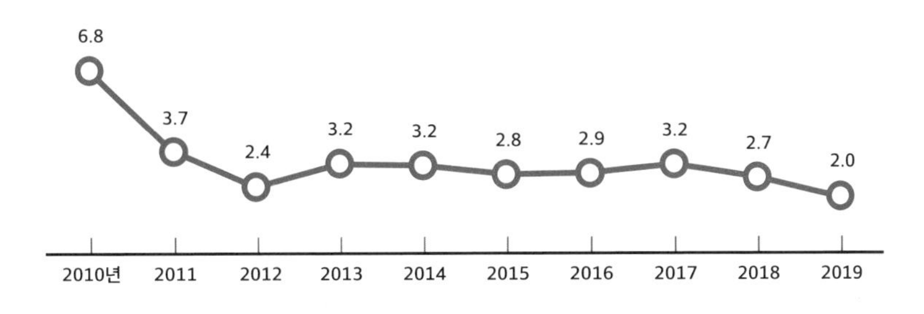

자료 : 통계청

로 한다.

당시 한국 경제의 가장 큰 문제는 과도한 여신(與信)이었다. 장밋빛 미래가 계속되리라는 믿음에 너도나도 빚을 내 투자와 생산을 했다. 경제는 빠르게 발전했고, 부채로 쌓아올린 경제는 튼튼한 것처럼 보였다. 하지만 버블이 꺼지고 부채 상환이 불가능해진 순간 모래성은 빠르게 무너졌다. 모건스탠리 동아시아사업부는 11월 15일 모든 투자자에게 당장 한국을 떠나라는 메일을 보낸다. 해외 투자자들은 한국 기업에 빌려준 돈의 만기 연장을 거절하고, 돈은 썰물처럼 빠져나갔다. 이런 실제 상황은 영화에 그대로 묘사된다.

주식시장에서도 비슷한 상황이 이어진다. 외국인은 연일 한국 주식을 매도했다. 해외 투자자가 빠져나가며 환율이 타격을 받았다. 11월 15일 583.8이던 종합주가지수는 IMF 구제금융 합의안에 서명한 12월 3일 379.3까지 떨어진다. 원·달러 환율 역시 같은 기간 달러당 792원에서 1,610원으로 103.2% 급등(원화가치 급락)했다.

금융회사의 대출 부실 과정도 적나라하게 그려진다. 은행들은 기업

<표 2> 총수요 감소

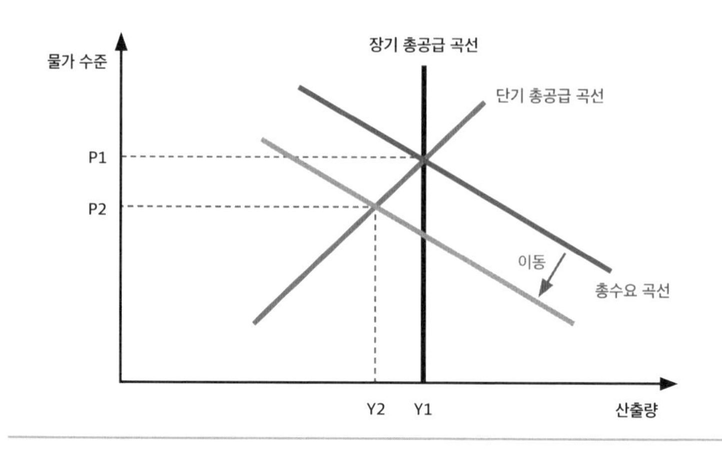

에 돈을 빌려줄 때 그 회사의 사업성 등은 따지지도 않았다. 그냥 대출 신청을 하면 돈을 내줬다. 한 은행은 납입자본금이 8,700억 원에 불과했지만 한보에 1조 800억 원을 대출해줬다. 은행에서 어음을 발행하는 게 끝이 아니었다. 그 어음을 제2금융권인 종합금융사에 가져가면 그 금액만큼 바로 대출이 가능했다. 현금은 현금대로, 어음은 어음대로 대금 결제 등에 쓰였다. 계속 호황이 이어지면 문제가 없겠지만 어느 한 기업이 돈을 갚지 못하면 걷잡을 수 없이 부실이 이전되는 상황이었다.

시작된 불황의 그늘

마침내 연쇄부도가 시작됐다. 미도파백화점, 해태제과 등 탄탄한 기업들이 잇따라 무너졌다. 재계 서열 4위인 대우그룹마저 돌아온 어음을 막지 못하는 상황에 직면했다. 결국 정부는 부족한 달러를 구하기 위해 IMF에 구제금융을 요청하기로 한다. 국가 부도 선언이었다.

IMF는 구제금융의 조건으로 금리 인상, 자본시장 개방, 노동시장 유연화 등을 요구했다. 이로 인한 충격은 한국의 총수요 곡선을 이동시키는 역할을 했다. 한 나라 경제의 모든 재화와 서비스 수요량을 의미하는 총수요 곡선은 개인의 소비 지출, 기업의 투자 지출, 정부의 지출, 순수 지출의 변화 등에 따라 이동한다. IMF와의 협상안으로 소비 지출, 투자 지출이 모두 줄어드는 가운데 정부 지출은 늘지 않았다. 결국 총수요 곡선은 〈표 2〉처럼 왼쪽으로 이동했다. 동시에 노동 공급 등이 줄며 총공급 곡선도 왼쪽으로 이동했다. 한국 경제가 침체의 길로 접어들기 시작한 것이다.

IMF와의 협상 내용 준수는 대량해고, 빈부격차 확대 등으로 이어졌다. 1998년 한국은 실업자가 130만 명 발생해 고실업 국가가 됐다. 자살률은 전년 대비 42% 급증했다. 갑수는 끝까지 자기를 믿고 도와주던 거래처에 부도어음을 돌리고 살아남았다. 거래처 사장은 자기 집 안방에서 목을 매 스스로 목숨을 끊는다. 윤정학은 국가부도에 베팅한 것이 적중해 갑부가 됐다.

그로부터 23년 후인 2020년. 코로나19 사태가 장기화할 조짐을 보이며 경기침체 우려는 나날이 커지고 있다. 그때와 같은 위기가 지금도 일어날까.

정부가 적극적으로 개입하고 있다는 점은 그때와 다르다. 한국은행은 기준금리를 연 0.5%로 인하했다. 정부는 재난기본소득, 채권안정

펀드 등 부양책을 내놓았다. 환율 안정을 위해 미국과 600억 달러 규모의 통화 스와프 계약도 맺었다. 하지만 정책의 효과를 단언하긴 어렵다.

동학개미로 불리는 개인 투자자들은 낙관론에 베팅했다. 외환위기 당시 국내 투자자들이 헐값에 판 주식을 외국인 투자자가 사들여 큰 수익을 올렸는데, 당시 쓰라린 경험을 되풀이하지 않겠다는 의지도 가세했다. 개미들은 주가가 떨어질 때마다 대한민국 대표 기업들의 주식을 사들이고 있다.

이들이 윤정학처럼 인생을 바꿀 기회를 잡을 수 있을까. 영화 속 한시현은 얘기한다. "위기를 기회로 만들기 위해서는 끊임없이 의심하고 사고하며 당연한 것을 당연하게 받아들여서는 안 된다"고.

한국은행 경고를 재경원이 묵살?

역사적 사건을 다룬 영화는 팩트에 대한 논쟁을 불러일으키곤 한다. 〈국가부도의 날〉도 마찬가지다. 영화는 주인공인 한시현 한국은행 통화정책팀장을 내세워 시종일관 정부 당국(영화에선 당시 재정경제원을 재정국으로 표현)을 공격한다. 한은은 마치 선(善)이고, 재경원은 악한 것처럼 그려진다. 영화가 상영되자마자 전·현직 경제 관료와 금융계에서 "무지한 정보로 관객을 현혹한다"는 비판이 잇따랐던 이유다. 팩트는 무엇일까.

영화에서 한 팀장은 국가부도 위기를 가장 먼저 감지한다. 열흘 새

일곱 건의 보고서를 냈지만 묵살당한다. 청와대는 물론 재정국 등 정부 부처는 눈치도 채지 못하는 걸로 묘사된다. 하지만 이는 과장이자 사실과도 다르다. 당시 재경원(현 기획재정부)은 1997년 1월부터 11월까지 환율, 외환보유액, 외환시장 동향과 관련한 대책 보고서 83개를 작성했다. 정부 내부에서도 외환위기로 치달을 가능성을 어느 정도 감지하고 있었다는 얘기다.

영화에서 한은이 국제통화기금 구제금융 신청을 "경제 주권을 내주는 것"이라는 이유로 반대하지만 재경원이 이를 묵살하고 외채 협상을 날치기로 처리한 것처럼 그려진 부분도 사실과 다르다. 당시 상황을 보면 재경원은 IMF행을 최대한 피하기 위해 애썼다. 구제금융 대안으로 자산유동화증권(ABS) 발행은 물론 일본과의 통화 스와프 협상 등을 했다. 오히려 재경원이 구제금융 신청 전에 금융개혁법을 추진했을 때 한은 노조 등이 반대해 무산됐다.

영화는 한 팀장을 정의로운 인물로 부각하기 위해 과도한 설정도 등장시킨다. 한 팀장이 재경원 차관과 얼굴을 마주한 채 치열하게 설전을 벌이거나, 한은 총재를 제치고 IMF와의 구제금융 협상에 직접 나서는 장면이 대표적이다. 현실 세계와는 너무도 다른 얘기다.

2

주택시장 붕괴에 쇼트하고 싶어요

〈빅쇼트〉 금융위기의 경제학

버블은 꺼진다

"주택시장 붕괴에 쇼트하고 싶어요."

글로벌 금융위기를 한참 앞둔 2005년 어느 날 마이클 버리 박사(크리스천 베일 분)는 투자자에게 전화를 걸어 대뜸 이렇게 말한다. 마이클은 온종일 사무실에 틀어박혀 큰 소리의 메탈 음악을 틀어놓고 신발도 신지 않은 채로 엑셀 파일만 보는 괴짜다. 채권 목록만 수천 페이지가 넘는데 어떻게 확신하느냐는 투자자의 질문에 마이클은 아무 일도 아니라는 듯이 "다 읽었다"고 덤덤하게 말한다.

마이클은 월가의 투자은행들을 찾아 모기지 채권의 신용부도 스와프(CDS)를 사겠다고 제안한다. CDS는 기업이나 국가의 파산 위험 자체를 사고팔 수 있도록 한 파생금융상품이다. 실제로 파산하면 보상받을 수 있는 일종의 보험과도 같다. "여긴 월가다. 공짜 돈을 마다하지 않는다"며 비웃는 골드만삭스 직원에게 마이클은 되레 "채권이 부도났을 때 이곳의 지급 능력에 문제가 없을지 확답을 받고 싶다"고 말한다.

〈빅쇼트〉는 2008년 세계 경제를 금융위기로 몰아간 일명 서브프라임 모기지 사태 당시의 실화를 바탕으로 한 소설을 각색한 영화다. 2016년 개봉 당시 국내에서는 관심을 끌지 못했지만 미국과 유럽에서는 큰 흥행과 함께 제88회 아카데미상 각색상을 받기도 했다.

'쇼트'는 주가 하락을 예상해 주식을 빌려 미리 매도하는 것을 의미하는 주식 용어다. 주가가 떨어진 뒤 싼 가격에 되사서 갚아 차익을 내는 기법이다. 쉽게 말해 가격 하락에 베팅하는 것이다. 시세가 오를 거라고 판단해 매수하는 '롱'과는 반대다. 영화 제목 〈빅쇼트〉는 말 그대로 하락장에 '크게' 베팅한다는 뜻이다.

영화는 2005년 금융위기가 벌어지기 전 견고할 것만 같았던 미국 주택시장이 붕괴될 거라는 마이클의 예측으로 시작한다. 마이클이 쇼트한다는 소식은 자레드 베넷(라이언 고슬링 분)의 귀에도 들어간다. 자레드는 마크 바움(스티브 카렐 분)의 헤지펀드사를 찾아 주택시장 폭락에 투자를 권유한다. 수천 개의 주택담보대출(주담대)로 구성된 부채담보부증권(CDO)을 나무블록 젠가에 비유해 설명한다. 부실 대출로 이뤄진 CDO는 하나의 나무 조각만 꺼내도 와르르 무너질 수 있는 젠가와 같았다.

개 이름으로 대출, 집 6채를 빚으로

마크와 동료들은 자레드의 말에 반신반의하며 실제로 주택시장 거품이 있는지를 찾아보기로 한다. 이들이 방문한, 100채가 채가 넘는 주택으로 이뤄진 주택단지에 사는 사람은 고작 4명. 90일 이상 연체된 대출은 알고 보니 개 이름으로 돼 있었다. 주담대를 받은 저신용자를 찾아간 스트립 클럽은 더 충격적이었다. 마크가 "집값이 오르지 않으면 월 상환금이 200~300%까지 오를 수 있어"라고 말하자 스트리퍼는 놀라서 "모든 대출이 다 오른다는 말이냐"고 반문한다. 알고 보니 스트리퍼는 주택 하나당 여러 개의 대출을 끼고 무려 6채를 갖고 있었다.

서브프라임 모기지 사태는 마크가 만난 스트리퍼처럼 부채 상환 능력이 없는 '서브프라임' 등급의 사람들에게 마구잡이로 대출해준 것이 뇌관이 됐다. 마크가 플로리다에서 만난, 묻지도 따지지도 않고 대출해준다는 브로커들은 "대출이 거절되는 경우도 있냐"는 마크 일행의 질문에 박장대소한다. 소득과 직업이 없는 사람들에게도 이른바 '닌자(NINJA, No Income No Job) 대출을 해준다고 자랑스럽게 얘기한다. 이들의 타깃은 '집을 준다고 하면 아무 데나 서명하는' 이민자들이다.

미국의 주담대는 프라임, 알트-A, 서브프라임 등 3등급으로 구분된다. 이 중 서브프라임은 신용도가 낮은 저소득층이 대다수를 이룬다. 신용도가 낮다 보니 대출금리는 프라임보다 2~4%포인트 정도 높다. 신용등급이 낮을수록 금융회사가 떠안게 되는 리스크는 높아지기 때문이다. 2002년 말 3.4%에 불과했던 서브프라임 등급이 차지하는 비중은 2006년 말 13.7%까지 치솟는다.

거품은 터지기 마련이다. 2004년부터 미국 기준금리가 올라가며 부동산 거품은 서서히 가라앉기 시작한다. 기준금리가 올라가니 서브프라임 주담대 금리도 올라갔다. 변동금리로 돈을 빌린 저소득층 차입자들은 내야 할 이자가 크게 늘자 원리금도 제대로 갚지 못하는 상황에 빠지게 된다.

현실 경제에서 사람은 항상 합리적이지는 않다

영화 중간에 깜짝 등장한 2017년 노벨 경제학상 수상자 리처드 세일러(Richard H. Thaler) 교수는 부동산시장 호황을 '뜨거운 손 오류'에 비유한다. 뜨거운 손 오류는 농구 경기에서 선수가 연달아 공을 넣으면 또 넣을 거란 확신이 생기는 심리적 현상을 말한다. 세일러 교수는 부동산 호황도 마찬가지라고 설명한다. 호황이 계속되면 가격이 계속 오르니 아무도 떨어질 거라 생각하지 않는다는 것이다.

시장은 경고 신호를 보내고 있었지만 여전히 사람들은 뜨거운 손 오류에 빠져 있었다. 주택시장 거품이 꺼지기 일보 직전의 상황에서 마크는 미국증권화포럼을 찾는다. 그곳에서 "모기지는 여전히 우리 경제의 근간이 되고 있다"고 외치는 연설을 듣게 된다. "서브프라임 손실이 5%에 그치는 게 얼마나 가능하냐"는 질문에 연설자는 웃으며 가능성이 매우 크다고 답한다. 대답이 끝나자마자 마크는 가능성은 제로(0)라고 외치며 연설장을 박차고 나간다.

제이미(핀 위트록 분)와 찰리(존 마가로 분)도 마찬가지로 포럼에서 뜨거운 손 오류에 빠진 사람들을 본다. 두 청년은 한때 대형 투자은행에서 일했던 벤 리커트(브래드 피트 분)의 도움을 받아 주택시장 하락에 쇼트를 취한다. 아무도 예상하지 않던 '우량' AA등급 채권까지 폭락할 것으로 예상하고 베팅한다. 일생일대의 거래에 성공한 제이미와 찰리가 기쁨을 감추지 못하자 평생 돈만 밝히는 은행에 환멸을 느꼈던 벤은 "너희는 방금 '미국 경제가 무너진다'에 돈을 걸었다는 건 알고 있냐"고 소리친다.

그때의 신호는 지금도 유효한가

결국 시장의 징후를 파악한 이들의 말이 맞아떨어졌다. 금융회사들은 비우량 채권을 기초자산으로 CDO를 만들고, 이를 담보로 CDO-1, CDO-2, CDO-3를 만드는 식으로 파생상품을 무한정 찍어냈다. 수천 개의 부실 대출로 만들어진 CDO에 투자한 대형 금융회사들은 주택가격이 폭락하며 대출금 상환이 안 되자 결국 줄줄이 파산한다. 미국 경제는 유례없는 위기를 맞았고 세계 경제가 휘청거렸다.

경기가 침체되자 미국은 경기 부양책으로 양적완화에 나섰다. 양적완화란 중앙은행이 통화를 시중에 직접 공급해 경기를 부양하는 통화정책을 말한다. 화폐 공급이 늘어나면 재화와 서비스의 수요도 증가해 경기 부양 효과를 낸다. 〈표 1〉에서 화폐 공급 곡선이 MS1에서

<표 1> 통화량 증가 시 화폐시장

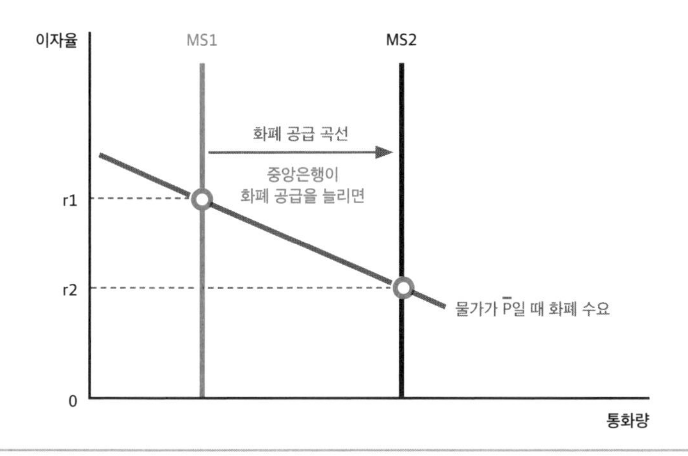

<표 2> 통화량 증가 시 총수요 곡선 변화

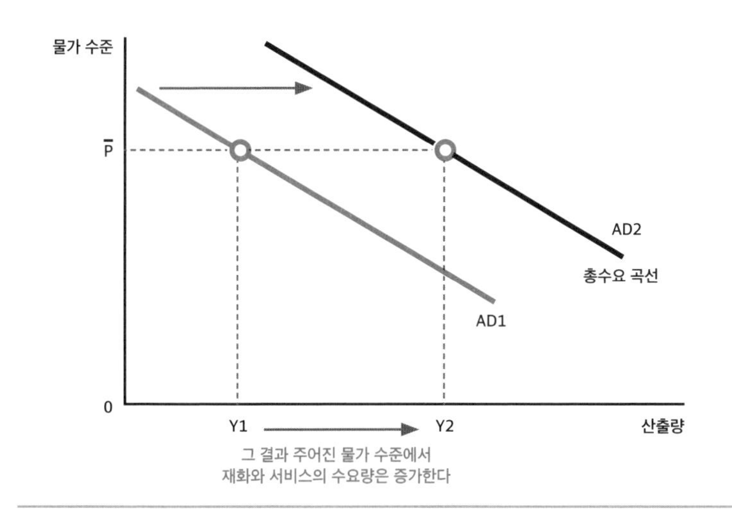

MS2로 이동하면(화폐 공급량이 늘면) 균형이자율은 r1에서 r2로 하락한다. 이자율은 자금의 차입비용을 나타낸다. 따라서 〈표 2〉에서 이자율이 하락하면 주어진 물가 수준에서 재화와 서비스의 수요량은 Y1에서 Y2로 증가한다. 코로나19가 확산되며 경기가 침체되는 양상을 보이자 미국 중앙은행(Fed)은 2020년 3월 15일에도 7,000억 달러 규모의 양적완화를 발표했다.

떨어질 종목 빌려서 팔고 주가 하락 때 사들여 이익

마이클이 대형 투자은행들을 찾은 날 저녁, 월가에서는 파티가 벌어진다. 아무도 망할 거라고 생각하지 않아 존재하지도 않던 CDS를 마이클이 프리미엄을 줘가며 무려 13억 달러(약 1조 6,700억 원)어치 사갔기 때문이다. 월가에서는 주택시장 하락에 쇼트한 마이클을 이해하지 못했다. 주택시장이 여전히 상승세고 큰 폭으로 하락할 가능성이 없다고 봤기 때문이다. 반면 마이클은 주택시장이 하락할 걸 예상해 하락에 따른 이득을 취하고자 베팅했다.

이 쇼트를 주식시장으로 가져오면 바로 공매도다. 공매도란 주가가 떨어질 것으로 예상되는 종목의 주식을 빌려서 팔고, 주가가 하락하면 싼값에 사들여 이익을 남기는 투자 기법이다. 말 그대로 '없는 걸 판다'는 뜻이다. 본래 공매도는 매수 포지션에서 발생하는 가격 하락 리스크를 대비하기 위한 헤지(위험회피) 수단으로 만들어졌다. 하지만 동시에 주가가 급락하는 상황에선 공매도 기법이 주가 하락을 부추긴

<표 3> 투자자별 유가증권시장 공매도 거래 대금 (단위 : 억 원)

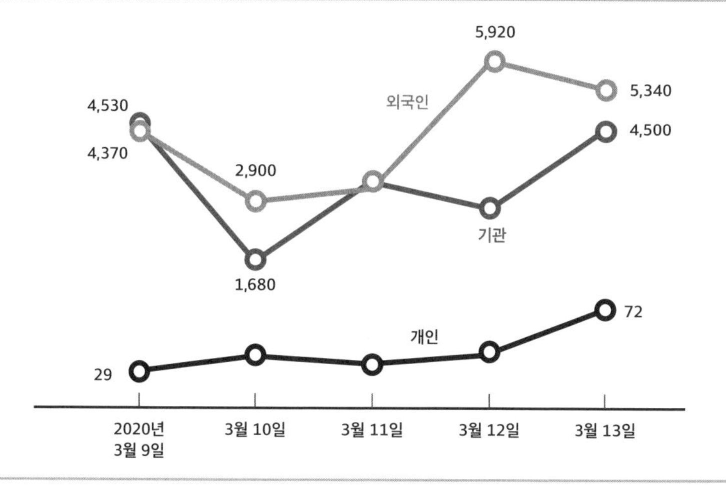

자료 : KRX공매도종합포털

다는 지적을 받았다.

금융위원회는 최근 공매도 금지 기간을 재연장했다. 코로나19 사태로 국내 주식시장을 비롯해 세계 증시가 본격적으로 하락장에 접어들자, 공매도 세력이 기승을 부려 증시 낙폭을 더 키우는 요인으로 작용했다는 판단을 한 금융위는 2020년 3월 16일부터 6개월간 전체 상장 종목에 대한 공매도를 전격 금지했다. 그러나 9월 15일까지이던 금지 기간이 6개월 연장돼 2021년 3월 15일 종료 예정이었으나 이번에 5월 2일까지 재연장된 것이다. 국내에서 주식 공매도가 금지된 것은 2008년 글로벌 금융위기, 2011년 유럽 재정위기에 이어 세 번째다.

2019년 영화의 주인공이자 실존 인물인 마이클 버리(Michael Burry) 박사는 상장지수펀드(ETF)나 인덱스펀드 등의 패시브펀드로 몰리는 양상이 2008년 금융위기 이전의 부동산 거품과 다를 게 없다고 주장했다. 마이클의 주장은 2005년 주택시장 하락에 쇼트했을 때 처럼 주목을 받지 못했다. 하지만 지난해 인덱스펀드 내 기업채권이 대량 회수되며 다시 주목받기 시작했다. 한 인터뷰에서 마이클은 이 상품들을 강하게 공매도하고 있다고 밝히기도 했다.

3

국민을 위해 일하지 않는 공무원, 주주를 위해 일하지 않는 기업

〈두 교황〉 정부실패의 경제학

하느님의 뜻과 멀어진 교회

만화영화 〈엄마 찾아 삼만리〉의 마르코는 엄마를 찾으러 여행을 떠난다. 이탈리아 출신 마르코의 엄마가 돈을 벌기 위해 갔던 부자 나라는 아르헨티나였다. 지금은 쉽게 이해가 안 가는 설정이지만 20세기 초반만 해도 아르헨티나는 세계에서 가장 부유한 나라 중 하나였다. 1인당 국민소득은 프랑스, 독일 등과 어깨를 나란히 했고, 수백만 명의 사람이 일자리를 찾아 이주해왔다. 마르코의 엄마도 그중 하나였던 셈이다.

영화 〈두 교황〉 속 호르헤 마리오 베르고글리오(훗날 교황 프란치스코, 조너선 프라이스 분)가 행복한 가정을 꿈꾸며 직장생활을 하던 1950년대만 해도 아르헨티나의 경제 사정은 밝아 보였다. 하지만 1970년대 군부 독재가 시작되고, '더러운 전쟁'이 자행되는 등 상황은 급반전된다. 부국의 상징이던 아르헨티나에 무슨 일이 있었던 걸까.

2019년 넷플릭스에 공개된 〈두 교황〉은 여러 측면에서 큰 반향을 불러일으켰다. 음악 취향에서부터 성서에 대한 해석까지 모든 게 다른 두 성직자가 서로를 인정하고 존중하며 대화하는 모습이 토론과 타협은 사라진 채 극단으로 흐르는 우리 현실에서 깊은 울림을 줬다.

영화는 2005년 요한 바오로 2세가 세상을 떠나는 시점에서 시작된다. 교황이 서거하면 전 세계 추기경들은 바티칸 시스티나 성당에 모여 '콘클라베'를 연다. 외부와 단절된 채 새로운 교황을 뽑는 의식이다. 참석한 전원이 후보이자 투표자다. 외부에서는 굴뚝 연기의 색으로 투표 결과를 알 수 있다.

당시 선거는 베르고글리오 추기경 등 개혁파와 요제프 알로이스 라칭거 추기경(베네딕토 16세, 앤서니 홉킨스 분) 등 보수파의 대결로 관심이 컸다. 두 번의 검은 연기가 피어올랐다. 과반을 득표한 추기경이 없다는 뜻이었다. 세 번째 연기는 흰색이었다. 요한 바오로 2세의 뒤를 이은 주자는 보수적인 원칙주의자로 꼽히는 베네딕토 16세였다. 당시 언론은 이를 두고 보수파의 승리라고 평가했다.

베네딕토 16세는 인기 없는 교황이었다. 동성애, 여성 사제, 이혼 등 개혁 과제에 대해 소극적이었기 때문이다. 2012년 교황의 비서이던 파울로 가브리엘이 교황청 기밀문서를 빼돌린 '바키리크스' 사건이 터지면서 교황은 위기에 처한다. 기밀문서에는 고위 성직자들이 외부업체와의 계약에서 가격을 부풀리는 등 비리를 저지르고, 이 과정에서 바티칸은행이 돈세탁을 해줬다는 내용이 담겼다. 유명 인사에게 교황을 만나게 해주면서 돈을 받았다는 것도 있었다. 전 세계가 발칵 뒤집혔다. 비난의 화살은 교황에게까지 쏠렸다.

이 같은 비리는 주인-대리인의 문제를 떠올리게 한다. 경제학에서 주인-대리인 문제는 대리인이 주인이 아니라 자신의 이익을 위해 일하기 때문에 발생한다. 대표적으로 주주의 이익을 고려하지 않는 경영자, 국민보다 자신이 속한 공무원 조직 등을 위해 일하는 관료 같은 사례를 꼽을 수 있다. 영화에서는 바티칸의 성직자들이 신도들, 더 나아가서는 하느님의 뜻과 다른 행동을 하는 것으로 적용할 수 있겠다. 세상의 구원을 위해 힘써야 할 본분을 잊고 돈을 우상으로 섬겼기 때문이다.

베네딕토 16세는 베르고글리오 추기경을 바티칸으로 불러 교회 개혁 등 현안에 대해 의견을 나눈다. 사사건건 자신과 생각이 다른 것을 확인하면서도 베네딕토 16세는 "교회는 변화가 필요하고 당신(베르고글리오)은 변화일 수 있다"며 자신을 이을 교황이 돼달라고 제안한다. 베르고글리오 추기경은 거절한다. 그에게도 약점이 있었다. 그는 1970년대 더러운 전쟁이 벌어지던 당시 "예수회 신부들을 지키기 위해 군부와 타협했었다"고 고백한다.

더러운 전쟁을 가져온 정부의 실패

더러운 전쟁은 아르헨티나에서 1970년대 집권한 군부세력이 자행한 학살을 말한다. 당시 3만 명이 넘는 무고한 시민이 희생된 것으로 알려졌다. 더러운 전쟁의 시작에는 1940~1950년대 아르헨티나를 휩쓴 '페론주의'가 있다.

페론주의는 큰 정부를 지향하는 포퓰리즘 정책으로 알려져 있다. 당시 대통령이던 후안 페론은 국가 주도로 산업화를 추진하면서 민간 부문의 역할을 줄였다. 철도·항만 등을 국유화했고 산업은행을 설치했다. 자유무역 대신 보호무역주의를 주창하며 교역을 통제했다. 동시에 노동자의 임금을 크게 올렸다. 대외경제정책연구원에 따르면 아르헨티나 노동자들의 실질임금은 1947년에서 1952년 사이 25% 늘어났다. 이와 함께 단위생산 노동비용도 급격하게 증가했다. 이는 발전이 더뎠던 산업에 악영향을 미쳤다.

지나친 정부 개입은 심각한 비효율을 낳았다. 시장의 공정한 경쟁을 핑계로 정부가 과도하게 개입하거나 직접 플레이어로 뛰면서 더 큰 비효율을 발생시켰고, 이는 '정부실패'로 이어졌다. 대외경제정책연구원은 "페론 정부의 왜곡된 임금정책이 경제발전에 부담을 주면서 비교우위 산업을 창출하는 데 실패했다"며 "국제경쟁 실패, 지속적 무역수지 적자, 급속한 외채 증가라는 거시 경제 운영 전반에서 부정적인 결과를 가져왔다"고 평가했다.

이후 아르헨티나의 경제는 급속히 무너졌고 정치가 경제의 뒷다리를 잡는 악순환이 거듭됐다. 독재와 페로니즘이 번갈아가며 집권했다. 필요한 개혁은 완수되지 못했고 위기 때마다 디폴트(국가부도)를 선언하는 등 후진국으로 추락하고 말았다.

베네딕토 16세는 "돌아보면 뚜렷하지만 그때는 헤맬 수밖에 없었다"며 베르고글리오 추기경의 죄를 사해준다. 베르고글리오가 더러운 전쟁 가운데 가난한 사람들을 위해 노력한 점 역시 명백했기 때문이다. 가톨릭에서 사제는 죄를 고백한 신자의 죄를 하느님을 대신해

<표 1> 아르헨티나와 한국 1인당 국민소득 비교 (단위 : 달러)

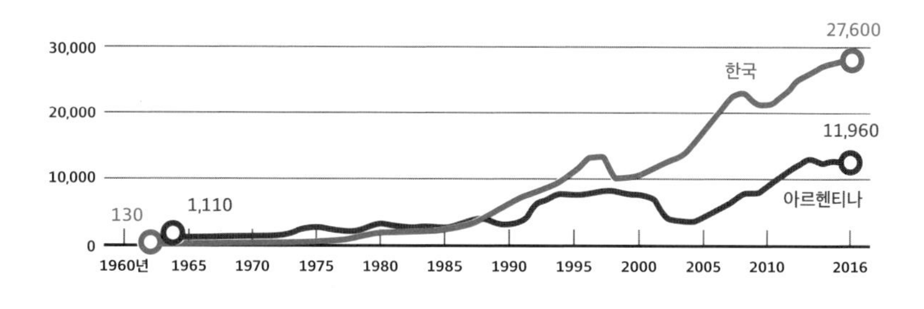

사해줄 수 있는 권한이 있다.

한 해 뒤인 2013년 베네딕토 16세는 교황직에서 스스로 물러난다. 종신직인 교황이 물러난 것은 1294년 교황 켈레스티누스 5세 이후 두 번째였다. 다시 열린 콘클라베에서 베르고글리오 추기경은 교황으로 선출된다. 그는 가난한 이들을 돌본 프란치스코 성인의 이름을 딴 첫 번째 교황이 됐다.

비틀스를 좋아하는 프란치스코와 차라 레안더의 음악을 연주하는 베네딕토 16세. 뭐 하나 맞는 게 없는 두 사람이 서로를 존중하고, 본인의 잘못도 인정하며 합의점을 찾아가는 모습은 인상적이다. 영화는 생각을 바꾸는 건 타협일 수도 있지만 꼭 필요한 변화이기도 하다고 강조한다. 영화 속 프란치스코의 말처럼 "진짜 위험은 우리 안에 있었기 때문"이다. 실패한 경제정책을 반복하며 아르헨티나는 여전히 고통받고 있다. 어쩌면 변화는 선택이 아니라 필수일지도 모르겠다.

시민단체의 도덕적 해이도 주인-대리인 문제의 일종

지난해 정의기억연대 문제가 불거지며 시민단체의 회계 투명성에 대한 논란이 커졌다. 상대적으로 규제와 감시가 덜한 시민단체에서 이런 문제가 발생하는 것은 경제학의 '도덕적 해이'로 해석할 수 있다.

도덕적 해이는 경제 전반에 걸쳐 광범위하게 나타나는 현상이지만 주인-대리인 관계에서 흔히 발생한다. 주인이 자신의 행동을 정확히 파악할 수 없다는 것을 알게 되면 대리인은 도덕적 일탈 유혹에 빠진다.

시민단체는 기업 또는 정부기관과 달리 회계 투명성을 갖출 유인이 부족하다. 후원금 모집과 그 사용처를 정확하게 기재하지 않아도 이를 감시·처벌할 규정이 마땅치 않다. 국세청으로서도 회계 누락 등이 확인돼도 일반기업처럼 추가 과세를 할 수 없기 때문에 샅샅이 살펴볼 이유가 없다.

회계 투명성을 갖추기 위해 드는 노력의 한계비용(MC)이 일정한 상태에서 일반기업은 한계편익(MB) 곡선만큼 노력할 것이다. 회계 투명성을 위해 노력함으로써 생기는 한계편익과 한계비용을 고려한 선택이다.

시민단체의 경우 이 곡선이 왼쪽으로 이동한다. 노력했을 때 얻을 수 있는 편익이 작아지기 때문이다. 결국 일반기업이 회계 투명성을 위해 A만큼의 노력을 하는 동안 시민단체는 B만큼의 노력만 기울이게 된다.

경제학에서는 이 같은 일탈을 막기 위한 유인 설계가 필요하다고

<표 2> 한계편익과 한계비용

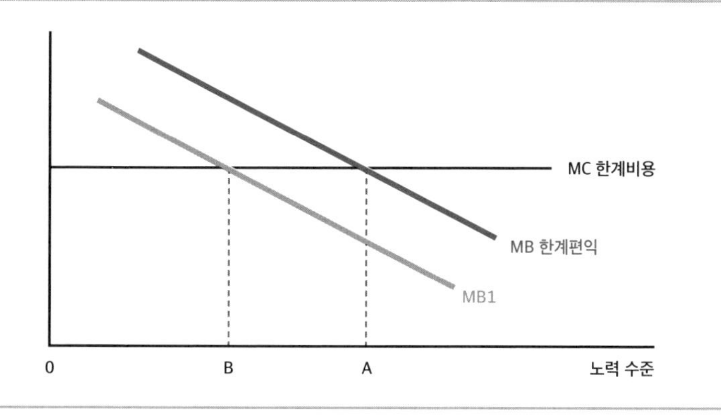

지적했다. 주인의 이익을 위해 일하는 것이 대리인 스스로에게도 이득이 되도록 하는 것이다. 예를 들어 고정된 임금을 주는 대신 성과급을 지급하거나 이윤을 공유하는 방식이 있다.

주인에게 해가 되는 행동을 했을 때 처벌을 강화하는 것도 한 방법이다. 그로 인해 얻을 수 있는 이익보다 처벌로 인한 손해가 더 크다고 판단하면 잘못된 행동을 할 유인이 줄어들기 때문이다.

신들의 나라를 흔든 과잉복지

〈나의 사랑, 그리스〉 포퓰리즘의 경제학

가까운 듯 먼 그리스와 유럽

2010년대 초반의 아테네. 카메라는 세 쌍의 연인을 순차적으로 비춘다. 이들은 오늘날 우리가 '그리스 경제위기'와 '유럽 난민 사태'라고 부르는 두 사건 속에 살아가고 있다. 대학에서 정치학을 전공하는 다프네(니키 바칼리 분)는 귀갓길에 난민들로부터 폭행을 당하고, 자신을 구해준 난민 청년 파리스(타우픽 바롬 분)와 사랑에 빠진다.

위태로운 결혼과 매각 직전인 회사 상황으로 우울증에 시달리는 지오르고(크리스토퍼 파파칼리아 분)는 자신의 회사를 구조조정하러 온 스웨덴인 컨설턴트 엘리제(안드레아 오스바트 분)와 불륜관계를 맺는다. 최악의 조건에서도 가족을 먹이기 위해 고군분투하는 60대의 가정주부 마리아(마리아 카보이아니 분). 그는 매주 찾는 슈퍼마켓에서 독일인 역사학자 세바스찬을 만난다.

〈나의 사랑, 그리스〉는 2015년 개봉한 그리스 영화다. 〈스파이더맨〉과 〈위플래쉬〉로 익숙한 할리우드 배우 J.K. 시몬스가 세바스찬을 연기해 화제가 된 이 영화는 2015년 그리스에서 할리우드 개봉작을 뛰어넘은 최대 흥행을 기록했고, 비평가들의 호평에 힘입어 2017년에는 국내에서도 개봉했다.

영화는 그리스 경제·사회 불안의 한복판에 관객들을 던진다. 스크린 속 아테네 길거리에는 실업자와 난민이 가득하다. 파리스는 폐쇄된 공항의 난민촌에서 하루하루를 보내고, 지오르고의 회사는 전체 임직원의 35%를 해고한다. 엘리제는 경제위기 이후 슈퍼마켓에서 토마토와 치즈조차 살 수 없게 됐다며 투덜댄다.

세바스찬이 '전 세계 문명의 원천'이라고 칭송한 그리스는 어쩌다 이토록 지옥 같은 풍경으로 변했을까. 경제학자들은 그리스 경제위기 원인의 상당 부분을 유로존 내 그리스의 위치에서 찾는다. 그리스의 경제위기는 유로존 가입으로 촉발된 측면이 있고, 위기 이후에도 유로 회원국이라는 사실이 문제 해결을 어렵게 했다는 평가다.

유로존은 애당초 21세기의 시작과 함께 펼쳐진 유럽대륙의 거대한 경제실험의 산물이다. 그 시작은 '유로화의 아버지' 로버트 먼델(Robert Mundel)이 1961년 내놓은 '최적 통화지역 이론'이다. 먼델에 따르면 두 지역 내 노동 등 생산요소의 이동이 자유롭고, 상품의 가격과 임금의 신축성이 동일하며, 경제위기에 따른 충격이 대칭적일수록 화폐 통합의 편익은 최대화되고 비용은 감소한다. 〈표 1〉처럼 경제통합 정도가 높을수록 단일통화의 이익(GG 곡선)은 우상향하고, 비용(LL 곡선)은 우하향하는 구조다. 먼델의 이론은 유럽통화연맹과 이후 유로존 탄생에까지 강력한 근거로 작용했고, 먼델은 화폐통합 연구로

<표 1> 단일통화권 편입에 따른 이득과 손실

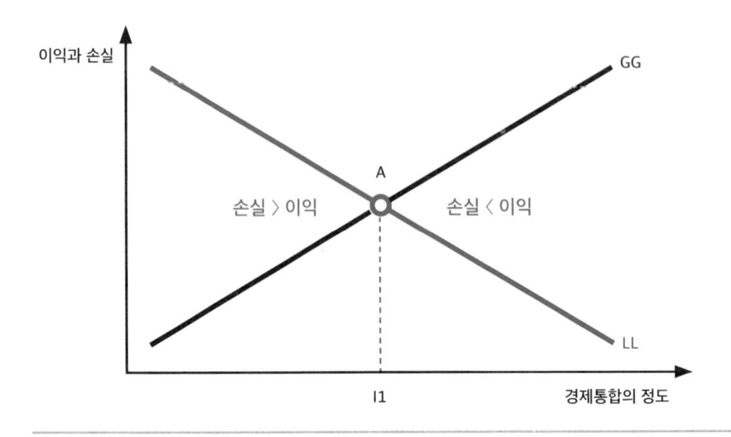

1999년 노벨 경제학상을 받았다.

유로화 초창기였던 21세기 초반만 해도 유로존은 순조롭게 성장을 이어갔다. 세계은행에 따르면 2002년 본격적인 유로화 도입 이후 2007년까지 유로존의 연평균 GDP 증가율은 1.97%로, 같은 기간 미국과 일본의 성장률을 뛰어넘었다. 그리스도 유로존 평균을 넘는 높은 성장률을 보였다(표 2).

문제는 유럽이 최적 통화지역 이론에 완벽하게 부합하는 사례가 아니었다는 것이다. 그리스는 2000년 유로존 가입 이후 순식간에 국가 신용도가 독일이나 프랑스 등 경제대국과 비슷한 수준까지 상승한다. 채권자들은 그리스가 경제위기를 맞더라도 유로존의 다른 국가들이 그리스를 지원할 것으로 생각한 것이다. 그리스가 유로존에 가입하기 전인 2000년 2월 당시 독일과 그리스의 국고채 10년물 금리 차는 1%

<표 2> 그리스 및 세계 GDP 증가율 (단위 : %)

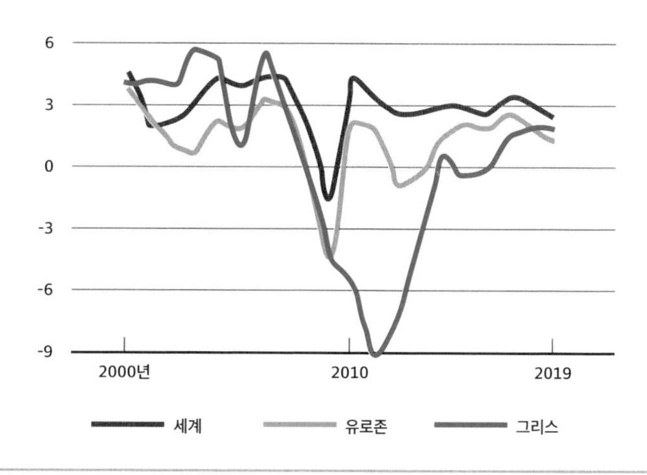

자료 : 세계은행

포인트가 넘었다. 8년 뒤인 2008년 2월, 이 차이는 0.4%포인트까지 좁혀진다. 전통적으로 공공 부문의 경제 비중이 큰 그리스는 성장률을 유지하기 위해서 낮아진 차입비용을 적극 활용해 재정 지출을 크게 확대했다.

경제위기에 빠진 국가가 일반적으로 동원할 수 있는 정책으로는 크게 환율정책, 통화정책, 재정정책이 있다. 만일 그리스가 유로가 아니라 자국 화폐였던 드라크마를 계속 사용했다면 그리스 정부는 대폭적인 평가절하와 함께 금리를 낮춰 경기 부양을 시도할 수 있다. 하지만 유로존에 소속된 국가들은 환율정책과 통화정책을 독자적으로 결정할 수 없다. 그리스 정부는 확장적인 재정정책을 펼치기에는 재정적자 누적액이 너무 컸다.

일상이 된 위기 앞에선 사랑도 덧없어

번영기에 그리스와 함께했던 유럽의 이웃들은 위기 때 도움이 되지 못했다. 세바스찬은 유로존 도입의 최대 수혜국인 독일 출신이고, 엘리제는 유럽연합에 가입하고도 유로존에는 편입하지 않은 스웨덴 출신이다. 이들은 각각 그리스인과 사랑에 빠지면서도, 온전히 그리스의 고통을 공감하지 못한다.

실제로도 유럽중앙은행(ECB)은 유로존 전체 GDP의 2%에 불과한 그리스를 위해 금리를 낮추거나 환율을 조정하려 들 수 없었다. 당시 그리스는 이탈리아와 함께 유로존 내에서는 예외에 가까웠다. 그리스 경제가 -5.47% 성장했던 2010년, 유로존은 오히려 2.13% 성장했다.

결국 그리스 경제위기는 유럽 국가 간 노동력 이동이 실제로는 언어와 문화의 장벽으로 자유롭게 이뤄지지 않았고, 외부 충격에 대한 반응도 각기 달라 유럽의 화폐 통일로 인한 비용이 편익보다 클 수 있음을 증명하고 말았다.

노벨 경제학상을 받은 또 한 명의 석학인 폴 크루그먼은 2012년 〈뉴욕타임스〉 기고문을 통해 "유로화는 끔찍한 실수"라며 "그리스는 유로존에 남아 잔혹한 긴축을 감당하기보다 차라리 떠나야 한다"고 지적했다.

영화는 결말에 이르러 서로 독립적으로 진행되는 것만 같았던 세 커플의 이야기를 하나로 모은다. 마리아가 다프네와 지오르고의 어머니로 밝혀진 것이다. 그들의 이야기는 그리스 비극과도 같이 극적으로 마무리된다. 다프네는 그리스 내 파시스트 운동가들이 난민들을 기습하는 과정에서 아버지의 친구가 쏜 총에 사망하고, 아들 지오르고는 회사의 구조조정에 포함돼 실직 후 이혼한다. 딸을 떠나보낸 마리아는 남편과의 관계를 정리한다.

국가를 초월해 유럽과 단일 경제권을 형성하고자 했으나 결국 세계적인 경제위기에 개별 국가의 한계를 극복하지 못하고 무너진 그리스처럼, 언어와 국가라는 장벽을 넘고자 했던 세 그리스인의 사랑은 언어와 현실의 위기를 극복하지 못하고 결말을 맞이한다.

그리스는 세 차례의 구제금융을 받고 경제위기를 탈출하지만 오늘날까지 그 대가를 치르고 있다. 그리스의 실업률은 2020년 상반기 기준 유럽 내 최고 수준인 18.3%에 달한다. 국제통화기금은 그리스가 여전히 유로존 내에서 외부 충격에 가장 취약한 국가라며, 코로나19의 영향으로 그리스 경제가 전년 대비 -9.5% 성장할 것으로 예상했다.

그리스 망친 복지 포퓰리즘

"난 가게를 3개나 운영했어요. 3개나 말이에요. 이제는 일도 삶도 자존심도 잃고 매일매일 근근이 살아갈 뿐이죠."

〈나의 사랑, 그리스〉 속 최고 악역은 세 주인공의 아버지이자 남편인 안토니다. 그는 딸의 연애를 탐탁지 않아 하고, 아내에게는 늘 화를 내며, 아들에게는 불행한 결혼생활을 유지할 것을 강요한다. 사업에 실패해 자동차마저 헐값에 팔아넘긴 안토니는 모든 분노를 난민들에게 돌린다. 그는 "모든 것이 완벽했던 그리스의 과거를 난민들이 망쳤다"는 주장을 되풀이한다.

2010년대 그리스 경제위기의 책임을 유입 난민들에게 씌우는 것이 합당할까. 경제학계에서는 그리스 경제의 뇌관이 본격적인 난민 유입은 물론 유로존 가입 이전부터 조금씩 타들어가고 있었다고 지적한다. 1980년대부터 이어진 포퓰리즘 정치의 득세와 이로 인한 과도한 국가채무가 유로존 체제에서 경제위기로 이어졌다는 주장이다.

1980년대의 그리스는 복지 천국이나 다름없었다. 그 시작은 1981년 안드레아스 파판드레우 사회당 총리의 당선이다. 국민의 표를 얻기 위해 공공복지 확대를 약속한 그리스 사회당은 1980년대에 출퇴근 시간 대중교통 무료 운영을 도입하고, 초등학교부터 대학교까지 무상교육을 했다. 무상의료 혜택을 별도의 건강보험 없이 파격적으로 실시했고, 심지어는 월세까지 국가에서 제공했다.

과잉복지는 서서히 그리스를 잠식해갔다. 파판드레우 총리 취임 전인 1980년 22.5%였던 국가채무 비율은 1983년 33.6%, 10년 후인 1993년에는 100.3%까지 치솟았다. 파판드레우 총리는 포퓰리즘 정치에 힘입어 11년간 장기 집권에 성공했지만, 1980년 9.9%였던 GDP 대비 사회복지 지출 비중은 1985년 15.4%까지 늘었다.

좌파(그리스 사회당)와 우파(신민주당)를 막론하고 국가부채 문제를 해결하려는 이는 없었다. 오히려 그리스 정부는 유로존 가입을 위해 재정적자 수치를 낮춰 발표해왔다고 2009년 10월 고백한다. 그리스는 정부의 통계 조작 고백 이후 급속히 경제위기 속으로 빠져들었다. 당시 그리스는 전체 고용인구의 4명 중 1명이 공공 분야 종사자였

<표 3> 그리스 GDP 대비 정부부채

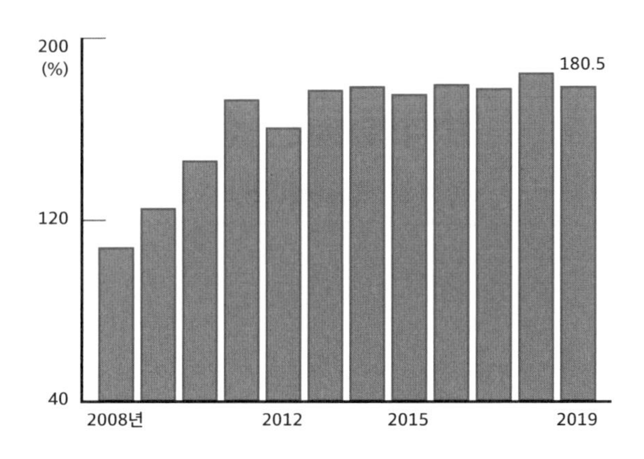

자료 : 유로스탯

다. 그리스는 강도 높은 긴축재정에 들어갔고, 이후 5년 새 GDP는 약 25% 감소한다. 국가채무 비율은 2019년 기준 184%로, 일본(237%)에 이어 OECD 내 2위를 기록했다(표 3).

빚으로 쌓은 허영 속에 환락을 즐긴 결과는

〈종이 달〉 디플레이션의 경제학

자산가격 하락이 불러온 '잃어버린 20년'

리카(미야자와 리에 분)는 정성스럽게 요리한 음식을 식탁에 올려놓는다. 남편(다나베 세이치 분)은 직장에서 못 마친 업무에 정신이 팔려 눈을 마주치지 않는다. 리카는 포장된 선물도 조용히 내놓는다. 남편은 "이게 뭐야?"라며 포장지를 뜯고 어색한 미소를 짓는다. 어색한 미소에도 고마운 리카는 "일할 때 시계 필요할 거 같아서"라고 말한다. 적은 월급에도 차곡차곡 돈을 모아 준비한 선물이다. 하지만 이내 남편은 "운동할 때 하면 되겠네"라고 무심히 답한다. 리카는 "비싼 거 아니어서 미안해"라며 돌아서서 고개를 떨군다.

영화 〈종이 달〉의 배경은 1990년대 중반 일본이다. 리카는 정기예금 상품을 방문판매하는 계약직 은행원이다. 여느 날과 다르지 않게 리카는 우량 고객 고조(이시바시 렌지 분)의 집을 찾았다. 고조는 집 금고에 현금을 쌓아두고 사는 노인이다.

리카의 방문에 고조는 '갑'의 지위를 한껏 즐긴다. 리카는 차를 타오고, 고조는 리카에게 성희롱 섞인 농담을 던진다. 고조는 부엌에 있던 리카의 어깨를 만지려고까지 한다. 그 순간 젊은 남자가 불쑥 집에 들어온다. 고조의 손자 고타(이케마쓰 소스케 분)다. "괜찮나요?"라며 놀란 리카를 달랜다. 고조는 호통친다. "누구 멋대로 들어와!"

고조는 고타에게 "버러지같이 내 돈만 노리는 놈"이라고 또 한 번 소리친다. 대학생인 고타는 등록금을 빌리고자 매번 고조의 집을 찾았다. 고타의 아버지는 직장에서 쫓겨났고, 아르바이트도 찾기 쉽지 않아 등록금을 댈 방법이 없었다. 고조는 부자임에도 고타를 도와주지 않는다. 고타는 울며 겨자 먹기로 고조의 집에 매번 방문하지만 둘 사이는 계속 틀어지고 만다.

당시 일본 사회엔 고타와 같은 처지에 놓인 젊은이들이 많았다. 1990년 일본은 주식, 부동산 등 자산의 가격이 급속하게 하락하는 버블 붕괴 국면을 맞이한다. 이후 일본 경제는 장기 불황에 빠지고, 경제 활동을 활발하게 하던 젊은이들은 어려움을 겪게 된다.

보통 국가 경제는 자산가격이 급속하게 떨어진 이후 불황에 빠진다. 이는 '역(逆) 부의 효과' 때문이다. 자산가격이 급속도로 하락하면 경제주체들은 소비를 줄이게 된다. 자산을 취득하려고 끌어온 부채를 갚기 위해선 허리띠를 졸라매는 수밖에 없어서다.

자산가격 하락은 단번에 끝나지 않는다. 자산가격이 떨어지기 시작하면 금융회사는 부채 상환을 요구하고 채무자들은 너도나도 자산을 매각하게 된다. 하락이 하락을 불러오는 악순환에 빠지는 것이다. 1990년 시작한 일본의 자산가격 하락은 2005년까지 지속됐다. 2002

<표 1> 일본 가계 · 기업의 자산 손실 (단위 : 조 엔)

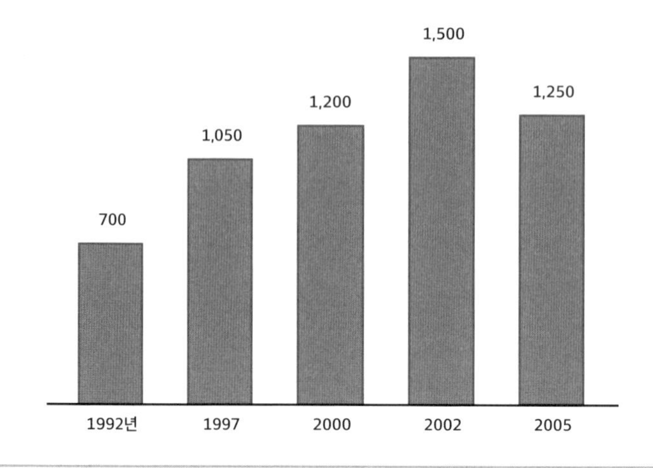

* 1990년 대비 토지와 주식의 자산가치 합 기준
자료 : 리처드 쿠

년엔 1990년 대비 자산가치 하락 규모가 1,500조 엔(약 1경 5,645조 7,500억 원)에 달하기도 했다. 이 시기는 일본의 '잃어버린 20년'으로도 불린다.

가짜 위에 쌓는 쾌락

리카는 고타에게서 자신의 모습을 보고 그를 연민하게 된다. 리카 또한 일본 경제에 그늘이 드리운 상황에서 갈 곳을 찾지 못하고 계약직을 겨우 따낸 여성이다. 남편에게 무시당하고 자신의 삶을 억누르며 어두운 터널을 건너고 있던 중이었다. 어느 날 리카는 지하철역에서 고타를 우연히 만난다. 둘은 홀린 듯 강한 끌림을 느끼고 서로를 탐하게 된다. 리카는 죄책감보다는 남편으로부터 벗어난 해방감에 도취된다. 남편에게서 볼 수 없던 고타의 다정함에 날이 갈수록 빠져든다.

그러다 리카는 끝내 넘어선 안 될 선을 넘는다. 고타의 등록금을 마련하기 위해 고조의 예금에서 돈을 몰래 빼오며 횡령을 저지른다. 처음에는 "고타가 누릴 수 있는 것"이라는 생각에서 시작된 일이었다. 하지만 시작이 어려운 법. 즐거워하는 고타의 모습에 리카는 점점 더 대담해져간다. 고조의 돈뿐만 아니라 다른 고객들의 예금에도 손을 댄다. 빼돌린 돈으로 그들은 초호화 호텔에서 숙박을 하고, 명품 가방과 옷을 거침없이 사며 행복해한다. 가짜로 이뤄진 허영 속에서 당장의 순간만을 살며 쾌락을 느낀다.

영화는 이런 장면들을 통해 가짜로 쌓아올린 부의 모습을 극적으로 연출한다. 1980년대 일본 버블 경제의 모습이 묘하게 겹쳐진다. 일본 정부는 1980년대 중반 급격하게 환율을 내린다. 1985년 '플라자 합의'의 결과물이다. 이 합의는 미국의 무역적자를 줄이기 위해 일본 엔화의 평가절상을 도모한다는 내용이었다. 엔화가 고평가되면 일본의 수출기업들이 미국시장에서 가격경쟁력을 잃게 된다. 반대로 미국 수출기업들은 일본에 진출하기 수월해진다. 이에 일본 정부는 수출 감소를 내수 경제 활성화로 극복하려 했고, 금리를 인하하게 된다.

금리가 인하되면 경제주체들의 경제활동은 활발해진다. 대출이 수월해지면서 소비가 늘어나기 때문이다. 동시에 자산가격이 급격하게 상승한다. 일본 전체 주식시장의 주가수익비율(PER)을 보면 알 수 있다. PER은 주가를 주당순이익으로 나눈 수치다. PER이 높다는 것은 기업의 영업활동에 비해 주가가 높게 형성됐다는 의미다. 일본 주식시장의 1985년 PER은 33배였는데, 플라자 합의에 따른 금리 인하 단행 이후 급격히 상승해 1989년에는 67배에 달하게 된다.

부동산가격도 폭등했다. 1984년을 전후해 100포인트에 불과하던 일본 전국 지가는 1990년 160포인트까지 올라간다. 도쿄와 오사카 등 이른바 6대 대도시의 지가는 300포인트까지 급등했다.

리카가 남의 돈으로 허영심 많은 생활을 즐긴 것과 같이 1980년대 후반 일본 경제는 생산을 통한 부가 아니라 빚으로 쌓은 허영 속에 환락을 즐기고 있었던 것이다. 결과는 앞서 살펴봤듯 자산가격 폭락에 의한 장기 불황이었다. 과도한 자산가격 상승에 1989년 일본 중앙은행은 금리를 올리기 시작했고, 부동산시장 과열에 일본 건설사들이 주택 공급을 과도하게 한 것이 기폭제가 돼 버블이 터졌다.

너무 늦은 금리 인하는 '디플레이션의 저주'가 되고

영화의 한 장면에서 리카는 고조에게 파격적이라며 정기예금 상품을 소개한다. 그런데 1년 금리는 0.8%에 불과했다. 이렇듯 1990년대 중반 일본의 금리는 매우 낮은 상황이었다. 장기 불황을 극복하기 위해 일본 중앙은행이 정책금리를 극적으로 낮췄기 때문이다(표 2). 하지만 일본의 상황은 그 이후 10여 년이 지나서도 좋아지지 않았다. 낮은 금리에도 왜 일본 경제는 회복되지 않았을까.

버블 붕괴, 금융위기 등에 의한 경기침체가 오면 정부는 금리를 내

<표 2> 1984~1995년 일본 정책금리 (단위 : 연 %)

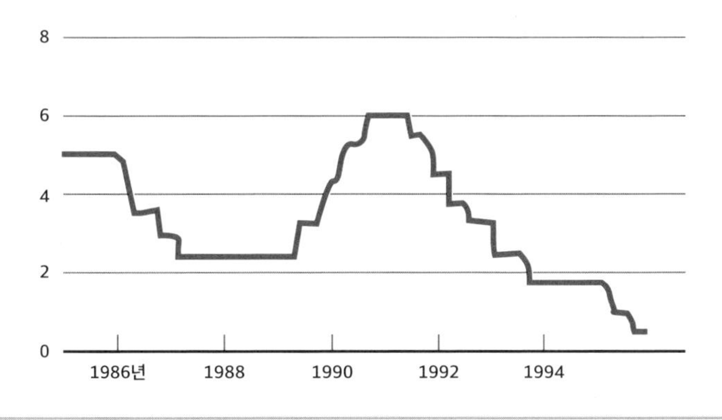

자료 : 일본 중앙은행

리게 된다. 경기를 살리기 위해서다. 여기서 중요한 것은 불황 시작 국면에서 신속하게 금리를 내려야 한다는 점이다. 미국 중앙은행은 2008년 금융위기가 닥치자 곧바로 정책금리를 연 1.5%에서 연 1%로 급격하게 인하했다. 통상 0.25%포인트씩 조정하는 금리를 단번에 0.5%포인트 내린 것이다. 2020년 3월에도 코로나19에 의한 불황이 예고되자 0.5%포인트를 내린 바 있다.

이는 '디플레이션의 저주'를 피하기 위해서다. 경기 하방 압력에 모든 물가가 떨어지는 디플레이션이 시작되면, 정책금리 인하는 더 이상 경기 회생 카드로서 실효성을 잃게 된다. 경제주체들이 대출, 소비를 늘리는 기준은 실질금리인데, 디플레이션 상황에서는 중앙은행이 아무리 명목금리를 낮춰도 실질금리가 떨어지기 힘들기 때문이다. 실질금리는 명목금리에서 물가상승률을 뺀 것을 의미한다.

일본 중앙은행은 1990년 버블이 붕괴한 직후 금리 인하를 머뭇거렸다. 당시 벌어졌던 걸프전을 너무 의식했던 탓이다. 중동에서 발발한 걸프전은 국제 유가를 폭등시켰고, 국제 유가 폭등은 통상 인플레이션으로 이어진다. 일본 중앙은행은 이 효과를 과대평가한 나머지 금리 인하에 소극적이었다.

일본 중앙은행은 1991년 중반을 넘어서야 금리를 내렸다. 하지만 때는 늦었다. 이미 만성적인 디플레이션이 시작됐고, 금리를 내려도 사람들이 느끼는 실질금리는 떨어지지 않았다. 이에 일본 중앙은행은 지속해서 금리를 낮췄다. 리카가 영업하던 1995년 시장에서 예금금리가 연 0.8%면 매우 파격적이란 이야기가 나온 배경이다.

그녀는 정말 자유로웠을까

일본 경제의 버블이 꺼졌듯, 리카의 일탈도 결국 덜미를 잡히게 된다. 직장 동료 유리코(고바야시 사토미 분)가 은행 기록을 정리하던 중 수상한 점을 발견하면서다. 은행 본사에서 사람들이 파견되고 리카는 붙잡히게 된다. 징계를 기다리던 중 리카는 유리코에게 담담하게 자신의 마음을 털어놓는다.

"가짜였기 때문에 언젠가 끝나겠지 생각했던 적도 있어요. 하지만 행복했어요. 가짜니까 망가져도, 그리고 망가뜨려도 상관없잖아요. 그렇게 생각하니 왠지 몸이 가벼워지는 것 같아서 난 자유롭구나 생각했어요."

우리는 삶을 절제하고 단련한다. 보다 나은 삶을 위한 발걸음들이다. 무절제는 순간의 쾌락을 선물하지만 영원할 수 없다. 아쉽게도 리카의 자유가 짧을 수밖에 없었던 이유다. 현실에 발을 딛고 한 걸음 한 걸음을 내디딜 때 진정한 의미의 자유가 나를 찾아온다. 가짜로 쌓아 올린 버블은 개인의 삶을 망가뜨렸다. 가짜가 아니고선 행복을 쌓아 올리기 힘들었던 그 시절의 쓰라린 기억이다.

어차피 밑바닥 인생, 도박장이나 털어버릴까

〈사냥의 시간〉 범죄의 경제학

범죄도 이득과 비용을 따져보는 합리적 결정

서늘한 총구가 이마를 겨눴다. 죽음을 예감했다. 눈을 질끈 감았다. 눈물과 땀으로 얼굴이 뒤범벅됐다. 웃음소리가 들렸다. "재밌네. 기회를 줄게요." 총을 내린 한(박해수 분)이 어둠 너머로 사라졌다. 그가 준 시간은 5분. 그 안에 최대한 멀리 도망쳐야 한다.

세 친구가 있었다. 일자리는 없고 물가는 매일 치솟는 극단적인 불황. 돈도 빽도 없는 청년들의 유일한 꿈은 '헬조선' 탈출이다. 그러나 꿈을 위해 필요한 것도 돈이었다. 성실하게 일해선 구할 수 없는 액수의 돈을 마련하는 방법은 하나다. 털려도 신고하지 못할 불법 도박장을 터는 것. 법 밖의 세상이 얼마나 잔혹한지는 미처 몰랐다. 헬조선 속 청년들의 불행은 그렇게 시작됐다.

준석(이제훈 분)이 감옥에서 3년 만에 나오며 영화는 시작된다. 그를 마중 나온 기훈(최우식 분)과 장호(안재홍 분)가 차를 몰고 지나는 거리는 폐허에 가깝다. 고층 건물은 텅 비었고, 문을 닫은 상점의 내려진 셔터에는 그라피티만 가득하다. 한때 말쑥한 시민이었을 사람들은 집을 잃고 길가를 서성인다. 밤이 되면 어디선가 총소리가 들리고, 정부와 기업을 규탄하는 시위대는 횃불을 든다.

국가가 무너진 이유는 영화 속에 지나가듯 등장하는 뉴스에 나온다. "정부가 1,150억 달러의 부채를 상환 만기까지 갚지 못해 채무 불이행(디폴트) 상태에 빠졌습니다. 국제 채권단은 정부가 요구한 부채 탕감이 불가능하다고 못 박았습니다."

디폴트는 국가가 채권 발행 등을 통해 진 빚을 계약된 기간 안에 갚지 못해 파산한 상태를 뜻한다. 상환 기간을 뒤로 미루는 모라토리엄(채무 상환 유예)과 달리 디폴트는 채무를 아예 갚을 수 없는 상황이다.

영화 속에서는 한국이 디폴트에 빠지기 전부터 원화가치가 폭락한다. 국가 신용도가 내려가면서 외국 자본이 이미 썰물처럼 빠져나갔을 터다. 외국 자본이 위험자산인 원화를 팔고 나가면서 원화가치는 바닥을 모르고 추락한다. 원·달러 환율이 폭등(원화가치 폭락)하자 은행은 환전을 금지한다. 상점들은 원화 대신 달러를 받는다. 준석이 감옥에 가기 전 금은방을 털어 숨겨놨던 돈도 휴지 조각이 됐다.

상황을 파악한 준석은 감옥 안에서 세운 인생 계획을 친구들에게 털어놓는다. 한국을 떠나 하와이를 닮은 대만의 한 섬에서 자전거 가게를 열고, 바닷가에서 낚시와 서핑이나 하며 살자는 꿈같은 이야기다. 그러나 한국을 뜨기 위해서는 큰돈이 필요했다. 그래서 달러가 쌓여 있는 불법 도박장을 털기로 했다. 하지만 경험이 없는 젊은이들의 강도 계획은 허술하기 짝이 없다. 도박장 주변을 대놓고 서성거리며

<표 1> 준석 일행의 범죄행위 결정 과정

범죄 기대이익	범죄 기대비용
한국 탈출	체포 및 실형 선고
안정적 수익(가게 마련)	조폭들의 보복 가능성
여가생활	총기, 방탄조끼 구입비용

결과	범죄 결정

CCTV 사진을 찍고, 군 복무 이후 잡아본 적 없는 총을 구해 사격 연습을 한다.

무모해 보이는 계획에 이들이 몸을 던진 이유를 경제학으로 설명할 수 있다. 1992년 노벨 경제학상을 수상한 게리 베커 전 시카고대 교수는 범죄를 포함한 인간의 행동이 발생하는 이유를 경제학 이론으로 해석했다.

베커에 따르면 범죄는 인간의 합리적 의사결정 결과다. 범죄를 저지르려 하는 사람은 범죄를 통해 얻을 수 있는 기대이익을 계산한다. 훔친 돈, 심리적 만족감 등이다. 동시에 범죄로 인해 치러야 할 기대비용도 따진다. 체포되고 감옥에 가는 것이다. 범죄를 통해 얻을 기대이익이 기대비용보다 크면 평범한 사람도 범죄를 저지를 수 있다는 것이 그의 가설이다.

준석 일행이 불법 도박장을 털기로 한 것도 범죄의 기대이익과 기대비용을 따진 결과다. 준석이 감옥에 있는 동안 기훈과 장호는 성실하게 살아보려 했지만 불가능했다. 정직하게 일해서는 먹고살 만큼 돈을 벌 수 없었다. 배가 고프면 먹을 것을 훔쳐야 했고 월세를 못 내 길거리에 나앉기 직전이었다.

영화 초반, 준석의 계획을 반대하는 기훈을 향한 장호의 대사에는 이들이 생각하는 범죄의 기대이익과 기대비용이 함축적으로 담겨 있다. "이대로 가면 아무것도 달라질 게 없어. 영원히 밑바닥 인생이야. 그런데 이번 일만 성공하면, 우리도 사람답게 살 수 있잖아. 사람답게……."

불완전 정보로 생명의 비용 몰랐다

베커의 범죄경제학은 획기적이라는 평가를 받았지만 비판도 만만치 않았다. 이 이론은 인간의 합리성을 전제로 하지만 인간은 때로 자신의 의도와 달리 비합리적인 존재가 된다는 것을 간과했다. 의사결정에 꼭 필요한 정보를 현실에서는 다 모으지 못하기도 한다. '정보의 불완전성' 때문이다. 이 경우 개인이 합리적이라고 생각했던 결정은 결과적으로 실패한 결정이 될 수 있다.

현실을 몰랐던 준석 일행의 어설픈 불법 도박장 털기도 처음에는 성공한 것처럼 보였다. 그러나 곧바로 이들은 도박장 운영 조직의 킬러로 고용된 한의 사냥감이 된다. 총 쏘는 법도 제대로 모르는 20대 청년들이 불법 영업장에 대해 아는 것이라곤 털려도 신고할 수 없다는 사실뿐이었다. 법 밖 세상의 잔혹성과 한에 대해 알 리가 없었다.

만약 한의 존재를 알았다면 준석 일행은 불법 도박장 대신 달러를 보관하고 있는 은행을 털었을 것이다. 그들을 사냥하는 한에게 준석은 "경찰에 자수하고 돈도 다 돌려주겠다"고 절규한다. 범죄의 기대비용에 어떤 기대이익과도 비교할 수 없는 '생명의 위협'이 있다는 점을 뒤늦게 깨달은 것이다. 그러나 되돌리기에는 너무 늦었다.

유토피아 등지고 다시 디스토피아로

준석은 홀로 한국을 떠나는 데 성공한다. 그가 친구들에게 입이 닳도록 말했던, 하와이를 닮은 대만의 섬에서의 일상은 꿈꾸던 것과 꼭 같다. 조그마한 자전거 수리점을 운영하고 바다가 정원처럼 눈앞에 펼쳐진 넓은 집에서 하루를 보낸다. 그림으로만 봤던 에메랄드빛 바다에 발도 담가본다.

그러나 그의 영혼은 여전히 지옥에 있다. 함께 오지 못한 친구들의 모습이 끝없이 눈앞에 어른거린다. 밤이면 한이 나오는 악몽에 시달린다. 모든 것을 내주고 얻어낸 유토피아에 행복이 있을 수 없다.

결국 준석은 다시 한국으로 향한다. 돌아가는 배 안에서 그는 다짐한다. 한을 다시 찾아갈 것이며, 죽더라도 더는 도망치지 않고 싸우겠다고. 영화 내내 사회의 거대한 폭력으로부터 사냥당하던 청년이 마침내 주체가 돼 우뚝 일어서는 순간이다.

준석의 결말은 비극일지 모른다. 역설적이지만 그 속에는 희망이 있다. 공포와 무력함이 보편화돼 누구나 탈출을 꿈꾸는 사회일지라도, 개인이 남아 각자의 책임을 다해야 무언가 변화가 시작되지 않겠는가.

영화관 안 거치고 안방극장으로 직행

코로나19 이후의 삶은 그 전과 완전히 다를 것이라는 관측이 지배적이다. 사람과 사람이 만나지 않는 언택트(비대면)가 가장 중요한 트렌드가 됐다. 대면 업무가 필수적인 산업들은 생존의 기로에 섰다.

콘텐츠 소비에서도 이런 흐름이 뚜렷하게 나타난다. 극장가는 코로나19로 직격탄을 맞았지만 집에서 혼자 영화를 볼 수 있는 넷플릭스 등 OTT는 이용자가 급증했다. 극장에서 '내 집 영화관'으로의 이동이 코로나19로 더 빨라졌다는 분석이다.

〈사냥의 시간〉은 한국 영화 중 처음으로 극장에 개봉되지 않고 넷플릭스에 독점 공개된 영화다. 이 영화는 2020년 2월 26일 국내 극장에서 개봉될 예정이었다. 그러나 2월 하순부터 코로나19가 확산해 개봉이 잠정 연기됐다. 코로나19 사태가 장기화하자 고심에 빠진 배급사가 향한 곳은 넷플릭스였다. 극장에서 개봉해봤자 관객을 충분히 끌어 모을 수 없다고 판단한 것이다. 이 때문에 판매사가 배급사를 상대로 상영금지가처분 신청을 제기하는 등 법적 공방까지 일었다.

코로나19로 인해 영화관 관객 수는 크게 줄었다. 반면 넷플릭스와 왓챠플레이 등 OTT들은 말 그대로 코로나 특수를 누리고 있다. 사회적 거리두기로 외출하지 않고 집에 머무르는 '집콕족'이 늘어나고 있

<표 2> 한국인 넷플릭스 월 결제 규모 (단위 : 억 원, 만 명)

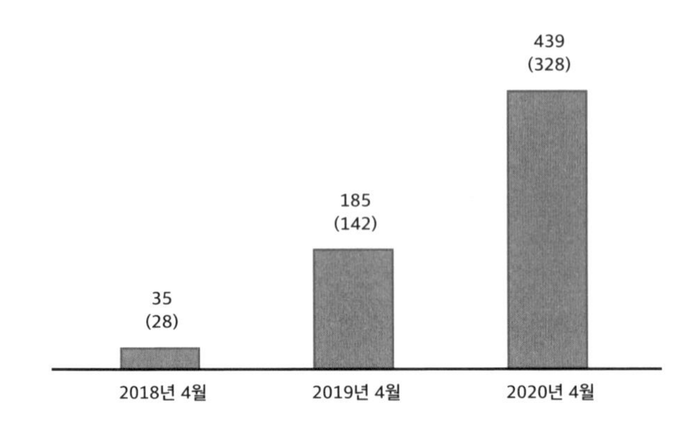

* 넷플릭스의 신용카드·체크카드 결제 집계. ( ) 안은 유료 회원 수
자료 : 와이즈앱

기 때문이다.

앱 분석업체 와이즈앱이 한국인의 넷플릭스 신용카드·체크카드 결제 내역을 집계한 결과 2020년 4월 기준 국내 넷플릭스 카드 결제액은 439억 원으로 추산됐다. 2016년 한국에 상륙한 뒤 최대다. 3월(362억 원)에 비해 21.3% 증가했다. 4월 유료 가입자는 328만 명으로 집계됐다. 와이즈앱 관계자는 "국내 넷플릭스 이용자들은 통신사를 통해 요금을 지급하거나 앱스토어에서 결제하는 경우가 있어 실제 유료 사용자와 결제금액은 더 많을 것"이라고 설명했다.

8장

기술진보와 재난

- 진화의 끝에서 우리는 행복할까

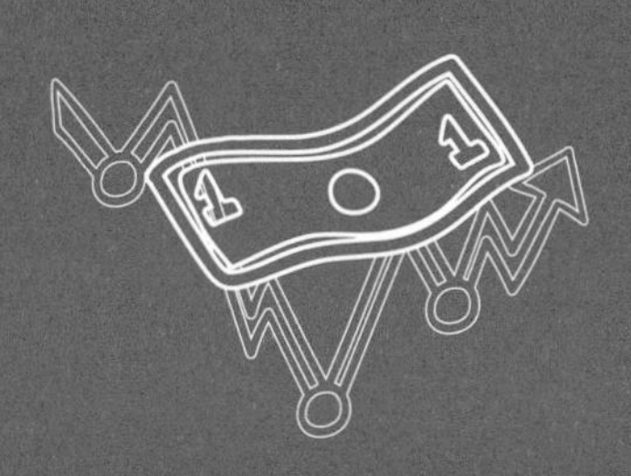

CINEMANOMICS

소름 돋는 코로나 예언작

〈컨테이전〉 팬데믹의 경제학

'합리적 기대'로 사재기 나타나지만

새로운 바이러스가 나타났다. 아시아에서 첫 환자가 나온 뒤 미국과 일본, 영국 등 세계에서 감염자가 기하급수적으로 늘어난다. 박쥐에서 유래된 이 바이러스에 사람이 감염되면 기침 등 호흡기 증상을 겪고 열이 38도를 넘는다. 대면 접촉은 물론 버스 손잡이 등 간접 접촉으로도 감염될 수 있다. 치사율은 높다. 하지만 치료제는 없다.

코로나19를 떠올렸는가. 놀랍도록 비슷하지만 코로나19가 아니다. 이 바이러스는 스티븐 소더버그 감독의 2011년 작 〈컨테이전〉에 등장하는 'MEV-1'이다. 10년 전 개봉한 이 영화가 '코로나19 예언작'으로 불리며 다시 주목받은 이유다. 〈컨테이전〉은 신종 바이러스의 세계적 대유행(팬데믹) 상황을 다룬 영화다.

홍콩 출장을 갔다가 최초 감염자가 된 베스 엠호프(귀네스 팰트로 분)는 감염된 지 4일 만에 사망한다. 〈컨테이전〉의 MEV-1 바이러스는 코로나19보다 훨씬 치명적이다. MEV-1은 최초 감염자가 발생한 지 133일 만에 2,600만 명 이상을 죽음으로 몰고 간다. 치사율은 25%다. 4명 중 1명이 사망한다. 코로나19 실시간 상황판에 따르면 2021년 3월 6일 기준 세계 코로나19 사망자는 1억 1,666만 7,216명이다. 치사율은 국가별로 차이가 나서 예멘은 26.9%에 달하지만 평균 2.22%다. 영화 〈컨테이전〉보다는 낮다.

그러나 영화 속에서 미지의 감염병을 맞닥뜨린 인간의 공포와 이로 인한 사회의 혼란은 코로나19가 확산된 지금의 현실과 매우 비슷하다. 중국 정부가 코로나19의 진원지로 추정되는 도시 우한을 봉쇄한 것처럼 〈컨테이전〉에서는 미국 정부가 시카고 등 주요 도시를 봉쇄한다. 탈출이 불가능한 도시에서 사회질서는 무너진다.

이 과정에서 정보 불균형 문제도 생긴다. 질병통제예방센터 소속 에리스 치버 박사(로런스 피시번 분)의 부인 오브리(사나 라단 분)는 도시 봉쇄 계획을 먼저 듣고 건전지와 통조림 등 생필품 사재기에 나선다. 사재기는 급속도로 확산돼 마트에서 물건이 자취를 감추고, 군이 배급하는 전투식량을 두고 몸싸움이 벌어진다.

재난영화의 단골 소재인 사재기는 미래에 재화의 가격이 오를 것으로 예상될 때 미리 사놓는 현상이다. 사람들이 사재기하는 이유를 경제학에서는 '합리적 기대 이론'으로 설명할 수 있다. 이 이론으로 노벨 경제학상을 받은 로버트 루카스 미국 시카고대 교수는 경제주체들이 사용 가능한 모든 정보를 이용해 경제 상황을 합리적으로 예측한다고 봤다. 이때의 정보에는 과거의 경험과 현재 상황 외에 미래에 대한 기대도 포함된다. 사재기의 경우 사람들이 재화의 수요가 크게 늘

<표 1> 사재기는 기대가격 상승으로 인한 수요 곡선의 우측 이동

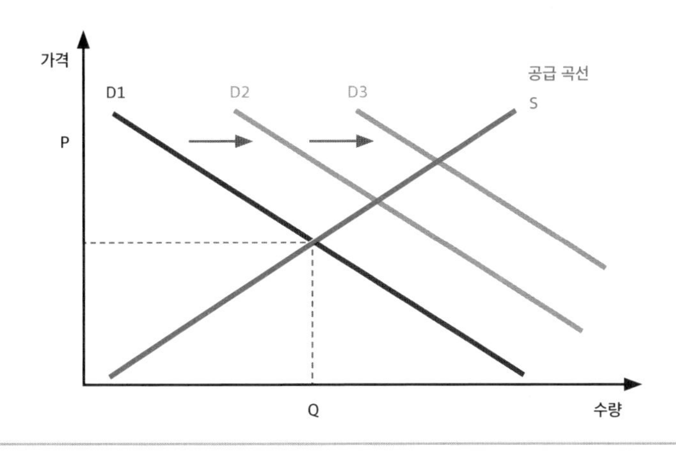

거나 공급이 감소할 것이라는 정보가 있을 때 곧 가격이 오를 것이라고 예측해 미리 물건을 사게 된다.

사재기를 수요·공급 곡선으로 표현하면 〈표 1〉처럼 우하향하는 수요 곡선이 오른쪽으로 이동하는 형태를 띤다. 개인들이 재화의 현재 가격이 아니라 미래 가격이라는 외부 요인을 고려해 현재의 수요를 늘리기 때문이다. 한국개발연구원(KDI) 경제정보센터는 "사재기를 '가격이 오르는데도 수요가 증가한다'는 이유로 우상향하는 수요 곡선으로 보는 경우가 많지만 이는 옳지 않다"고 설명한다. 수요 곡선이 우상향하면 재화의 현재 가격이 오를 때 수요량이 늘어야 하기 때문이다.

사재기는 더 이상 영화 속 일이 아니다. 중국에서 제지 원료가 동났다는 소문이 퍼지며 휴지를 사기 위해 마트마다 수십 명씩 줄을 서는

'휴지 대란'이 벌어졌다. 식료품이 다 팔려 텅 빈 마트에서 고개를 떨군 노인의 사진이 인터넷에 퍼지기도 했다.

개인에겐 이득, 사회엔 손실인 '구성의 오류'

현실에서 사재기는 비난받을 때가 많다. 하지만 사재기를 비합리적인 소비라고 단정할 수는 없다. 개인으로서는 한 제품의 가격이 오를 것으로 예상되면 미리 재화를 사두는 것이 합리적인 결정이기 때문이다. 오브리처럼 신종 바이러스로 곧 도시가 봉쇄될 것이라는 정보를 입수했다면, 미래에는 비싼 값을 치러도 생필품을 구하기 어려울 것이라고 예상할 수 있다. 오브리에게 사재기는 가장 합리적인 선택인 것이다.

그러나 사재기는 경제학자 케인스가 주장하는 '구성의 오류'의 대표적 사례이기도 하다. 구성의 오류는 개인에게 합리적인 선택이 사회 전체적으로는 합리적이지 않은 결과를 초래하는 현상을 뜻한다. 케인스는 '절약의 역설'로 구성의 오류를 설명한다. 개인이 저축을 많이 하면 재산이 늘어난다. 그러나 사회 구성원이 모두 저축만 하면 국가 경제가 침체된다. 소비가 줄어 물건이 팔리지 않고, 재고가 쌓인 기업이 생산을 줄이면 결국 기업에서 일하는 개인의 소득 감소로 이어지기 때문이다.

〈컨테이젼〉에서는 구성의 오류가 극단적으로 나타난다. 사재기의 영향으로 생필품을 구하기 어려워지자 선진국이라는 미국에서조차 복면을 쓰지 않은 강도들이 마트와 가정집에 침입한다. 그 과정에서 살인과 방화가 벌어진다. 베스의 남편 토머스 엠호프(맷 데이먼 분)도 음식을 구하기 위해 이웃이 살던 집을 몰래 뒤진다.

한국에서도 코로나19 사태로 마스크 대란이 벌어졌다. 확진자가 본격적으로 늘어나기 전인 2020년 1월 말에는 장당 1,000원을 밑돌았다. 하지만 코로나19 확산 우려로 마스크 사재기가 급증하며 공적 마스크가 유통되기 직전인 2월 말 마스크가격은 장당 3,000~4,000원 수준으로 올랐다. 1월 말에 마스크를 사재기한 사람들은 이득을 봤을 것이다. 하지만 가격이 급등한 탓에 의료진과 간병인 등 마스크가 꼭 필요한데도 구하지 못한 이들이 생겼다. 가격이 더 오를 것이라는 불안이 퍼져 마스크 사재기가 심해지는 악순환도 발생했다.

선한 이들의 연대에서 피어나는 희망

영화 초반부터 과학자와 의료진, 정부 관계자들은 백신을 갈망했다. 영화가 끝날 무렵에야 개발된 백신이 시민들에게 공급되고 사회의 혼란은 차츰 수그러든다. 토머스는 고등학생 딸의 남자친구가 백신을 맞은 뒤 그를 집으로 초대해 조촐한 졸업 파티를 열어준다.

그러나 백신이 이 영화에 나오는 유일한 희망은 아니다. 초유의 재난 상황에서도 자신에게 '합리적인 선택'을 하지 않은 사람들이 있었다. 정부기관의 과학자는 백신을 빨리 개발하기 위해 죽음을 무릅쓰고 자신의 몸에 임상시험을 했다. 한 민간 연구자는 사태 초기에 바이러스를 배양한 뒤 대형 제약사의 제의를 뿌리치고 정부에 무료로 기증했다. 치버 박사는 자신 몫으로 먼저 받은 백신을 센터 청소부의 아들에게 투여했다.

감염병이 창궐해 수많은 이가 죽어나가고 국가가 희미해진 극한의 상황. 이를 버텨내고 결국 극복하는 힘은 사재기 같은 개인의 이기적인 선택이 아니라 이타심과 희생이라는 점을 영화는 보여주고 있다. 우리에게도 코로나19의 확산으로 위기에 빠진 대구에 도움의 손길을 보내고, 어렵게 구한 마스크를 택배기사와 저소득층을 위해 선뜻 내놓았던 사람들이 있는 것처럼 말이다.

경제까지 중증 환자 만드는 오염된 정보 · 가짜 뉴스

〈컨테이젼〉 같은 재난영화에서 빼놓지 않고 등장하는 현상이 있다. 잘못된 정보가 사회에 빠르게 퍼지는 '인포데믹(정보감염증)'이다. 인포데믹은 '정보(information)'와 '전염병의 유행(epidemic)'을 합친 단어다. 인포데믹이라는 단어를 처음 사용한 사람은 미국 전략분석기관 인텔리브리지의 데이비드 로스코프 회장이다. 그는 사스(중증급성호흡기증후군)가 유행했던 2003년 〈워싱턴포스트〉에 기고한 글에서 "인포데믹은 한 번 생기면 곧장 대륙을 넘어 전염된다"고 설명했다.

〈컨테이젼〉에서도 감염병을 둘러싸고 확인되지 않은 소문이 수없이 돌아다닌다. 방송 뉴스의 앵커가 인터뷰를 위해 출연한 질병통제예방센터 관계자에게 "인도의 한 약이 치료 효과가 있는데 미국 정

<표 2> 코로나19 관련 인포데믹

소금물이 코로나19를 예방한다	"의과학적으로 검증되지 않은 잘못된 정보" 중앙재난안전대책본부
선별진료소에서 감염되는 사례가 있다 항생제를 미리 사둬야 한다 ('서울대 의대 졸업생 의견'이라는 제목의 글)	해당 정보 삭제, 접속 차단 방송통신심의위원회
코로나19는 완치돼도 폐손상이 심하다 (기획재정부 주관 제약사 사장들과의 회의 내용을 요약했다는 글)	"회의 자체가 없었다" 기획재정부

부가 발표를 막고 있다는 소문이 진짜냐"고 묻는다. 아시아와 남미에서는 미국과 프랑스가 백신을 이미 개발했지만 아시아에 주지 않는다는 소문이 퍼지며 세계보건기구(WHO)의 전문가와 과학자들이 납치된다.

혼란을 이용해 일부러 '가짜 뉴스'를 퍼뜨려 부당한 이득을 얻는 사람들도 등장한다. 프리랜서 기자 앨런 크럼위드(주드 로 분)는 블로그에 자신이 바이러스에 감염됐다가 개나리액을 먹고 나았다며 거짓 영상을 찍어 올린다. 이를 믿은 수많은 사람은 개나리액을 사기 위해 약국에 줄을 선다. 그러나 판매 수량이 부족해 폭동이 발생한다. 크럼위드는 개나리액 사기를 통해 450만 달러(약 55억 원)를 챙기고 백신이 개발된 뒤에도 부작용이 있을 것이라는 소문을 퍼뜨리다 증권 사기 및 범죄 모의 등의 혐의로 수사당국에 붙잡힌다.

한국에서도 코로나19가 확산되며 인포데믹 현상이 곳곳에서 발생했다. 경기 성남시 은혜의 강 교회에서 소금물이 코로나19 예방에 좋다는 잘못된 정보를 믿고 신도들의 입에 분무기로 소금물을 뿌린 사건이 대표적이다. 경기도에서는 인터넷을 보고 방역을 위해 공업용 알코올인 메탄올을 뿌려 일가족이 중독되기도 했다.

②

AI 진화의 끝은 유토피아일까 디스토피아일까

〈블레이드 러너 2049〉 기술진보의 경제학

제작된 게 아니라 태어난 로봇

"맞춤형으로 주문 가능합니다. 채굴지에서 사용하실 거면 지능이나 애정, 매력에 돈을 쓰실 필요는 없죠. 접대형 모델을 추가하신다면 모를까."

영화 〈블레이드 러너 2049〉엔 리플리컨트 구매를 위한 상담 장면이 나온다. 리플리컨트는 인간의 노동력을 대체하기 위해 만들어진 인간형 로봇이다. 2049년 기업들은 인간을 채용하는 대신 업무에 최적화된 리플리컨트를 구매한다. 사는 것도 쉽지만 폐기도 쉽다. 리플리컨트 독점 제조기업인 월레스는 자신 있게 외친다. "리플리컨트를 많이 보유할수록 인간의 삶은 윤택해질 겁니다."

주인공 K(라이언 고슬링 분)는 구형 리플리컨트 제품을 '퇴직'시키는 업무를 맡은 특수경찰이다. 퇴직을 거부하며 도망친 리플리컨트를 찾아내 강제로 폐기하는 일을 한다. K 또한 리플리컨트다. 인간들에겐 '껍데기'라고 조롱받고, 리플리컨트들은 그를 꺼린다. K는 둘 중 어디에도 끼지 못하는 외톨이다.

K가 사는 곳은 4차 산업혁명이 일어난 후의 미국 로스앤젤레스. 그가 타고 다니는 스피너(비행자동차)는 자율주행 차량이다. 손을 안 대도 알아서 움직인다. 스피너에 부착된 드론은 음성 인식으로 촬영 뒤 실시간 전송이 가능하다. 퇴근한 K를 따뜻하게 맞이하는 조이(아나 디 아르마스 분)도 사람이 아니라 월레스가 제작한 홀로그램이다. '당신이 원하는 것을 다 해드립니다'라는 광고 문구로 여기저기에서 팔리는 제품. K에게 조이는 유일한 가족이자 사랑스러운 연인이다.

영화 속에서 유토피아처럼 언급되는 오프월드(우주 식민지)는 상류층 인간들이 오염된 지구를 떠나 이주한 곳이다. 인공지능과 사물인터넷(IoT), 로봇 등 신기술 도입으로 생산 효율성이 폭발적으로 높아지자 더 이상 일할 필요가 없는 인간들이 옮겨갔다. 리플리컨트가 대신 일하기에 인간은 노동하지 않고도 삶을 영위할 수 있다.

현실에서도 4차 산업혁명으로 생산성이 향상되면서 경제 패러다임이 크게 뒤바뀔 것으로 예상된다. 낙관적 전망은 산업 구조가 선진적으로 전환되고, 새로운 일자리가 만들어지며, 평균적인 삶의 수준이 높아질 것이란 예측이다. 영화 속 월레스사는 유전공학(GM) 식량을 연구해 세계 기아 문제를 해결한다. 구형 리플리컨트 업체를 인수해 인간에게 복종하는 신형 리플리컨트 개발에도 성공한다. 월레스 회장은 "우리가 문명의 도약에 이바지하고 있다"고 확신한다. 월레스의 남은 바람은 여러 해 동안의 연구개발(R&D)에도 아직 확보하지 못한 리플리컨트 생식기술을 개발하는 것뿐이다.

평소처럼 폐기 업무를 진행하던 K는 우연히 한 구형 리플리컨트 유골에서 출산 흔적을 발견한다. 상사의 지시에 따라 해당 생식기술로 태어난 아이를 찾아 나선 K. 아이가 겪은 일들이 자신의 오랜 기억과 정확히 일치한다는 사실을 알게 된다. 그의 홀로그램 연인인 조이는 K가 바로 그 아이임을 확신한다. "당신은 특별해. 제작된 게 아니라 태어났잖아." '특별하다'는 말에 늘 덤덤하던 K도 감정의 동요를 보인다.

오프월드 이주권을 얻지 못해 지구에 남은 인간들도 있다. 이들은 리플리컨트와 뒤섞여 고된 삶을 산다. 기술혁명의 혜택을 받지 못하고 오히려 일자리에서 밀려난 사람들이다. 4차 산업혁명으로 대량 실업이 발생하고 양극화가 심화될 수 있다는 일각의 비관적 전망이 영화 속에 나타난 것이다.

기술혁신이 만들어낸 실업을 기술적 실업이라고 한다. 자율주행 기술이 상용화되면 트럭 운전사의 일자리가 위협받고, 드론 배송이 실현되면 택배기사들이 실직자가 되는 식이다. 일자리가 사라져 소득을 잃는 사람이 많아지면 경제의 큰 축 자체가 흔들릴 가능성이 있다. 노동을 통한 소득→소득을 바탕으로 한 소비→경제 활성화(사회 유지)로 이어지는 경제순환 구조 자체가 엉켜버리는 것이다.

4차 산업혁명으로 발생할 실업자들의 재교육과 소득 보장을 위한 재원이 필요하다는 목소리가 부상하는 이유도 여기에 있다. 일각에선 '로봇세'를 걷자는 주장도 나온다. 사람 대신 로봇을 사용하는 기업에 로봇 숫자만큼 세금을 부과해 4차 산업혁명으로 일자리를 잃은 사람들을 위해 쓰자는 것이다. 로봇세가 혁신을 저해할 것이라는 반론도 있다. 기업의 기술개발 의지를 꺾어 제2의 '붉은깃발법(19세기 후반 자동차 속도가 마차보다 빨라선 안 된다고 정했던 규제)'이 될 가능성이 크다는 우려다.

신기술 확보 나선 월레스

월레스가 생식 기능을 갖춘 구형 리플리컨트의 존재를 알게 되면서 상황은 긴박하게 흐른다. 월레스는 이 기술이 새로운 혁명의 씨앗이 될 것이라고 본다. 신기술 확보를 위해 이른바 '기적의 아이'를 추적한다. 그 시각 K는 정체성 혼란에 빠져 있다. 그는 자신의 아버지로 생각되는 인물의 흔적을 비밀리에 찾아 나선다.

조지프 슘페터가 소개한 '콘드라티예프 파동' 그래프에 따르면 경기는 45~60년의 기간을 두고 크게 순환한다. 이 순환을 만드는 건 기술혁신이다. 통상적으로 제품을 개발해 표준화될 때까지 기업 매출은 증가한다. 그래서 이 시기엔 기업가의 혁신 동력이 약하다. 하지만 시장에서 품질 표준이 형성되고 제품이 '일반적인 상품'이 되면 상황은 달라진다. 소비자는 열광에 대한 대가로 추가금을 낼 의향이 없다. 위기감을 느낀 기업들은 신기술에 투자하고, 혁신이 이뤄지면 새로운 활황이 시작된다. 1780년대의 섬유산업, 1840년대 증기기관과 철도, 1890년대 전력, 1940년대 자동차, 1990년대 컴퓨터 기술이 그렇게 출현했다.

월레스가 생식이라는 신기술을 확보하기 위해 총력을 다하는 것도

<표 1> 콘드라티예프 시기 구분

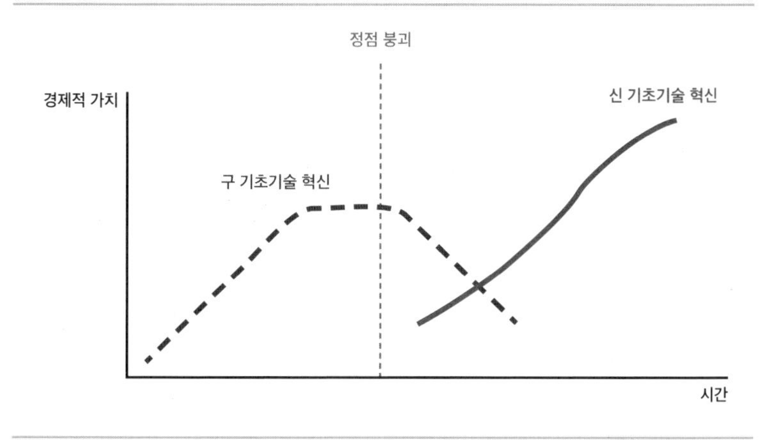

기존 리플리컨트 제품의 한계를 느꼈기 때문이다. 하지만 사회 혼란을 우려한 정부가 월레스를 막아선다. 월레스의 직원은 정부를 향해 답답하다는 듯 외친다. "위대한 혁신이 뭐가 두려워서? 빗자루 따위로 거센 파도를 막진 못해."

한편 아버지를 수소문하던 K는 결국 데커드(해리슨 포드 분)를 찾아낸다. 데커드는 과거 리플리컨트와의 사랑을 통해 기적의 아이를 생산했다. 하지만 정부와 기업으로부터 자식을 보호하겠다는 목적 아래 자식을 버리고 잠적했다. K는 자신이 당신의 아들일 수 있다는 사실을 데커드에게 차마 전하지 못한다.

혼란스러운 K 앞에 한 무리의 리플리컨트들이 나타난다. 데커드와 함께 인간들을 향한 반란을 준비하고 있었던 세력이다. 이들과의 대화에서 K는 제 것이라고 여겼던 기억이 사실은 자신이 실제 겪었던 게 아니라는 것을 알게 된다. 리플리컨트 제작 과정에서 삽입된 가짜

기억이었다. K는 기적의 아이도 혁신의 씨앗도 아니었다. 공장에서 생산된 평범한 리플리컨트였다.

리플리컨트 반란군은 K에게 데커드를 폐기해달라고 요청한다. 기적의 아이의 아버지인 데커드가 정부와 기업의 타깃이 된 이상 자신들의 반란 계획이 밖으로 알려질 위험이 있다는 이유에서였다.

K는 다른 선택을 한다. 데커드를 없애는 대신 진짜 기적의 아이의 거처로 그를 안내한다. 데커드가 자신의 딸과 처음으로 손을 맞대는 순간, 가동 기한이 다 된 K는 한쪽에서 조용히 눈을 감는다. 자신이 특별하길 바랐던 리플리컨트 K가 가장 인간답게 삶을 마무리하는 장면으로 영화는 막을 내린다.

결국 이 영화는 곧 다가올 미래가 어떤 모습일지, AI가 동료나 연인, 가족이 되는 세상은 어떻게 준비해야 하는지, 그 과정에서 지켜야 할 '인간다움'은 무엇일지에 대해 질문을 던지고 있는 셈이다.

데이터, 제공한 사람이 주인일까 가공한 기업의 소유일까

"월레스 회장님은 데이터를 거의 집착 수준으로 보관하고 계시죠. 자, 무엇을 도와드릴까요?"

기적의 아이를 찾기 위해 데이터 보관소를 방문한 K에게 월레스의 비서 러브(실비아 획스 분)가 다가와 묻는다. 월레스는 모든 리플리컨트의 기억 데이터를 철저히 관리한다. 신제품 개발은 물론 서비스 개선에 활용하기 위한 것이다. 영화 내내 이어지는 K의 추적 과정에서

<표 2> 커지는 세계 빅데이터 시장 (단위 : 억 달러)

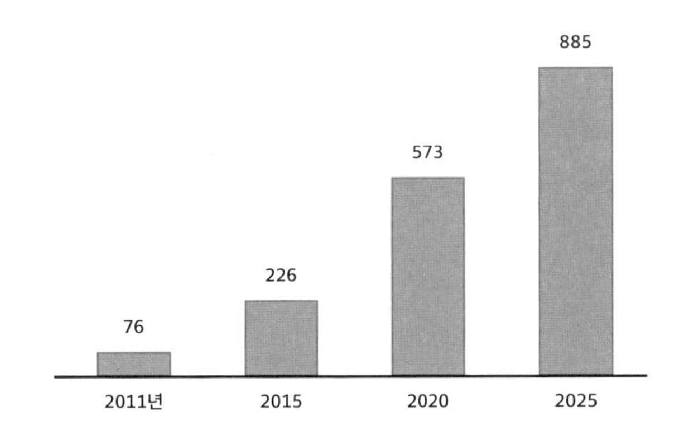

* 2020년 이후는 전망치
자료 : 위키본

도 데이터는 가장 중요한 키워드다. 데이터가 미래의 자본이 될 것이란 예측이 영화 속에서 현실화한 것이다.

과거 산업혁명을 이끈 자원은 석유와 석탄, 전기였다. 4차 산업혁명에선 데이터가 그 자리를 꿰찰 가능성이 높다. 지식정보 산업과 정보기술이 발달하면서 데이터에서 나올 수 있는 경제적 가치가 기하급수적으로 커졌다. 전통적 생산요소인 토지, 자본, 노동이 데이터를 중심으로 재편되고 있는 셈이다. 주요기업은 이미 데이터 확보 경쟁에 뛰어들었다. 페이스북이 왓츠앱을 220억 달러(약 25조 5,000억 원)에 인수한 게 대표적이다.

'데이터는 누구의 것인가'라는 근본적인 질문도 제기되고 있다. 통상적으로 데이터는 기업이 구축한 플랫폼에서 사용자들이 활동하면서 생산된다. 기업들은 데이터를 바탕으로 수익을 창출하지만 일반적인 경우 사용자들에게 따로 보상은 안 한다. 공개적인 데이터 거래 시장이 형성돼야 한다는 주장도 그래서 나온다. 양질의 데이터를 생산한 사람에게 많은 대가를 지급해 데이터 공급을 늘리고, 이 과정을 통해 데이터산업을 발전시킬 수 있다는 것이다. 시티즌미, 데이터쿱처럼 사용자가 생산한 데이터에 보상을 하는 앱도 대거 등장했다.

반면 플랫폼을 구축하는 데 기업의 막대한 자본이 들어가는 만큼 플랫폼을 이용하는 것 자체가 데이터를 대가 없이 제공하는 데 사실상 합의한 것이라는 관점도 있다. 일부 인사는 기업에 '데이터세' 같은 방식의 세금을 부과해야 한다는 주장도 한다. 미국 민주당 대선 후보 경선에 나섰던 기업가 앤드루 양이 대표적이다. 그는 구글, 아마존, 페이스북 같은 기업으로부터 데이터세를 걷자고 했다. 개별 데이터보다는 데이터의 총합에서 큰 가치가 만들어지는 경우가 많은 만큼 이용자 개인이 시장 거래를 통해 보상을 받기란 어렵다. 따라서 정부가 과세한 뒤 기본소득 형태로 재분배하는 것이 옳다는 것이다.

3

가혹한 인구론은 비극을 부른다

〈어벤져스〉 인구의 경제학

인구를 절반으로 줄여야 인류는 행복할 수 있어

"우주는 유한해. 자원도 그렇지. 이대로 가면 아무도 못 살아남아."

영화 〈어벤져스〉 시리즈에 등장하는 악당 타노스. 이 악당의 목표는 여느 악당과는 다르다. 인간을 비롯한 우주 생명체의 행복을 꿈꾼다. 그런데 우주의 행복을 위한 전제조건이란 게 전형적인 악당의 그것이다. 타노스는 생명체의 절반이 죽어야 모두가 행복해진다고 믿는다. 인구는 빠르게 늘어나는데 자원은 부족하다는 걸 이유로 내세운다.

여러 행성을 다니며 생명체의 절반을 직접 죽이는 것도 모자라 단 한 번에 절반을 죽일 방법을 찾는다. 우주에 흩어진 6개의 스톤을 모두 모아 전지전능한 힘을 갖는 것이 바로 타노스의 구상이다. 6개의 스톤을 확보한 순간, 손끝을 튕기는 간단한 동작만으로도 우주 생명의 절반을 거둘 수 있게 된다. 이를 막기 위해 전 우주의 히어로들이

<표 1> 맬서스 이론

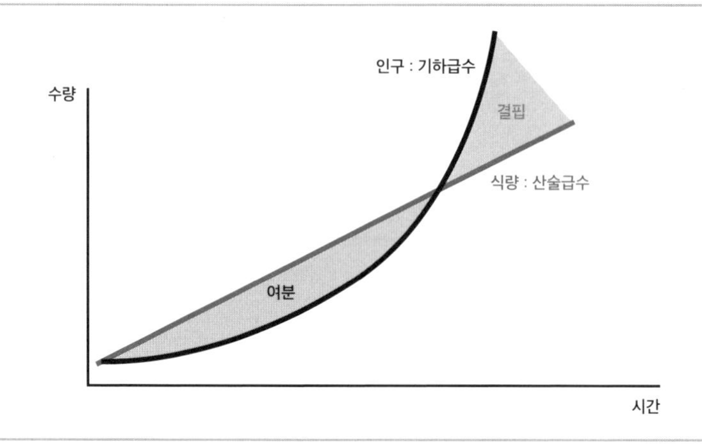

힘을 합쳐 타노스에 맞서는 게 〈어벤져스〉 시리즈의 핵심 줄거리다.

타노스의 철학은 영국 경제학자 토머스 맬서스의 주장과 맞닿아 있다. 맬서스는 1798년 내놓은 《인구론》에서 인구는 기하급수적으로 늘어나는 데 비해 식량은 산술급수적으로 증가하는 데 그치기 때문에 인구가 줄어야 한다고 주장했다. 〈표 1〉은 이런 맬서스의 이론을 압축적으로 보여준다.

맬서스는 인구가 대략 25년마다 두 배씩 증가하기 때문에 200년 뒤에는 인구와 식량의 비율이 256 대 9, 300년 뒤에는 4,096 대 13까지 벌어질 것이라고 주장했다. 산업혁명에 성공해 미래에 대한 낙관론이 팽배했던 18세기 영국에서 나온 음울한 이론이었다.

맬서스가 말한 인구를 줄이는 방법은 타노스만큼이나 잔인했다. 가난한 자는 자연스럽게 도태돼야 한다는 게 맬서스의 대안이었다. 그는 부양 자녀 수에 따라 보조금을 지급하는 당시 영국 정부의 정책에 반대했다. 그렇지 않아도 빠르게 불어나는 인구를 늘리는 데 보탬이 되는 정책이라고 봤기 때문이다. 맬서스의 주장은 당시 사회에 큰 충격을 줬다. 당시 총리 윌리엄 피트는 빈민구제법을 시행한 지 4년 만에 철폐하기도 했다.

타노스의 인구론은 맹목적이다. 생명체의 절반을 죽이는 일은 "구원을 위한 작은 희생"으로 치부한다. 자신의 '대의'를 위해 스스로 희생도 마다하지 않는다. 사랑하는 딸의 생명을 내놓고 자신의 건강까지 희생한다. 가난한 자를 도태시켜야 한다고 주장했던 맬서스와 달리 타노스는 자신이 부자든 빈자든 가리지 않고 절반을 죽인다며 스스로를 합리화하기도 한다.

인류의 행복을 내걸었지만 맬서스와 타노스의 인구론은 현실에선 받아들여지기 힘든 주장이다. 맬서스의 인구론은 ① 식량 생산 속도는 일정하다 ② 인간의 성욕 때문에 인구는 무한히 늘어난다는 두 가지 전제가 달라지면서 오래전에 논박됐다. 비료 등 경작기술의 혁신으로 식량 생산량이 크게 개선됐고 과학적인 피임 방법이 생겼기 때문이다. 지난 200년 동안 맬서스의 예상과 달리 세계 인구는 약 여섯 배로 늘었지만 식량 생산량은 이보다 훨씬 빠르게 불었다.

타노스의 이론도 영화 속에서 실패를 맞기는 마찬가지다. 시리즈 4편인 〈어벤져스 : 엔드게임〉은 타노스의 목표가 달성된 상태의 지구를 비추는 것으로 시작한다. 타노스는 인구를 절반으로 줄였지만 결과는 파국이다. 하루아침에 가족을 잃은 이들의 상실감 때문에 집단 우울감에 빠진 사회엔 타노스가 바랐던 행복도, 희망도 없다.

맬서스와 타노스의 논리에 따르자면 인류는 영원히 행복해질 수 없

<표 2> 세계 1인당 소득 증가 (1800년=1)

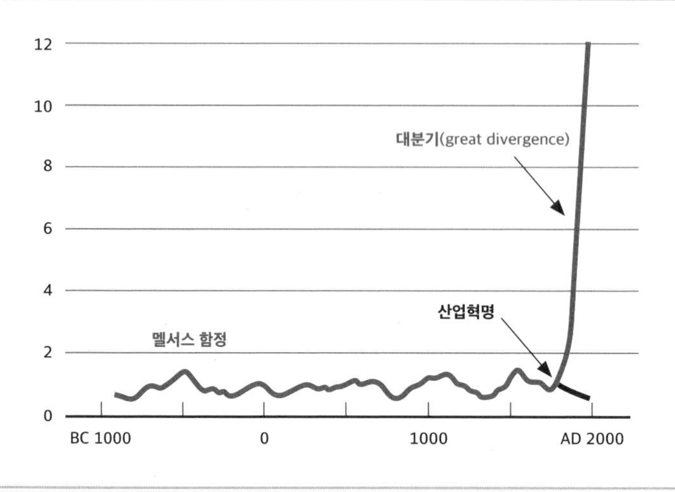

다는 점도 둘이 가진 생각을 선뜻 받아들이기 힘든 이유다. 맬서스는 인간의 기술이 아무리 발달해도 삶의 질은 최저 수준에서 머무를 것이라고 봤다. 기술이 발달해 생활 여건이 좋아지면 인구가 늘고, 인구가 늘면 다시 자원 부족이나 질병 등으로 생활 여건이 나빠져 인구가 줄어든다는 논리다. 결국 인류는 진보하지 못하고 이 과정을 무한 반복할 뿐이라고 주장했다. 이른바 맬서스 함정이다. 하지만 맬서스 함정은 산업혁명으로 기술이 비약적으로 발전하기 전의 경제 구조를 설명할 수 있을지 몰라도 기술 발달로 인당 생산성과 소득이 크게 늘어난 현재를 설명하기엔 역부족이다(표 2).

타노스도 다르지 않다. 당장 인구가 절반으로 줄어도 그 상태는 영원히 유지되지 않는다. 타노스의 '과업'은 한 번 이루면 끝나는 완성이 아니라 끊임없이 반복돼야 할 희생이다. 시공간을 넘나들며 전지

<표 3> 성장의 한계 주장한 로마클럽 보고서

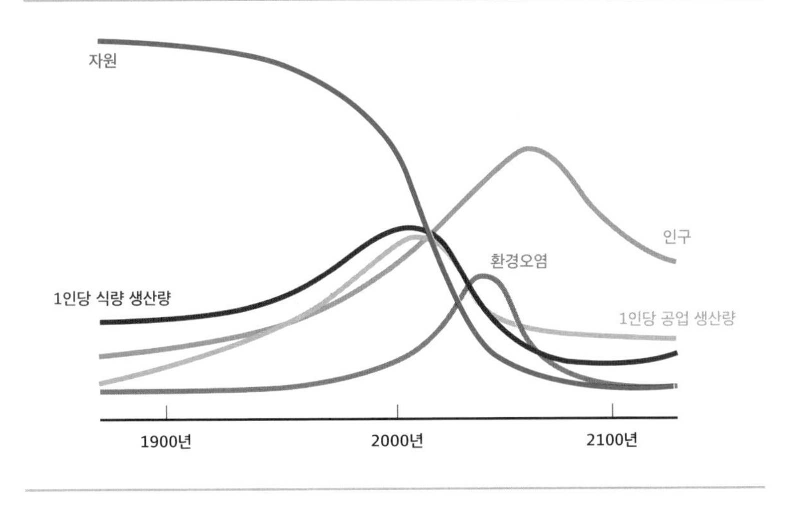

전능한 힘을 갖게 된 타노스가 선택한 인류 행복의 답이 고작 생명체의 절반을 죽이는 것이라는 데 동의하기 힘든 이유다.

변주되는 맬서스 이론

맬서스의 이론은 1900년대 초반 화학자인 프리츠 하버(Fritz Haber)가 인공 질소 비료를 개발하면서 논파됐다. 인공 질소 비료가 공급된 지 3년 만에 식량 생산량이 인구보다 두 배 빠르게 늘었기 때문이다. 그래서 하버는 맬서스 함정을 끊어낸 과학자로 평가받기도 한다.

맬서스 인구론이 논파된 이후에도 맬서스 이론은 다양한 모습으로 변주됐다. 1972년 로마클럽 소속 경제학자와 기업인들이 발간한 〈성장의 한계〉라는 보고서가 대표적이다. 이 보고서는 인구 증가, 공업화, 식량 감소, 자원 고갈, 환경오염 등 다양한 지표를 바탕으로 100년 후의 미래를 예상했다(표 3).

결과는 충격적이었다. 로마클럽 연구자들은 2020년을 인류문명에 변화가 생기는 정점으로 보고 100년 안에는 인류가 멸망하는 수준에 이를 것이라고 봤다. 이른바 성장의 한계다. 맬서스가 인구에 비해 식량 생산량이 부족할 것이라고 봤던 것처럼 로마클럽 구성원들은 인구에 비해 석유 등 천연자원이 크게 부족하다고 봤다. 이들을 신맬서스주의자라고 부르는 것도 이런 이유 때문이다.

50여 년이 지난 지금 상황은 오히려 반대다. 로마클럽 보고서는 30년 안에 석유가 고갈될 것이라고 예상했지만 채굴기술 발전 덕에 셰일오일 같은 새 에너지원이 발굴되면서 원유 생산량은 오히려 늘었다. 2020년 4월엔 원유 수요가 급감할 것이라는 전망에 유가가 마이너스를 기록하는 초유의 사태가 벌어지기도 했다.

〈어벤져스 : 인피니티 워〉의 마지막 장면. 임무를 완수한 타노스의 눈은 공허하다. 원하던 바를 이룬 타노스도, 행복해질 것이라고 믿었던 인류도 모두 불행해졌다. 잘못된 자기 확신은 언제나 파멸이다.

뛰어난 사람들만 모았는데 팀 성과는 왜 그저 그럴까

아이언맨, 헐크, 토르, 스파이더맨……. 어벤져스는 각기 다른 역량을 지닌 뛰어난 히어로들이 모인 팀이다. 하지만 뛰어난 개인이 모인다고 합까지 뛰어난 건 아니다. 팀원 중엔 아이언맨과 캡틴아메리카처럼 생각이 달라 사이가 틀어진 사람도 있다. 캡틴마블처럼 지구를 지키는 것 외에 다른 행성에서 벌어지는 일까지 책임져야 하는 히어로도 있다. 개인과 팀의 목적이 완벽하게 일치하지 않는 경우다.

사람이 모여 일을 하는 기업에 관심이 많은 경영학 연구자들은 오래전부터 팀이 만들어내는 성과에 주목했다. 개인이 모여 팀을 이뤘을 때 생기는 긍정적인 효과와 부정적인 효과를 연구해 이름을 붙였다. 부정적인 효과의 대표 사례는 '링겔만 효과'다. 독일 심리학자 막스 링겔만(Max Ringelmann)의 이름에서 따왔다. 링겔만 효과는 집단 역량이 개인 역량을 합친 것보다 적은 현상을 뜻한다.

링겔만은 이를 줄다리기 실험으로 설명한다. 링겔만의 실험에서 1명이 줄을 당겼을 때 개인이 내는 힘은 63kg이었다. 그런데 3명이 함께 줄을 당기니 개인이 쓴 힘은 53kg으로 줄었다. 8명일 때는 1명이 혼자 쓰던 힘의 절반만 썼다. '내가 아니더라도 다른 사람이 당겨주겠지' 하는 무임승차 문제와 '내가 살살 당기고 있는 걸 남들은 모르겠지'라는 익명성 문제가 나타난 사례다.

반대로 개인이 팀을 이뤘을 때 더 큰 힘을 내는 사례도 있다. '메디치 효과'는 서로 다른 영역의 재능을 지닌 사람들이 만나 시너지를 내는 현상을 뜻한다. 이탈리아 메디치 가문이 후원한 철학자, 과학자, 예술가들이 한데 모여 시너지를 낸 데서 따왔다.

어벤져스는 메디치 효과의 대표 사례다. 닥터스트레인지는 타노스에 맞서 이길 수 있는 경우의 수를 계산하고, 아이언맨과 헐크는 시공간을 뛰어넘는 타임머신을 개발해냈다. 각자의 능력을 활용해 팀 목표에 기여한 결과 혼자서는 이루지 못했을 성과를 낸다.

어벤져스 멤버들은 조금씩 어긋나는 개인의 목표와 관계에도 불구하고 끈끈한 팀워크를 유지한다. 타노스를 제압한다는 뚜렷한 목표가 있었고, 구성원은 어떤 경우에도 사적인 이익보다는 팀의 목표를 앞에 뒀기 때문이다. 어벤져스를 꿈꾸는 직장인이라면 한번쯤 되새겨봐야 할 일이다.

고령화 해결의 희망은 출산율 개선과 포용적 이민

〈칠드런 오브 맨〉 출산율의 경제학

인구 감소보다 두려운 생산가능인구 감소

"전 세계는 오늘 '지구의 마지막 아기' 디에고 리카르도의 죽음에 충격에 빠졌습니다. 18년 4개월의 생애 끝에 삶을 마감한 베이비 디에고는 인류가 맞이한 불임이라는 재앙의 상징이었습니다."

2027년 영국 런던, 시민들은 화면 속 청년의 사진을 보며 오열한다. 인류는 2009년 이후 아기가 태어나지 않는 원인 불명의 재앙을 맞았다. 느리지만 확실하게 다가오는 멸종 앞에 인류는 무너져간다. 세계 최강대국 미국은 뉴욕 한복판에 핵폭탄이 터져 폐허로 변했고, 잠시 등장하는 서울은 도시 전체가 물에 잠긴 상태다. 신에게 용서를 비는 신흥 종교 집단이 창궐하지만 아이들의 웃음소리는 돌아올 기미가 보이지 않는다.

주인공 테오(클라이브 오언 분)는 세계에서 유일하게 정부와 국가 기능이 유지된 영국의 공무원이다. 그는 한때 사회운동가로 활동했지만 지금은 친구와 마약을 즐기며 무기력한 하루하루를 살아간다. 어느 날, 테오의 전처이자 테러단체 지도자인 줄리안(줄리앤 무어 분)이 테오를 찾아와 흑인 소녀 키를 영국 밖으로 옮기는 작전에 참여해달라고 부탁한다. 키는 약 20년 만에 인류에서 최초로 아이를 임신한 여성이다.

영화 〈칠드런 오브 맨〉은 〈그래비티〉와 〈로마〉로 아카데미 감독상을 두 번 받은 멕시코 감독 알폰소 쿠아론의 2006년 작품이다. 이 영화는 절망적인 세상을 그린 디스토피아물로, 저출산을 넘어 무출산이라는 초유의 사태 속 처참한 인류의 생활을 담아냈다.

사실상 경찰국가로 변한 영국은 정부의 철권통치로 최소한의 치안을 유지하지만 경제는 붕괴에 이르렀다. 생기를 잃은 길거리에는 쓰레기와 낙서가 가득하고, 시민들은 시동도 제대로 걸리지 않는 노후화된 자동차를 타고 다닌다. 런던 도심에서 조금만 벗어나면 슬럼이 된 도시의 빈민들이 지나가는 차량을 약탈하기 위해 달려든다. 길거리를 돌아다니는 사람은 대부분이 노인이다.

인류가 저출산과 고령화를 두려워하게 된 것은 비교적 최근 일이다. 인구경제학에 따르면 고령화는 출산율 저하와 사망률 둔화라는 두 현상의 산물이다. 워싱턴대 보건계량평가연구소에 따르면 세계의 합계출산율이 하락하기 시작한 것은 1960년대부터다. 이 시기에 함께 진행된 평균수명 연장으로 선진국들은 급격하게 늙어가기 시작한다. 한국도 예외가 아니다. 워싱턴대 연구진은 세계 인구가 2064년에 97억 명으로 정점을 찍고 하강 곡선을 그릴 것으로 전망한다.

〈칠드런 오브 맨〉 속 상황은 더 심각하다. 현실에서는 평균수명 연

<표 1> 감소하는 생산가능인구 (단위 : 만 명)

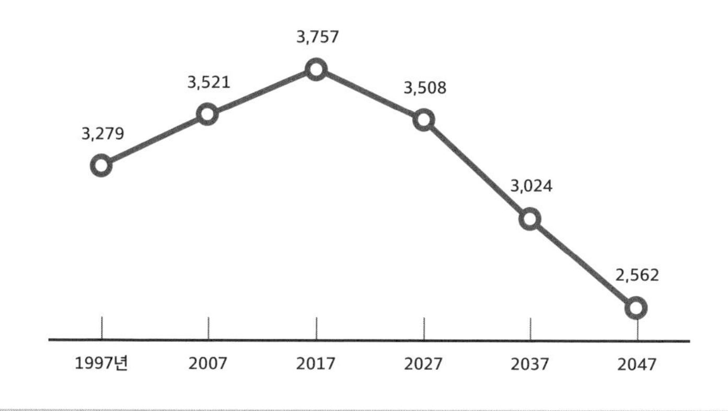

* 2027년 이후는 전망치
자료 : 통계청 장래인구추계

장과 개발도상국들의 높은 출산율로 세계 인구가 증가하고 있지만, 영화 속 지구는 사망자 한 명 한 명의 흔적이 고스란히 남을 만큼 인류 소멸 속도가 빠르다. 경제에 보탬이 될 수 있는 출생은 전무하다.

전통경제학은 생산의 3대 요소로 노동력과 토지, 자본을 꼽는다. 안타깝게도 모든 인간이 노동력을 제공할 수 있는 게 아니다.

일반적으로 생산활동에 유의미하게 기여할 수 있는 만 15세에서 64세 사이의 사람을 인구경제학에서는 '생산가능인구'로 정의한다. 전체 인구가 늘더라도 생산가능인구가 감소한다면 생산가능인구가 짊어져야 하는 비용이 증가한다는 것이 저출산·고령화 문제의 핵심이다.

한국의 생산가능인구는 특히 빠른 속도로 줄어들고 있다. 통계청의 장래인구추계에 따르면(표 1), 한국의 생산가능인구는 이미 2017

<표 2> 가구주 연령별 월평균 소비 지출 (단위 : 만 원)

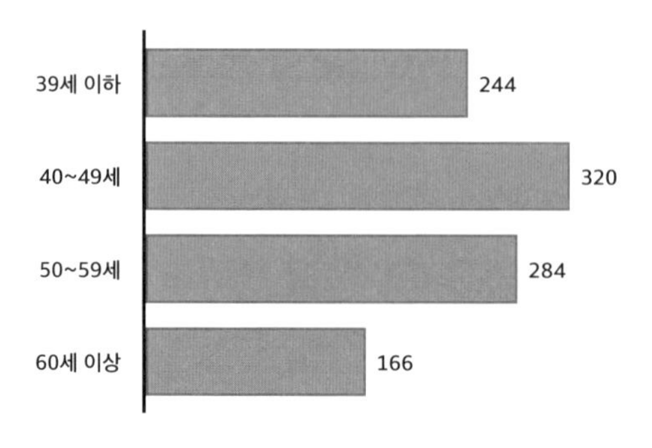

* 2019년 기준
자료 : 통계청 가계동향조사

년에 3,757만 명으로 정점을 찍고 내리막길로 돌아서 2047년에는 2,562만 명으로 쪼그라든다.

생산가능인구가 줄어든 국가는 경제의 성장 잠재력마저 타격을 받는다. 한국의 경제성장 둔화 원인을 분석할 때 고령화가 최우선적으로 등장하는 이유다. OECD는 지난 2020년 8월 발표한 〈한국 경제 보고서〉에서 한국의 생산가능인구 100명당 노인인구가 2019년 22명에서 2060년에는 80명까지 증가할 것으로 내다봤다. 이로 인해 향후 40년 동안 한국의 잠재성장률이 1.2%대로 떨어질 것으로 전망했다.

생산가능인구 감소는 사회의 생산뿐 아니라 수요 측면에서도 재앙이다. 이들은 생산에 기여할 뿐 아니라 가장 왕성하게 소비하는 연령대이기 때문이다. 2019년 통계청 가계동향조사에 따르면, 한국인의 소비 지출은 〈표 2〉에서처럼 40대에 정점을 찍고 60대부터는 20대보다 낮은 수준으로 추락한다. 고령층은 고정 소득이 적고 남은 기대수명도 짧아 저축률 역시 낮다. 이는 경제 전체의 투자 위축과 장기 성장성 악화에 영향을 미친다.

생산인구가 줄어드는데 부양인구는 늘어나는 교착 상태에 빠진 영화 속 영국 정부는 가장 극단적인 해결책을 꺼내든다. 국민에게 자살약을 배급하고, 방송 매체 등을 통해 자살약의 효과를 공개적으로 홍보한다. 이는 강제적으로 사망률을 끌어올려 고령화의 부담을 해소하려는 전략이다.

출산 기회비용 높은 한국, 150조 원 투입도 효과 없어

지금의 대한민국, 그리고 영화 속 영국과 같은 나라들이 현실적으로 취할 수 있는 선택지는 크게 두 가지다. 출산율을 끌어올리거나, 포용적인 이민정책으로 외국인을 자국 경제 안으로 끌어들이는 것이다. 1990년대까지 유럽을 대표하는 저출산 국가였던 프랑스는 복지 확대를 통해 합계출산율을 유럽연합 최고 수준인 1.9명으로 끌어올렸다. 1960년대부터 출산율이 하락세인 미국은 이민자에게 문호를 개방한 덕에 지난 20년간 생산가능인구가 14%(2,673만 명) 증가했다.

영화 속 영국은 두 가지 선택 모두 내릴 수 없는 상황이다. 출산은 불가능하고, 전 세계에서 쏟아지는 난민은 시민들의 불안과 반감 속에 사회에 편입되기보다 수용소로 몰려 제거된다.

키의 존재는 영화가 제시하는 디스토피아의 해답이다. "세상은 끝났다"며 절망하던 테오는 임신한 키의 배를 보면서 삶에 대한 희망을

<표 3> 한국 연도별 합계출산율 (단위 : 명)

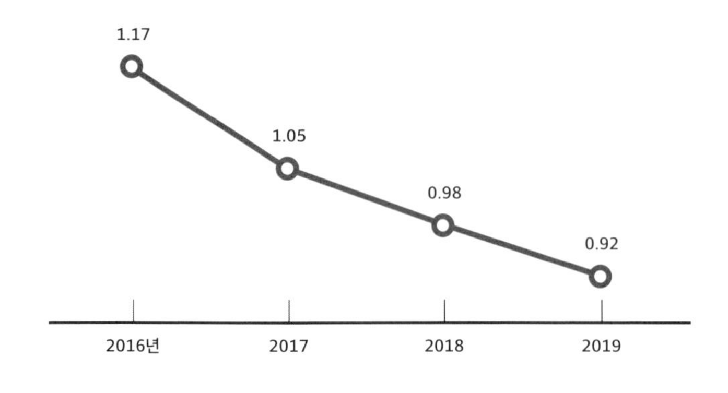

* 여성 1명이 평생 낳을 것으로 예상되는 평균 출생아 수
자료 : 통계청

찾는다. 테오와 일행의 숱한 희생 끝에 키는 무사히 건강한 딸을 출산한다. 난민을 학살하던 영국의 군인들도, 생존을 위해 테러와 분쟁을 이어가던 저항군도 아기의 모습을 보고 모든 싸움을 멈춘다. 마지막 장면에서 키와 딸은 죽어가는 테오의 도움으로 인류를 되살리기 위해 연구하는 학자들의 배에 올라탄다. 배의 이름은 투모로(내일)다.

〈칠드런 오브 맨〉은 한국에서 뒤늦게 빛을 본 영화다. 2006년 전 세계 개봉 당시에는 국내 상영관을 확보하지 못했다. 영화는 10년 뒤인 2016년에야 국내에 개봉했다. 국내 영화 팬들 사이에서 뒤늦게 반향을 불러일으킨 것은 출산율이 세계 꼴찌(2019년 합계출산율 0.92명)라는 한국의 현실과 무관하지 않다.

영화 속 영국처럼 한국은 20년 가까이 출산율과의 싸움을 이어왔다. 한국에서 저출산·고령화 문제가 본격적으로 대두한 것은 2005년이다. 한국은 이후 저출산 및 고령화 해결을 위해 13년에 걸쳐 무려 268조 9,000억 원을 투입했다. 이 가운데 저출산 문제에 투입한 예산은 약 150조 원. 결과는 처참하다. 2019년 국내에서 태어난 신생아는 총 30만 명. 13년 전(43만 명)에 비해 30% 줄었다.

1992년 노벨 경제학상 수상자인 게리 베커는 1960년에 발표한 보고서를 통해 저출산 현상에 대한 경제학적 설명을 내놨다. 그는 출산 역시 인간이 내리는 대부분의 결정처럼 선택으로 발생하는 효용이 비용을 웃돌 때 일어난다고 주장했다. 여기에서 비용은 출산을 선택하면서 포기해야 하는 것, 즉 기회비용까지 포함한 개념이다.

베커에 따르면 고소득층 및 선진국의 부부들은 임금 수준이 높다. 이들이 자녀를 낳고 기르면서 포기하는 시간과 자원은 저소득층·후진국 부부들의 시간보다 금전적 가치가 높다. 그 결과 교육 수준이 높은 선진국일수록 출산율이 낮다는 설명이다. 국내에서는 베커의 이론에다 한국의 긴 평균 노동시간 및 여성의 출산 후 경력 단절 문제를 접목해 한국 특유의 저출산 현상을 설명하려는 시도들이 등장했다. 한국 부부들의 출산 기회비용이 후진국은 물론 여타 선진국보다 높기 때문이라는 주장이다.

저출산 대책 무용론이 일면서 전문가 사이에선 출산율에 대한 집착을 버려야 한다는 목소리가 나온다. 대신 인구 구조 변화로 인한 사회적 비용을 줄이는 쪽으로 정책의 방향을 맞추고 거기에 맞게 예산을 편성해야 한다는 주장이다.

정부도 이런 인식을 반영해 2018년 3차 저출산·고령 사회 대책을 발표하면서 기존의 출산율 목표(1.5명)에 중점을 둔 정책을 폐기하겠다고 했다. 정부는 2020년 12월 제4차 저출산·고령 사회 기본계획을 발표했다. 저출산 대응 예산으로 2025년까지 196조 원을 투입할 예정이다.

게으름 경제가 부른 배달 일상

〈언택트〉 비대면의 경제학

'원격'은 어느새 일상이 되고

"삑. 정상입니다. 격리 수칙 확인하시고요."

예기치 않은 코로나19 사태에 프랑스에서 급히 귀국한 성현(김주헌 분)은 14일간의 자가 격리에 들어간다. 넓지 않은 도심의 오피스텔에서 할 수 있는 일이라곤 그리 많지 않다. 2주간 맞닥뜨려야 할 긴 자신과의 싸움이 막막하기만 하다. 그러던 중 친구로부터 옛 연인 수진(김고은 분)이 유튜브에서 브이로그(일상을 촬영한 영상 콘텐츠)를 운영한다는 소식을 듣게 된다.

2020년 10월 개봉한 김지운 감독의 단편영화 〈언택트〉는 코로나19 속 일상에서 과거에 헤어진 연인이 서로를 비대면으로 접하며 그리워하는 내용을 담은 로맨스 영화다. 국내 최초로 휴대폰 8K 영상으로 전 과정을 촬영해 모바일을 통해 상영하면서 이목을 끌었다. 코로나19 사태 이후 이제는 일상으로 자리 잡은 언택트 시대를 실감나게 그렸다는 평가를 받았다.

영화 속 성현의 하루는 길고도 길다. 매일 공무원으로부터 "발열 증상이 없냐"며 걸려오는 전화가 얼마 되지 않는 외부와의 소통이다. 구청에서 보내준 즉석 조리식품 중 무엇을 먹어야 할까가 하루의 최대 고민이다. 손수 드립 커피도 내려 마셔보고, 소파에 기댄 채 읽고 싶던 책도 훑어보지만 시간은 도무지 흐르지 않는다. 스르르 잠이 들었다가 깬 뒤 시계를 쳐다보지만 바늘은 더디게만 간다.

답답한 일상이지만 살아가는 데는 큰 무리가 없다. 배달되는 음식으로 끼니를 때우고, 필요한 대부분의 물품은 온라인을 통해 배송받을 수 있기 때문이다. 코로나19 사태 이후 우리의 일상도 마찬가지다. 이동 및 다른 사람과의 만남이 불필요하다는 생각이 강해지면서 '게으름 경제(lazy economy)'는 이미 하나의 사회 트렌드로 자리 잡았다.

게으름 경제란 자신이 원하는 일 외에는 손가락 하나 까딱하기 싫어하는 현대 소비자들이 주도하는 경제를 뜻하는 말이다. 이들은 음식 배달·배송은 기본이고 청소·빨래 등 집안일, 잡다한 심부름 등을 비롯해 본업이 아닌 분야는 주로 대행 서비스를 이용한다. 대신 아낀 시간을 자신이 원하는 곳에 쓴다.

2020년 4월 오픈서베이가 20~59세 남녀 소비자 1,500명을 대상으로 한 설문조사에 따르면 배달 서비스 이용자 중 절반 이상(59.5%)은 1주일에 한 번 이상 배달을 이용했다. 이용하는 이유로 '집에서 음식을 해 먹기 귀찮아서'라고 답한 비중이 '외부 환경 요인으로 외출이 꺼려져서'보다 높았다. 사실 코로나19 감염 우려보다는 '귀차니즘'이 배달 폭증을 부른 셈이다. 배달을 통한 일상에 익숙해진 성현이 격리가 끝나고 나서도 배달 음식을 즐겼을 것으로 예측되는 이유다.

'구독'을 누르니 달라진 세상

지루하지만 별 탈 없이 격리 11일째를 맞은 성현에게 외로움이라는 최대 고비가 찾아온다. 수진에게 메시지를 보내보려 스마트폰을 쥐었다가 이내 그만둔다. 그녀에게 아무런 약속도 하지 못하고 메시지 하나 남긴 채 홀로 유학길에 올랐고, 미안함에 3년간 단 한 번도 연락을 하지 못했기 때문이다. 대신 유튜브를 열어본다. 수진이 운영하는 채널 '지니TV'에는 그녀가 예전 그 모습 그대로 서 있다.

도예공방을 운영하는 수진은 개인 채널에서 먹방(먹는 방송), 운동 등 평소 일상을 담은 브이로그 채널을 운영 중이었다. 성현은 이곳에서 수진의 일상을 훔쳐본다. 삼겹살을 입에 넣고 활짝 웃는 수진의 모습을 보며 격리생활 중 처음으로 미소를 띤다. '초보 요기니'라며 친구와 어설픈 요가 동작을 하다 무너지는 모습도 귀엽기만 하다. "구독, 좋아요! 꼭 눌러주실 거죠?" 영상 마지막에 나오는 그녀의 부탁에 손가락은 어느새 구독 버튼을 향한 지 오래다.

코로나19 이후 급격히 부상한 또 다른 메가트렌드가 '구독 경제'다. 구독 경제는 제품이나 서비스를 소비자가 구독하면 정기적으로 보내주는 비즈니스 모델을 일컫는 말이다. 매일 아침 집 앞에 셔츠를 드라이클리닝해 가져다준다거나, 매달 같은 날짜에 전통주나 꽃·화장품·속옷 등을 골라 보내주는 서비스 등 종류는 무궁무진하다. 콘텐츠

<표 1> 나도 모르게 채널에 중독된 이유는

경제학 개념	내용
현상 유지 편향	특정한 선택을 하게 되면 변화(다른 콘텐츠 보기)를 회피하는 현상
소유 효과	어떤 대상을 소유하게 되면 더 많은 가치를 부여하는 현상
다크 넛지	최근의 선택을 번복하기 싫어하는 소비자들을 겨냥해 드러나게 개입하지 않으면서 자연스럽게 구매를 유도하는 것

분야에서는 유튜브가 대표적이다. 글로벌 투자은행 크레디트스위스(CS)는 세계 구독 경제 규모가 2015년 4,200억 달러에서 올해 5,300억 달러 규모로 커질 것으로 예상했다.

구독 경제 체제 하에서는 '어떤 상품을 만들까'보다 '기존 상품을 어떻게 구독하도록 만들까'가 기업들의 주된 고민이 된다. 같은 재화라도 구성과 포장을 그럴듯하게 해야 소비자의 선택을 받을 수 있다. 유명 유튜버들이 콘텐츠 시작과 끝마다 '구독'을 눌러달라고 신신당부하는 것도 마찬가지다. 구독이 곧 구매가 되는 세상이 됐기 때문이다. 구독은 꾸준한 서비스 이용과 이익 창출로 이어진다.

지니TV 구독자 성현의 얼마 남지 않은 격리 일상은 어느새 수진의 일상으로 채워져간다. 그의 격리 해제 전날, 수진은 홀로 캠핑을 떠난 모습을 유튜브에 생중계한다. 성현이 유학을 떠나기 전 마지막으로 함께 캠핑을 했던 곳이다. 이곳에서 함께 기타를 치고 노래를 부르며 더 없이 행복한 시간을 보냈지만 "프랑스에 같이 갈래?"라는 물음에 그녀는 확답을 하지 못했다. 성현은 실시간 채팅창에서 '전남친과는 왜 헤어진 거냐' '용서할 마음이 있느냐'는 등 마음속에 남겨둔 질

<표 2> 코로나 19가 키운 전 세계 구독 경제 규모 (단위 : 억 달러)

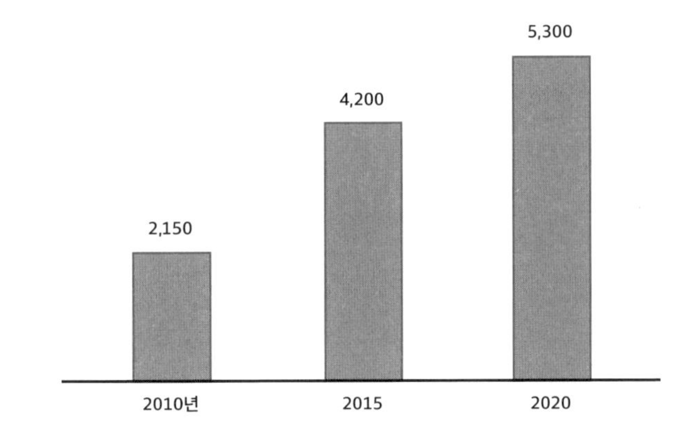

자료 : 크레디트스위스 보고서

문을 줄줄이 남기며 듣지 못한 답변을 훔쳐본다.

꼭 옛 연인의 방송이 아니더라도 유튜브, 넷플릭스 구독자 중 특정 방송이나 콘텐츠에 중독돼 헤어나오지 못하는 모습을 어렵지 않게 찾아볼 수 있다. 경제학적 개념으로는 '현상 유지 편향'과 '소유 효과'가 작용한다고 볼 수 있다. 어떤 대상을 소유하게 되면 더 많은 가치를 두고, 변화(다른 콘텐츠를 보는 것)를 회피하게 되는 현상을 일컫는 말이다.

이들 서비스도 다양한 알고리즘 기술을 활용해 소비자가 구독이나 몰아 보기를 하도록 끊임없이 유도한다. 어쩌다 보니 매달 일정 금액을 납부하는 유료 구독 서비스를 장기 이용하는 소비자도 많다. 첫 달만 무료로 결제를 유도한 뒤 계속 자동 결제를 하게 만드는 서비스가 적지 않기 때문이다. 최근의 선택을 번복하기 싫어하는 소비자들을 노린 이런 기업들의 기술(?)을 '다크 넛지(dark-nudge)'라고 한다. 강

압하지 않고 부드러운 개입으로 사람들이 더 좋은 선택을 할 수 있도록 유도하는 방법을 뜻하는 넛지의 반대 개념이다.

보고 싶었던 연인보다 더 먼저 날아온 드론

성현은 수진과 '보이지 않는 대화'를 나누다가 할 일이 남아 있음을 깨닫는다. 자가 격리가 풀리자마자 그는 캠핑장에 홀로 남아 있는 수진을 향해 달려간다. 그녀가 방송에서 꼭 타보고 싶었다고 말하던 2인용 자전거를 빌려 탄 채.

행동경제학의 가장 기본이 되는 이론 중 하나는 손실회피다. 손실로 인한 불만족이 이익이 가져다주는 효용보다 더 크게 느껴지기 때문에 대부분의 사람은 새로운 시도를 쉽사리 하지 못하고 현재 상황이나 판단에 머무르게 된다. 홀로 훌쩍 떠났던 성현도 이 이론의 벽을 넘지 못했었다. 그랬던 그가 영화 말미에는 비겁했던 비대면 세상 뒤의 자신을 내던지고 대면 세상의 그녀를 향해 나아간다. 어쩌면 어떤 경제학의 법칙도 사랑이라는 키워드를 낱낱이 설명하기에는 역부족일지도 모른다.

영화 〈언택트〉의 마지막 장면에서 성현은 자전거를 탄 채 옛 연인 수진을 만나기 위해 전력질주한다. 캠핑장에 남아 있던 그녀는 성현이 오고 있다는 메시지를 받고 화들짝 놀란다. 수진은 성현을 어떤 방식으로 마주했을까.

성현을 먼저 찾은 것은 수진이 아니라 수진이 띄운 드론이었다. 드론은 하늘을 높이 날아 다리 위를 전력질주하고 있는 성현의 모습을 포착한다. 촬영 장비로 사용하던 드론이 둘 사이를 연결하는 첫 매개체가 된 셈이다.

전문가들이 이용하는 특수 장비 정도로 인식되던 드론은 최근 빠르게 진화하며 일상을 바꾸고 있다. 머지않아 드론이 4차 산업혁명 시대를 주도할 것으로 산업계는 예상하고 있다. 글로벌기업들이 앞다퉈 드론 실험에 나선 이유다.

대표적인 것이 드론을 이용한 배송이다. 최근 유통업계에서 주목하는 개념 중 하나가 '라스트 원 마일(마지막 1마일)'이다. 기업이 최종물류지에서 사용자에게 재화나 서비스를 전달하는 마지막 1마일이 가장 중요하다는 뜻이다.

오노즈카 마사시의 저서 《로지스틱스 4.0》에 따르면 최근 전자상거래 시장의 주된 문제는 택배시장의 인력 부족과 이로 인한 장기 노동, 비효율 등이었다. 드론은 짧은 시간 무인 배송이 가능하기 때문에 라스트 원 마일에 가장 적합한 매개체가 될 수 있다는 게 저자의 설명이다. 실제로 아마존은 주문 상품을 30분 내에 배송하는 것을 목표로 '아마존 프라임 에어'라는 드론 배송 시스템을 시험비행하고 있다. 만약 드론의 비행기술이 조금 더 정교해진다면 머지않아 택배기사라는 직업이 사라질지 모른다는 분석도 나온다.

드론은 운송·촬영·측량 수단으로도 각광받고 있다. 사람과 달리 GPS와 센서를 활용해 좌표를 찍어주면 어디든 갈 수 있기 때문이다. 글로벌 물류기업인 DHL은 무인배송 드론을 자체 개발, 사람이 가기 힘든 지대에 의료품 등을 배송하는 시험을 진행하기도 했다.

드론 택시도 대중의 관심을 받는 분야 중 하나다. 지상 위 택시와 달리 도로 위 정체 없이 원하는 곳으로 빠르게 이동할 수 있기 때문이다. 아직까지는 바람 등에 취약한 약점이 있지만, 앞으로 상용화되면 교통 시스템을 흔들어놓을 것이라는 분석도 나온다.

만약 〈언택트〉의 배경이 10년 뒤였다면 어땠을까. 성현은 격리가 풀리자마자 자전거에 오르는 대신 드론 택시를 잡아타고 GPS를 찍지 않았을까.

6

완전히 망가지고 나서야 깨닫는 공유자원의 소중함

〈투모로우〉 기후의 경제학

경험적 접근의 문제점

잭 홀 교수(데니스 퀘이드 분)는 기존 학계의 정설과 다른 주장을 펼치는 기후학계의 이단아다. 그는 온난화가 빙하를 녹이고, 빙하에 축적된 천연온실가스가 배출돼 더욱 심각한 온난화를 불러올 것으로 예상한다. 그리고 온난화로 해류가 멈추면서 북반구의 기후냉각을 가져올 것이라고 내다본다. 기후 온난화가 결국 빙하기로 이어질 것이란 우울한 전망이다.

하지만 정부의 주요 관리들은 이를 심각하게 받아들이지 않고 어떤 행동도 취하지 않는다. 잭 역시 이런 재앙이 당장 일어날 것으로 생각하진 않는다. 그는 100년 정도 후에 이 같은 현상이 일어날 것으로 전망한다.

2004년 개봉한 〈투모로우〉는 기후변화로 인해 발생하는 재난과 극복을 다룬 영화다. 코로나19 팬데믹을 계기로 인류의 생존을 위협할

<표 1> 글로벌 친환경 자동차 시장 규모 (단위 : 만 대)

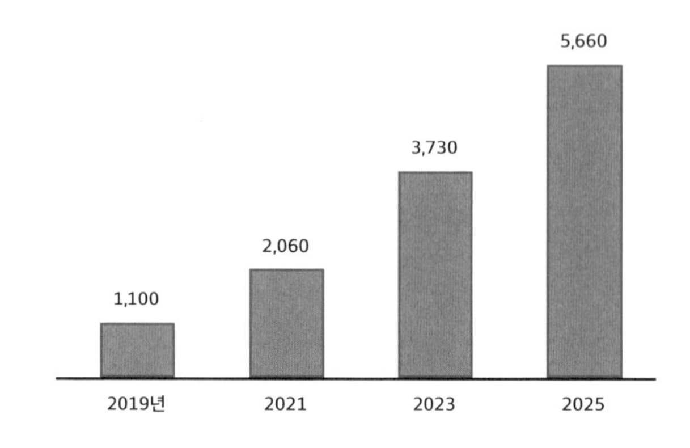

* 2020년 기준 전망치
자료 : IHS마킷

변수인 기후변화에 대한 관심이 덩달아 커지며 새삼 주목받고 있다.

영화에서 정부와 잭이 당장 문제 해결을 위한 행동에 나서지 않는 것은 그간의 경험칙에 의존한 결과다. 지금까지 이런 방식으로 경제 발전을 해왔고, 환경 문제도 꾸준히 지적됐지만 아무 문제가 없었기 때문이다. 인간은 합리적 선택을 하는 호모 이코노미쿠스처럼 가장 이상적인 해답을 구하는 게 아니라, 현실적으로 경험에 따라 만족할 만한 수준의 해답을 찾는다.

2002년 노벨 경제학상을 받은 대니얼 카너먼과 아모스 트버스키는 인간이 완벽한 의사결정을 할 수 없는 이유가 '휴리스틱(경험적 접근법)'을 사용하기 때문이라고 했다. 보통 경험에 의한 판단은 심리적 편향(바이어스)을 유발하게 된다. 정부 관리와 잭의 안일한 생각은 '현상유지 바이어스'로 설명할 수 있다. 환경이 바뀌는 것과 무관하게 현재 상태를 유지하려는 경향이 있다는 뜻이다. 물체가 운동하는 방향으로 계속 가려고 하는 관성과 같은 것이다. 기능이 좋고 저렴한 제품이 나와도 그것을 탐색하는 대신 쓰던 제품을 계속 사서 쓰는 것도 이 때문이다.

파멸로 향하는 공유지의 비극

영화에서 기후환경은 급격히 악화된다. 영국 연구팀은 북극과 가까운 쪽 바다부터 갑자기 수온이 13도씩 떨어지는 것을 관찰한다. 일본 도쿄 도심에는 주먹만 한 우박이 내리고, 미국 로스앤젤레스에는 사상 유례없는 허리케인이 불어닥친다. 뉴욕에서 며칠씩 장대비가 이어진다. 모두 기후재앙의 전조증상이었다. 학교별 대항 퀴즈대회를 위해 뉴욕에 갔던 잭의 아들 샘(제이크 질렌할 분)도 기후 악화로 도시에 갇히게 된다.

심상치 않은 사건이 이어지자 정부와 전문가들이 모인다. 하지만 기존 기후 예측 모델로는 현상을 설명하지 못했다. 빙하가 녹고 해류가 바뀌면서 북반구에 거대한 눈구름이 생기고, 기온은 급강하하기 시작했기 때문이다. 이 상황을 예측했던 유일한 전문가인 잭은 눈 폭풍이 지난 뒤 북반구가 빙하기로 접어들 것으로 전망한다. 인류는 생존조차 불투명한 상황에 처하게 된다.

잭의 말을 믿지 않던 정부도 움직이기 시작한다. 미국 대통령은 남부지역 국민에게 피난을 지시한다. 하지만 멕시코는 미국 난민을 받아들이지 않고 국경을 폐쇄한다. 현실과 반대의 상황이 벌어진 셈이다. 결국 미국 대통령은 남미의 부채를 전면 탕감하겠다는 약속을 하고, 미국인들은 멕시코에 난민촌을 세울 수 있게 된다.

환경파괴는 경제학에서 '공유지의 비극'으로 설명되는 대표적인 사례다. 이는 공유자원의 이용을 개인 자율에 맡길 경우 서로의 이익을 극대화하는 쪽으로 움직여 결국 자원이 남용되거나 고갈되는 현상이다. 생물학자인 개릿 하딘(Garrett Hardin)은 1968년 〈사이언스〉에 실린 논문에서 이 문제를 지적하며 이렇게 말한다. "공유자원을 자유롭게 이용해야 한다고 믿는 사회에서 각 개인이 자신의 최대 이익만을 추구할 때 도달하는 곳이 바로 파멸이다."

기후변화, 새로운 사업 기회 될 수도

안전지대에 있던 잭은 아들을 구하러 뉴욕으로 간다. 이미 눈보라가 시작된 뉴욕은 정부조차 포기한 지역이었다. 샘은 아버지의 조언대로 추위와 눈보라를 피해 건물 안(도서관)에서 피난하고 있었다. 함께 대피했던 사람들은 한시라도 빨리 남쪽으로 가야 한다며 도서관을 떠나려 했다. 샘은 나가면 얼어 죽을 수 있다고 설득하지만 듣는 사람은 많지 않았다.

사람들은 무언가를 결정할 때 논리적 이유보다는 많은 사람이 그렇게 하는 것을 따르는 밴드왜건 현상을 보인다. 이 경우도 마찬가지였다. 결과는 좋지 못했다. 도서관을 떠나 걷던 그들은 대부분 혹한을 견

디지 못하고 길에서 얼어 죽고 만다.

미래에 이 같은 기후변화를 겪을 가능성은 얼마나 클까. 경제와 환경의 상호작용을 통한 동태통합기후경제(DICE) 모형으로 2018년 노벨 경제학상을 받은 윌리엄 노드하우스(William Nordhaus) 예일대 교수는 가능성이 적지 않다고 본다. 그는 기후변화라는 제약 요인을 성장 모형에 결합했을 때 나타나는 최적 소비와 성장 경로를 제시한다. 이 모형에 따르면 기후변화가 장기적으로 경제성장에 미칠 부정적인 영향을 감안할 때 이를 완화할 수 있는 정책을 추진하는 것이 합리적이다.

노드하우스 교수는 온난화를 일으키는 이산화탄소 발생을 줄이기 위해 '글로벌 탄소세'를 제안한다. 〈표 2〉에서 보듯 세금은 물건 값을 올리고 생산활동을 위축시킬 수 있지만, 장기적으로 기술혁신을 촉진하고 새로운 사업 기회를 제공할 것이라는 설명이다.

<표 2> 세금에 따른 가격 상승과 생산량 감소

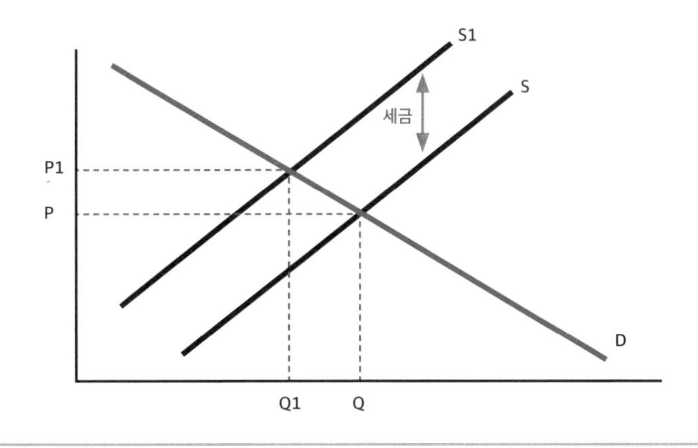

중국의 사드(고고도 미사일 방어체계) 보복 등으로 어려움을 겪던 현대자동차가 수소전기차 분야에서 글로벌 톱티어(top-tier) 기업으로 도약한 것도 새로운 사업 기회를 잡은 덕분으로 해석할 수 있다.

샘과 친구들이 도서관의 책을 태우며 추위를 견디는 사이 잭은 동료의 희생까지 감수하며 아들을 구하러 온다. 때마침 눈보라마저 사라지며 잭 일행은 탈출에 성공한다. 당장의 위기에서 벗어난 지구. 영화 속 미국 대통령은 "인류는 지구의 자원을 마음껏 써도 되는 권리가 있다고 착각했고 그것은 오만"이라고 반성하며 새로운 출발을 약속한다.

코로나19, 사상 최장 기간 이어진 장마, 혹한. 이미 기후위기는 시작됐는지도 모른다. 하지만 극한의 추위를 견디고 구조된 샘과 동료들처럼 우리 인류는 강인한 생명력으로 그간의 수많은 위기를 이겨내왔다. 더 늦기 전에 위기를 인식하는 것. 그것이 문제 해결의 시작이 되지 않을까.

묵직한 과제 탄소중립, '탈원전 재고' 목소리 커져

기후변화에 대한 관심과 함께 탄소중립 논의도 활발해지고 있다. 한국 정부도 2050년까지 탄소중립을 달성하겠다고 발표했다. 전문가들은 이를 달성하려면 탈원전 기조에 변화가 필요하다고 지적했다.

이산화탄소는 기후변화의 핵심 원인으로 꼽힌다. 세계은행 부총재를 지낸 니컬러스 스턴(Nicholas Stern)은 2006년 〈스턴 보고서〉에서

"인류가 기후변화 방지를 위해 노력하지 않으면 세계대전과 경제대공황을 겪은 20세기 초와 비견될 만한 불황을 겪을 수 있을 것"이라고 전망했다.

지금은 탄소를 활용한 발전 등이 싸 보일 수 있지만, 실제로 그렇지 않다는 분석도 있다. 미국 에너지정보청(EIA)은 에너지 발전에서 건설·연료·운영 비용 등 단순비용뿐만 아니라 환경오염·안정성·사후관리 비용 등 외부비용을 함께 고려하는 2022년 기준 미국의 균등화발전비용(LCOE, Levelized Cost of Energy)을 계산했다. 이에 따르면 발전비용은 풍력(52.2달러), 가스복합(56.5달러), 태양광(66.8달러), 원자력(99.1달러), 석탄(140달러) 등의 순으로 높다.

한국 정부도 2050년까지 배출한 이산화탄소를 흡수하는 대책을 세워 실질적인 배출량을 '0'으로 만들겠다는 탄소중립을 선언했다. 현재 한국의 연간 탄소 배출량은 약 7억t이다.

구체적으로 어느 부분에서 얼마나 어떻게 탄소를 줄여나갈지는 추후 논의하기로 했다. 다만 2050 탄소중립을 위해 기후대응기금을 조성하기로 했다. 기금은 탄소 배출을 줄임에 따라 피해를 볼 수밖에 없는 석탄발전, 석유화학, 자동차 등의 기업과 근로자를 지원하고 저탄소사업을 확대하는 데 사용할 계획이다.

전문가들은 한국의 현실을 고려할 때 탄소중립을 위해 탈원전정책의 재고가 필요하다고 지적한다. 탄소중립 실현을 위한 관건 중 하나는 탄소 배출이 많은 석탄발전을 줄이면서도 전기 수급을 안정화할 수 있는지다. 하지만 태양광 등 신 재생에너지는 전력 생산의 안정성과 발전단가 등에서 석탄발전을 완전히 대체하기 어려운 것이 현실이다.

대통령 직속기구인 국가기후환경회의 역시 원전 문제와 관련해 "지금 정부정책이 있지만 고정불변의 것으로 놓고 2050 탄소중립을 이야기하기는 어렵다"는 견해를 내놓기도 했다.

VR 헤드셋만 쓰면 나도 세상도 원하는 대로

〈레디 플레이어 원〉 메타버스의 경제학

현실세계와 상호작용하는 가상세계

2045년. 지구는 식량 파동으로 황폐하게 변했고 경제 기반은 무너진 지 오래다. 영화 〈레디 플레이어 원〉의 주인공 웨이드(타이 쉐리던 분)는 2025년에 태어난 자기 또래를 '사라진 세대'라고 부른다. 암울한 현실에서 벗어나 가상현실(VR) 게임인 오아시스에 접속해 살아가기 때문이다. VR 헤드셋을 쓴 채 오아시스에 접속하는 순간 누구든 원하는 모습으로 원하는 일을 할 수 있다. 웨이드는 오아시스를 이렇게 표현한다. "내 삶의 의미를 찾을 수 있는 유일한 공간이자 상상하는 모든 것이 이뤄지는 곳."

사건은 오아시스 개발자인 할리데이(마크 라이런스 분)가 남긴 유언에서 시작된다. 유언 내용은 오아시스 안에 숨겨진 임무 세 가지를 마치는 사람에게 오아시스 운영권과 5,000억 달러가 넘는 회사 지분을 주겠다는 것. 경제 기반이 무너진 세상에서 사람들은 오아시스 속 임무를 완수하기 위해 모든 것을 바친다. 스티븐 스필버그 감독이 연출한 〈레디 플레이어 원〉은 증강현실(AR)과 VR이 일상이 된 미래를 화려한 컴퓨터 그래픽으로 구현해 주목받았다.

영화 속 오아시스는 코로나19 확산 이후 산업계에서 주목받고 있는 개념인 '메타버스'의 일종이다. 메타버스(metaverse)는 가상, 초월을 뜻하는 메타(meta)와 세계, 우주를 뜻하는 유니버스(universe)를 합쳐 만든 단어다. 우리에게 익숙한 인터넷 커뮤니티나 컴퓨터 게임 역시 가상세계다.

가상세계는 현실세계와 단절된 공간이다. 인터넷 커뮤니티와 컴퓨터 게임 속의 인간관계나 경제적 이득은 현실세계와 무관하다. 하지만 메타버스는 기존의 가상세계와는 다르다. 메타버스인 오아시스는 현실을 반영하고 오아시스 안의 행동은 현실에 영향을 미친다.

웨이드는 오아시스 첫 번째 임무인 레이싱에서 승리한 상금으로 오아시스 속 시간을 1분 전으로 돌릴 수 있는 타임머신 아이템과 전신에 촉각을 느낄 수 있는 장치인 VR 슈트를 산다. 타임머신은 오아시스 내에서 사용하는 가상의 아이템이지만 VR 슈트는 오아시스에 접속하기 전 착용하는 실제 상품이다.

다음 날 집으로 배달받은 VR 슈트를 입고 웨이드는 다시 오아시스의 세계로 접속한다. 메타버스인 오아시스는 이렇듯 매 순간 가상과 현실을 넘나들며 서로의 경계를 흐린다.

수년째 아무도 통과하지 못한 첫 번째 임무를 마친 웨이드는 단숨에 오아시스 내 스타로 떠오른다. 오아시스 운영자에 한 발자국 다가선 웨이드에게 위험이 닥치는 것도 이때부터다. 영화 속 글로벌 2위

<표 1> 메타버스 관련 기술시장 규모 (단위 : 억 달러)

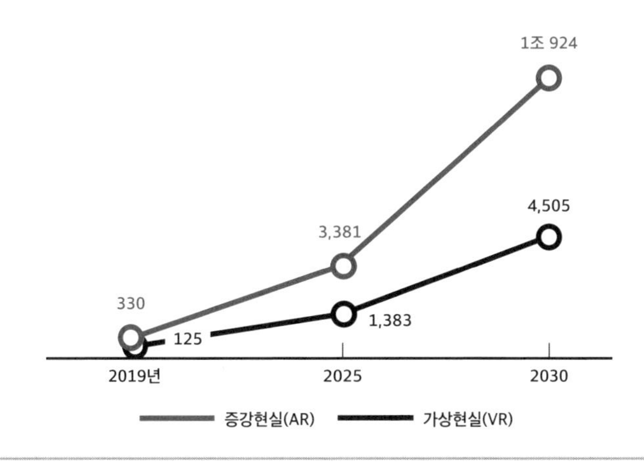

게임기업인 IOI는 오아시스 운영권을 갖기 위해 수만 명을 고용한 상태다. IOI는 웨이드를 경쟁에서 밀어내기 위해 웨이드의 집을 폭파하고 웨이드를 찾아내기 위해 추격전을 벌이는 것도 서슴지 않는다.

IOI가 오아시스 운영권에 집착하는 이유는 오아시스 내에서 이뤄지는 경제활동의 규모가 현실 이상으로 크기 때문이다. 사람들은 오아시스 내 화폐인 코인을 벌기 위해 일하거나 게임 내 임무를 수행한다. 기업은 현실에서 광고하기보다는 메타버스인 오아시스 안에서 광고를 집행하려고 한다. 사람들이 시간을 가장 많이 보내는 공간이 오아시스이기 때문이다.

IOI의 사장인 소렌토(벤 멘델슨 분)는 "오아시스는 세계에서 제일 중요한 경제체제"라며 "오아시스를 장악해 게임 내 광고를 늘리고, 고가 아이템을 판매하겠다"고 선언한다. 메타버스의 두 번째 특징인 '완벽한 자체 경제 시스템 구축'이 잘 드러나는 대목이다.

메타버스의 특징은 다음과 같다.

- 가상과 현실의 꾸준한 상호작용
- 완벽한 경제체제 구축
- 물리적 이질감이 적음
- 방대한 데이터를 실시간 전송

메타버스라는 단어가 처음 나온 건 1992년 출간된 공상과학소설 《스노 크래시》에서다. 30여 년 전 등장했던 메타버스라는 개념이 최근 들어서야 주목받는 건 메타버스를 실현할 수 있을 만큼 기술이 발전했기 때문이다.

메타버스의 또 다른 특징은 가상과 현실의 물리적 이질감이 적다는 점이다. 오아시스에 입장하려면 먼저 VR 헤드셋을 착용해야 한다. 현실과 똑같은 시야각을 제공하는 헤드셋이다. 발아래에는 러닝머신처럼 생긴 발판이 있다. 한 방향으로 움직이는 게 아니라 여러 방향으로 전환도 가능하다. 게임 속에서 걷고 뛰려면 현실에서도 똑같이 해야 한다.

웨이드가 구입한 VR 슈트는 전신을 감싸는 타이츠처럼 생겼다. 이걸 입으면 게임 속의 촉각을 전신에서 고스란히 느낄 수 있다. 맞으면 아프고 게임 속 의상의 부드러움까지도 전해진다. 사람들이 메타버스를 또 다른 현실로 여기는 이유다.

현실로 다가온 메타버스 경제

VR기술의 발전은 영화 속 이야기만은 아니다. 영국의 VR기기 전문 기업인 테슬라슈트는 2019년 열린 IT · 가전 전시회(CES)에서 테슬라슈트 글러브를 선보였다. 장갑을 끼면 가상세계에서 느껴지는 손의 촉각을 현실에서도 느낄 수 있는 제품이다. 테슬라슈트는 〈레디 플레이어 원〉에 등장하는 VR 슈트와 비슷한 상품을 개발했다고 발표해 화제를 모으기도 했다.

시각, 청각, 촉각을 메타버스에서 구현하려면 방대한 양의 데이터를 실시간으로 처리하는 게 필수다. 방대한 양의 데이터를 처리하려면 반도체의 처리 속도와 용량이 뒷받침돼야 한다. 코로나19 이후 반도체기업이 호황을 누리는 것도 게임, 원격회의 등 온라인상에서 실시간으로 데이터를 주고받아야 하는 수요가 늘었기 때문이다. 〈레디 플레이어 원〉 속 글로벌 1·2위 기업은 게임회사가 독차지한 것으로 그려지지만 반도체기업들도 못지않은 수혜를 누리며 빠르게 성장했을 것으로 상상해볼 수 있다.

영화 속 배경은 2045년이지만 메타버스 경제는 이미 현실에 와 있다. 미국 10대들이 가장 많은 시간을 보내는 플랫폼은 유튜브가 아니라 모바일 게임인 로블록스다. 미국 16세 미만 청소년의 55%가 로블록스에 가입했고, 유튜브보다 2.5배 긴 시간을 로블록스에서 보내는 것으로 조사됐다. 월 1억 명의 사용자가 아바타를 활용해 로블록스 안에서 생활하고 가상화폐로 필요한 것을 사고판다. 로블록스는 빠른 성장세를 타고 2021년 3월 미국 증시에 상장했다.

코로나19로 많은 사람과 만나기 어렵게 된 정치인들도 메타버스로 눈을 돌렸다. 조 바이든 대통령은 지난 미국 대선에서 동물의 숲이라는 게임 안에 자신의 섬을 만들고 여기에서 선거유세를 펼쳤다. 문재인 대통령은 어린이날 마인크래프트라는 게임 속에서 가상의 청와대를 만들고 어린이들을 초대해 시간을 보내기도 했다. 글로벌 컨설팅 기업인 프라이스워터하우스쿠퍼스(PwC)는 VR과 AR 시장이 2019년 455억 달러에서 2030년에는 1조 5,429억 달러로 30배 이상 불어날 것으로 전망했다.

웨이드는 IOI의 방해에도 불구하고 오아시스에서 만난 동료들과 협력하며 세 가지 임무를 모두 끝마친다. 오아시스의 운영자가 된 웨이드가 가장 먼저 한 일은 오아시스를 1주일에 이틀은 폐쇄하는 것. 대면이 사라지고 비대면만 남은 세상에서 사람들에게 현실의 소중함을 돌려주고 싶었기 때문이다. 오아시스 창시자인 할리데이는 말한다. "(메타버스에 비해) 현실은 차갑고 무서운 곳이지만 동시에 따뜻한 밥을 먹을 수 있는 유일한 곳이란다." 미래를 먼저 그린 스필버그 감독이 관객에게 보내는 메시지다.

2045년에 건담과 킹콩을 본다면

영화는 미래를 그렸지만 영화 속에선 슈퍼마리오, 킹콩, 건담, 팩맨 등 1980년대 향수를 자극하는 캐릭터가 잔뜩 등장한다. 오아시스의 창시자인 할리데이가 젊은 시절 누렸던 문화다.

1980년대를 겪어보지 않은 주인공 웨이드에게 당시의 대중문화는 신선한 동시에 궁금증의 대상이다. "난 2025년생인데 1980년대에 태어났다면 얼마나 좋았을까. 내 우상들처럼." 웨이드는 오아시스 속 할리데이의 기억을 모아둔 박물관을 드나들며 1980년대 대중문화를 탐닉한다.

과거의 문화가 젊은 세대에는 신선함을, 중장년에겐 향수를 불러일으키는 경향을 '뉴트로'라고 한다. 새로움(new)과 복고(retro)를 합친 신조어다. 과거를 그대로 재현하는 건 뉴트로가 아니다. 뉴트로는 복고를 새롭게 해석하고 즐긴다. 예전에 썼던 필름카메라를 다시 쓰는 게 아니라 필름카메라와 비슷한 색감을 내는 스마트폰 앱이 유행하는 게 좋은 예다. 기업들은 뉴트로 트렌드를 마케팅과 제품 기획에 활용한다. 단종된 과거 제품이나 문구를 앞세워 소비욕구를 자극하기 위해서다.

오아시스 속에서도 과거의 대중문화 캐릭터가 새로운 방식으로 등장한다. 아바타의 모습을 한 웨이드가 〈백 투 더 퓨처〉에 등장하는 타임머신 자동차를 타고 레이싱을 즐기는 동안 〈쥬라기공원〉의 티렉스가 나타나 길을 가로막고 킹콩이 자동차를 집어 던지는 식이다. 곳곳에 익숙한 캐릭터가 등장하는 것도 〈레디 플레이어 원〉을 감상하는 묘미다.

이렇게 제작자나 프로그래머가 게임, 영화, 책 등에 몰래 숨겨놓은 장면이나 기능을 '이스터 에그(easter egg)'라고 한다. 이스터 에그는 부활절 토끼가 부활절 전날 아이들이 있는 집에 색을 칠한 달걀을 숨겨놓는다는 풍습에서 나온 단어다. 영화나 게임 제작사들은 이스터

에그를 찾는 재미를 마케팅 수단으로 활용하기도 한다. 〈레디 플레이어 원〉 역시 영화 포스터에서 수많은 1980년대 대중문화 캐릭터를 늘어놓으며 "이게 전부일까? 극장에서 더 찾아봐!"라는 문구를 담았다. 미국 영화 미디어 IGN이 공개한 목록에 따르면 〈레디 플레이어 원〉 속 이스터 에그는 적어도 138개에 이른다.

영화, 세상 사는 이야기이자 좋은 경제학 교재

어느 추운 겨울날 한국경제신문사 한편의 작은 회의실이었다. 하나 둘 모이기 시작했다. 그리고 조용히 서로 생각해뒀던 아이디어들을 꺼내기 시작했다. "〈엑시트〉에서 용남이는 못나서 취업을 못한 게 아니라 사회 구조의 피해자 아닐까요." "마 형사 통닭집은 독점적 경쟁시장으로 다룰 수 있을 것 같아요." "아카데미상 탄 〈기생충〉도 다뤄야죠."

서로 처음 보는 사람들도 있었지만 영화를 경제학으로 다루는 글을 쓴다는 설렘은 어색한 공기를 금세 덮혔다. 우리가 이 책을 쓰기로 했던 날의 얘기다.

《이토록 쉬운 경제학》은 매주 토요일 〈한국경제신문〉 지면에 실렸던 '시네마노믹스' 코너의 글들을 정리한 책이다. 9명의 현장기자와 총감독을 해주는 데스크로 구성된 우리는 매주 한 사람씩 돌아가며 각자의 아이디어를 지면으로 옮겼다. 〈라라랜드〉로 가격탄력성을 설명하고, 〈어벤져스〉로 인구경제학을 설명했다. 〈아메리칸 셰프〉로는 밈노믹스, 밴드왜건 효과까지 수많은 경제학 용어를 헤집었다.

수많은 영화가 매주 새로운 경제학과 만났다. 딱딱한 팩트와 글을 다루는 기자들에게 영화 이야기와 경제학을 논하는 시네마노믹스는 상쾌한 기분전환이었다. 물론 시네마노믹스 팀의 멤버들과 함께했던 한여름 밤의 노상 맥주파티와 중국집 소맥 모임도 우리가 이 코너를 더 좋아했던 이유이기도 하다. 동고동락하며 우리는 이 코너가 연재되는 1년 동안 회사생활이라고는 믿기지 않을 만큼 끈끈해졌다.

하지만 글을 쓰는 것은 쉽지만은 않았다. 어떤 영화가 어떤 경제학 이론과 만났을 때 독자들의 심금을 울릴 수 있을지 수십 번 고민했다. 경제학 이론을 정한 후 영화 목록을 줄 세워 택해보기도 하고, 영화를 정한 후《맨큐의 경제학》을 품에 안은 채 신경을 곤두세워 영화감상에 '매진'했다. 팝콘은 당연 사치였다.

영화를 여러 차례 되돌려 보며 어떤 대사가 이론을 직관적으로 풀어줄까 고민하는 것도 수많은 과제 중 하나였다. 경제전문가들과도 이야기를 나누며 치열하게 아이디어를 주고받았다.

상쾌한 기분전환도 마감을 만나면 극도의 초조함으로 바뀌기 마련이다. 토요일 지면에 싣기 위해선 우리의 글은 금요일 아침 완료돼야 했다. 팀원마다 달랐지만 대부분 목요일 저녁까지 원고를 붙잡고 있었다. 응축된 노동은 인간의 위대함을 끌어내는 데 최적이라는 궤변을 늘어놓으면서. 어쨌든 목요일 밤은 한숨으로 얼룩진 우리들만의 데스 밸리였다.

놀라웠던 것은 영화와 아이디어가 정해지고 영화의 흐름과 경제학 개념이 맞아떨어지는 순간, 글은 순식간에 물꼬를 텄다. 그만큼 영화는 경제학의 좋은 교재였다는 얘기다. 그도 그럴 것이 경제학은 세상 사는 수많은 인간 이야기를 '합리성'을 토대로 설명하는 학문이고, 영화는 세상 사는 이야기 그 자체다. 영화로 경제학을 설명하려 했던, 혹은 경제학으로 영화를 설명하려 했던 시도가 틀리지 않았음을 확인하는 순간들이었다.

이렇게 50편의 글이 나왔다. 한 편 한 편 글이 나올 때마다 수없이 많은 독자 분들의 응원들이 달렸다. 이러한 응원은 글쓴이의 펜을 가볍게 했다. 1년을 꼬박 달려 책까지 낼 수 있었다. 우리들의 깊었던 목요일 밤이 책을 마지막으로 덮으려 하는 당신에게도 전해졌기를 바란다.

영화로 배우는 50가지 생존 경제 상식
이토록 쉬운 경제학

제1판 1쇄 발행 | 2021년 5월 13일
제1판 4쇄 발행 | 2022년 7월 29일

지은이 | 강영연 외
펴낸이 | 오형규
펴낸곳 | 한국경제신문 한경BP
책임편집 | 윤효진
외주편집 | 김서빈
저작권 | 백상아
홍보 | 이여진 · 박도현 · 하승예
마케팅 | 김규형 · 정우연
디자인 | 지소영

주소 | 서울특별시 중구 청파로 463
기획출판팀 | 02-3604-590, 584
영업마케팅팀 | 02-3604-595, 583 FAX | 02-3604-599
H | http://bp.hankyung.com E | bp@hankyung.com
F | www.facebook.com/hankyungbp
등록 | 제 2-315(1967. 5. 15)

ISBN 978-89-475-4715-4 03320

책값은 뒤표지에 있습니다.
잘못 만들어진 책은 구입처에서 바꿔드립니다.